Bert Hellinger   Haltet mich, daß ich am Leben bleibe

Bert Hellinger

Haltet mich, daß ich am Leben bleibe
Lösungen für Adoptierte

Carl-Auer-Systeme Verlag

Über alle Rechte der deutschen Ausgabe verfügt Carl-Auer-Systeme
Verlag und Verlagsbuchhandlung GmbH, Heidelberg
Fotomechanische Wiedergabe nur mit Genehmigung des Verlages
Satz: Hans-Joachim Reinecke, Regensburg
Schrift: Sabon, entworfen von Jan Tschichold
Diagramme: Bert Hellinger, erstellt mit FAMDraw
von Reinecke Expertensysteme GmbH, Regensburg
Umschlaggestaltung: WSP Design, Heidelberg
Gesamtherstellung: Druckerei Kösel, Kempten
Printed in Germany 1998

Erste Auflage, 1998

Deutsche Bibliothek – CIP-Einheitsaufnahme
Hellinger, Bert:
Haltet mich, daß ich am Leben bleibe : Lösungen für Adoptierte /
Bert Hellinger. – 1. Aufl., – Heidelberg : Carl-Auer-Systeme-Verl., 1998
ISBN 3-89670-092-8

Inhalt

Zweiter Tag

Einführung

Für Kinder, die von ihren Eltern zur Adoption weggegeben wurden, ist es schwer, sich damit abzufinden. Daher machen sie sich auf die Suche nach ihnen und hoffen, wenn sie sie finden, daß vielleicht noch etwas rückgängig gemacht werden kann. Obwohl es für diese Kinder eine Erleichterung und eine Bereicherung ist, wenn sie ihre leiblichen Eltern wenigstens gesehen haben, so trügt die Hoffnung doch, daß das Weggeben rückgängig gemacht werden kann. Wenn sie ihre leiblichen Eltern finden, müssen sie dennoch auf sie verzichten.

Diese Suche und diese Hoffnung machen es den Adoptivkindern schwer, sich ihren Adoptiveltern zuzuwenden und sich an sie als ihre Rettung und Sicherheit zu halten. Dazu kommt, daß die inneren Vorwürfe, die das Kind seinen leiblichen Eltern macht, oft auf die Adoptiveltern verschoben werden. Dann kann das Kind weder seine eigenen Eltern noch die Adoptiveltern wirklich haben und nehmen.

Der in diesem Buch dokumentierte Kurs zeigt an vielen Beispielen, wie die Bindung an die leiblichen Eltern weiterwirkt. Er zeigt aber auch, wie diese Bindung auf eine Weise gelöst werden kann, die dem Adoptivkind den Zugang zu seinen Adoptiveltern erleichtert: so daß es sie achten und lieben kann und bereit ist, von ihnen zu nehmen, was sie ihm schenken.

Hier wird aber auch gezeigt, wie ein Adoptivkind in der Adoptivfamilie gefährdet sein kann, wenn es in die ungelösten Schicksale dieser Familie verstrickt wird und eine Rolle übernehmen muß, die gefährlich, manchmal sogar lebensgefährlich sein kann.

Jedes der hier dokumentierten Schicksale ist einzigartig und anders. Jedes bewegt auf eine besondere und oft auch erschütternde Weise. Doch in der Zusammenschau werden wichtige Ordnungen sichtbar, die uns helfen, umsichtiger und einfühlsamer mit Adoptivkindern und Adoptiveltern umzugehen. Sie machen auch deutlich, wie schlimm es ist, Müttern und Vätern zu raten, sie könnten ihr Kind ja zur Adoption freigeben. Denn Eltern bestrafen sich manchmal dafür schwer.

Der gesamte Kurs wurde professionell aufgezeichnet und unter dem gleichen Titel auch als Video veröffentlicht. *

Ich wünsche Ihnen beim Lesen vertiefte Einsicht in die Ordnungen des Lebens und in die Kraft der Liebe, die uns an unsere Eltern bindet, und die Eltern an uns. Diese Einsicht führt auch zu tiefer Achtung vor der Liebe von Menschen, die sich der Kinder annehmen, die sonst niemanden haben.

Ihr Bert Hellinger

* *Haltet mich, daß ich am Leben bleibe. Lösungen für Adoptierte.* 2 VHS-Cassetten. Dauer: 7 Stunden. Carl-Auer-Systeme Verlag Heidelberg 1997

Dank

Annelie Scholz vom *Adoptionsforum Wurzeln & Flügel* und ihre Helfer haben diesen Kurs in Berlin umsichtig vorbereitet und organisiert. Ihnen gehört mein besonderer Dank.

Danken möchte ich auch den Adoptierten und ihren Adoptiveltern und Eltern, die vor großem Publikum ihre Familien gestellt haben.

Und ich danke dem Filmteam unter der Regie von Johannes Neuhauser. Sie haben diesen Kurs professionell aufgenommen und dadurch diese Dokumentation ermöglicht.

Hans Eberhard Eberspächer hat den Kurs vom Videoband ins Schriftliche übertragen und mir dadurch sehr viel Mühe abgenommen. Es war ein großer Freundschaftsdienst.

Korrektur gelesen und viele wertvolle Anregungen gegeben haben: Dr. Otto Brink, Sylvia Gómez-Pedra, Dr. Norbert Linz, Jakob und Sieglinde Schneider, Irmgard Thurmaier und Dr. Gunthard Weber. Ihnen allen danke ich herzlich.

Erster Tag

Begrüßung

Video 1
0.01.15 ANNELIE SCHOLZ Ich freue mich, daß Sie heute hergekommen sind zu dem Kurs *»Familienaufstellungen mit erwachsenen Adoptierten«*.

Alle, die sich mit Adoption beschäftigt haben oder davon betroffen sind, wissen, daß Adoptierte auf der Suche sind. Diese Suche hat neben ihren Schattenseiten auch etwas Gutes und Kreatives, denn so habe ich auch Bert gefunden und die Familienaufstellungen. So wurde die Idee geboren, ob der Bert so etwas machen könnte mit erwachsenen Adoptierten. Ich bin sehr glücklich, daß ich ihn dafür gewinnen konnte und wir das heute hier machen können.

HELLINGER Ich begrüße euch auch zu diesem Kurs für Adoptierte und ich möchte der Annelie ganz herzlich danken für die große Mühe, die sie in die Vorbereitung gesteckt hat, zusammen mit ihren Helfern.

Ich möchte hier vor allem aus der Sicht der Adoptierten aufstellen und sehen, wie da die Dynamiken laufen. In letzter Zeit sind mir dazu einige Vorstellungen gekommen. Ich möchte hier ausprobieren, inwieweit das stimmt. Ihr könnt das mitverfolgen mit eurer Aufmerksamkeit und mir durch eure Rückmeldungen helfen, zu überprüfen, ob dieser Weg mit der Wirklichkeit übereinstimmt oder ob er der Korrekturen bedarf.

Jetzt fange ich an mit der ersten Aufstellung.

Stella »Das ist jetzt meine Familie«

HELLINGER *zu Stella* Was ist bei dir?

STELLA Ich bin auch adoptiert, mit fast 4 Jahren. Ich habe meine leibliche Mutter vor kurzem gefunden und ein Gespräch mit ihr geführt. Was meinen leiblichen Vater betrifft, weiß ich gar nicht Bescheid.

HELLINGER Wo warst du die erste Zeit des Lebens?

STELLA Meine Mutter hat mich erst in ein Säuglingsheim gegeben und hat mich nach 4 Monaten zur Adoption freigegeben. Was ich weiß, ist, daß ich dann zwei, drei Jahre wohl bei Pflegeeltern war, aber auch im Kinderheim. Das sind so zwei, drei Jahre, wo ich keine Ahnung habe, was mit mir war, bis ich dann mit fast 4 Jahren meine Adoptiveltern gefunden, also bekommen habe.

HELLINGER Wieso hat deine Mutter dich zur Adoption freigegeben, oder weggegeben?

STELLA Es war kein Platz. Ich habe drei leibliche Geschwister, wir sind vier Kinder von einem Vater. Meine zwei Brüder haben Aufnahme in den leiblichen Familien gefunden, meine Schwester, die gut ein Jahr nach mir noch geboren wurde, hat auch den Weg zurück zur leiblichen Mutter gefunden. Ich bin als einzige aus dieser Sippschaft rausgefallen.

HELLINGER Was war die Situation der Eltern?

STELLA Mein Vater war nach den Aussagen meiner leiblichen Mutter amerikanischer Soldat. Er war mit ihr gut sechs Jahre zusammen. Er ist dann in die USA zurück, aber sie wollte nicht mit. Sie hat dann ein Jahr später ihren jetzigen Mann geheiratet, der allerdings auch schon tot ist, und hat mit diesem Mann noch einmal drei Kinder. Sie hat insgesamt sieben Kinder. Sie sagt, mein Vater hat nie geheiratet. Sie hatte noch sehr lange Kontakt zu dieser Vaterfamilie. Mein Vater ist wohl mit fast fünfzig Jahren in Vietnam gestorben. Er war wohl Berufssoldat. Was mich irritiert, ist, daß ich geboren wurde, als diese Beziehung eigentlich schon auseinandergebrochen ist, zwischen ihr und meinem Vater, von dem sie sagt, daß er es sei. Ein weiteres Problem ist, daß ich das Gefühl habe, ich hätte noch einen Zwilling oder irgend so was. Das streitet sie zwar ab – also sie sagt nein – aber es gibt irgendwo einen Teil, wo ich suche, wo ich meine, ich bin nicht komplett.

Alle Namen, soweit sie die Teilnehmer nicht selbst im Video genannt haben, wurden geändert.

HELLINGER   Wir stellen jetzt auf: deinen Vater, die vier Kinder, ein-schließlich deiner selbst, die Mutter, ihren zweiten Mann und die anderen drei Kinder.

Bild 1

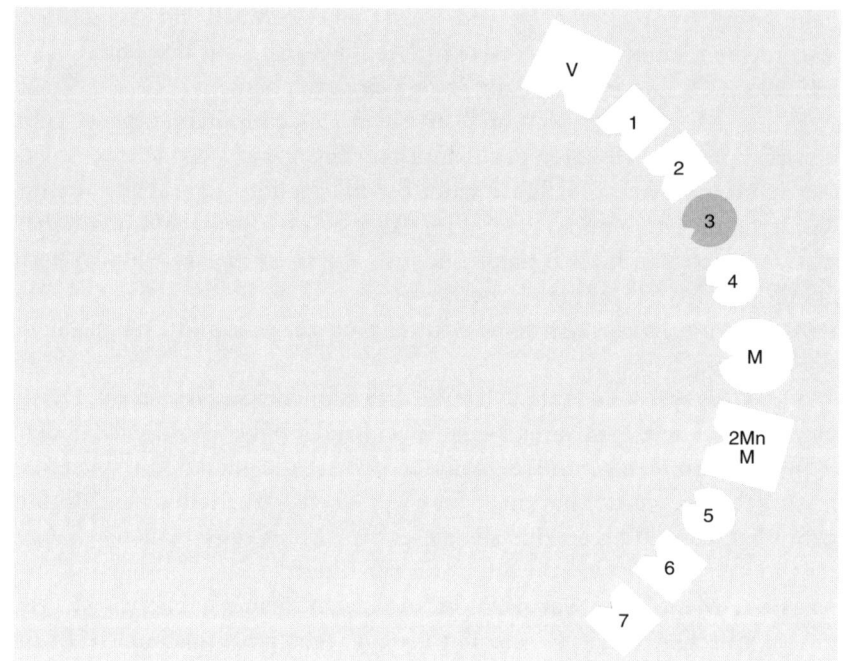

M   Mutter
V   Vater von 1-4, nicht mit der Mutter verheiratet
2MnM   Zweiter Mann der Mutter, Vater von 5-7
1   Erstes Kind, Sohn
2   Zweites Kind, Sohn
3   Drittes Kind, Tochter (= Stella)
4   Viertes Kind, Tochter
5   Fünftes Kind, Tochter
6   Sechstes Kind, Sohn
7   Siebtes Kind, Sohn

Hellinger stellt die Familie in der Reihenfolge auf und stellt Stella sofort an ihren Platz. Sie schaut sich um, die Geschwister lächeln sich an Dann stellt Hellinger Stella der Familie gegenüber.

Bild 2

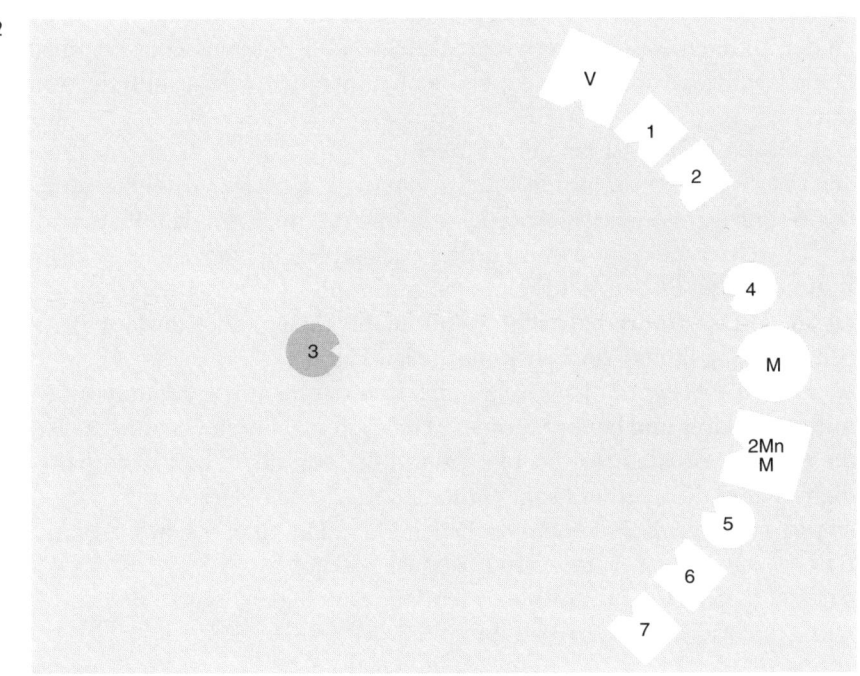

HELLINGER *zu Stella* Schau den Vater an und sag ihm: »Ich mache Platz.«
STELLA Ich mache Platz.
HELLINGER Sag es der Mutter.
STELLA Ich mache Platz.
HELLINGER Sag es dem Ältesten.
STELLA Ich mache Platz.
HELLINGER Dem nächsten.
STELLA Ich mache Platz.
HELLINGER Der nächsten.
STELLA Ich mache Platz.
HELLINGER Und dem zweiten Mann und den anderen Geschwistern.
STELLA Ich mache Platz. Ich mache Platz. Ich mache Platz. Ich mache Platz.
HELLINGER Wie ist das?
STELLA Es muß wohl so sein.
HELLINGER Wie fühlt sich das an?

STELLA Es macht mich traurig.

HELLINGER Genau. Natürlich macht es dich traurig. Was ist beim Vater?

V VATER Als sie es zu mir sagte, machte es mich auch traurig. Als sie es zu den anderen Geschwistern sagte, kriegte ich langsam wieder Energie. Dann konnte ich es mehr und mehr auch annehmen. Es war hilfreich für mich.

HELLINGER Was ist bei der Mutter?

M MUTTER Anfangs fand ich es entlastend. Je weiter es da rüber ging, desto trauriger wurde ich. Anfangs stimmte das noch mit dem Platz und der Erleichterung, und dann wurde es schwerer

HELLINGER Es hat natürlich nicht gestimmt.

zu Stella Das Ganze hat nicht gestimmt bei denen, aber du hast Platz gemacht. Sag ihnen: »Für euch mache ich Platz.«

als sie sehr bewegt ist Jetzt richte dich mal richtig auf, groß, und sag es mit ganz klarer und lauter Stimme: »Für euch mache ich Platz.« Du bist die Größte von allen, ja, du bist die Größte von allen, und so verhalte dich. Richte dich auf und sag: »Für euch mache ich Platz.«

STELLA *weinend* Für euch mache ich Platz. Für euch mache ich Platz.

HELLINGER *zum vierten Kind* Was ist bei dir?

4 VIERTES KIND Es tut mir leid. Ich fange auch gleich an zu weinen.

HELLINGER Geh du mal zu ihr.

Sie geht auf ihre Schwester zu. Beide umarmen sich lange und fest und schluchzen laut. Inzwischen wählt Hellinger Stellvertreter für die Adoptiveltern und stellt sie hinter Stella.

Bild 3

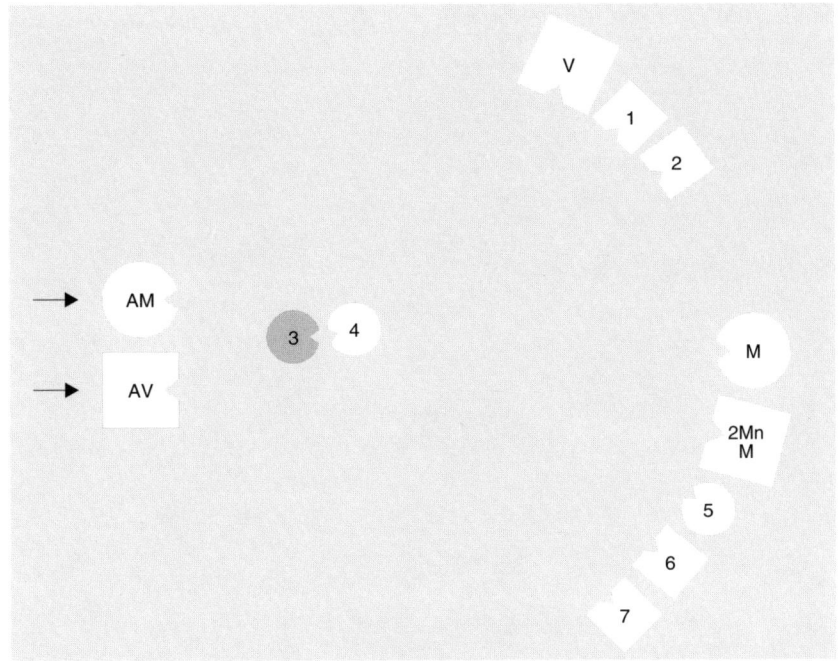

STELLA *nach einer Weile weinend* Meine Mutter hat mir erzählt, daß Christiane im gleichen Säuglingsheim war wie ich. Wir müssen uns irgendwie, wir müssen uns kennen.
HELLINGER Das ist der Zwilling.

Die Schwestern umarmen sich weiter und schluchzen.

STELLA *wieder nach einer Weile, immer noch weinend* Sie ist auch die einzige, die mit zur Pflege gegeben wurde, die sie so weggegeben hat. Sie ist erst mit 13 Jahren in die zweite Familie gekommen, weil sie nicht mehr von den Pflegeeltern betreut wurde.
HELLINGER *als die Schwestern sich weiter umarmen* Ja, das braucht noch Zeit.

Danach zur Schwester von Stella So, jetzt gehst du wieder zurück an deinen Platz.

zu Stella Und dich stelle ich zu deinen Adoptiveltern. Geh nah ran.

Stella geht zu ihren Adoptiveltern. Alle drei umarmen sich lange.

Bild 4

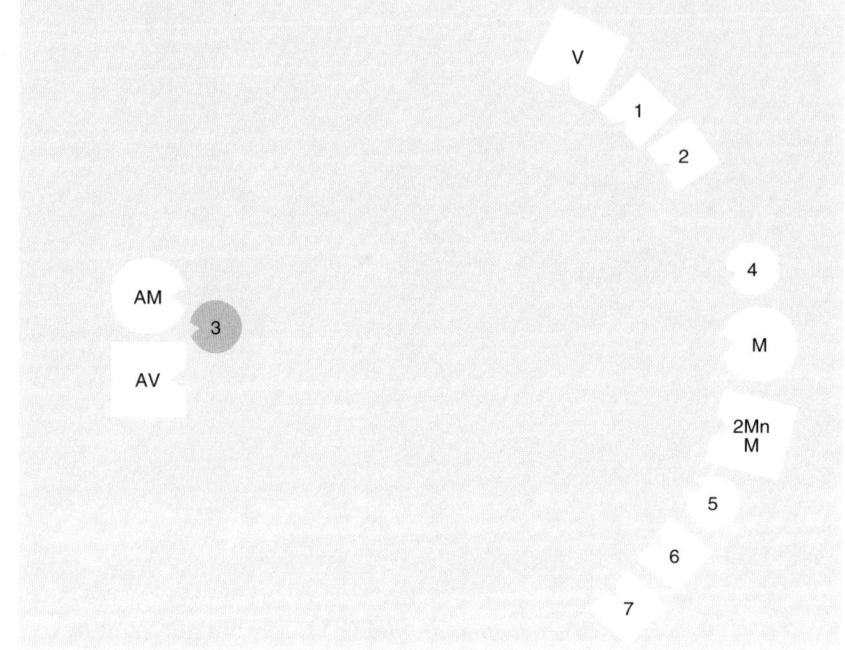

AV   Adoptivvater
AM   Adoptivmutter

HELLINGER *nach einer Weile zu Stella* Und jetzt stellst du dich neben die Adoptiveltern.

Bild 5

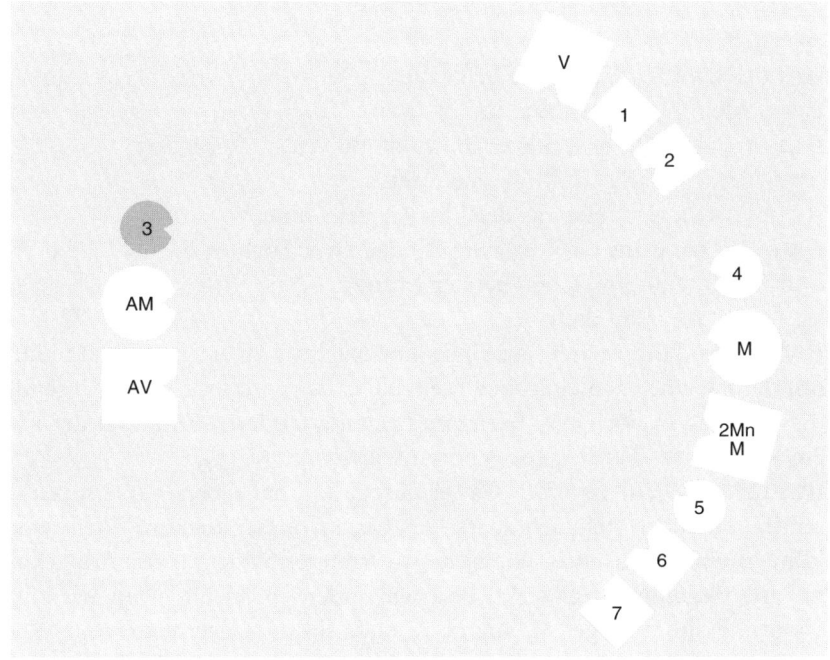

HELLINGER *zu Stella* Schau noch mal darüber auf deinen Vater, deine Mutter, auf alle deine Geschwister und auf den zweiten Mann der Mutter und sag ihnen: »Ich bleibe hier.«

STELLA Ich bleibe hier.

HELLINGER »Das ist jetzt mein Platz.«

STELLA Das ist jetzt meine Familie. *Sie weint.*

HELLINGER Genau. Sag ihnen: »Das ist jetzt meine Familie.«

STELLA Das ist jetzt meine Familie. Das ist jetzt meine Familie.

HELLINGER *zu Stella* Gut so?

STELLA Ja.

HELLINGER Okay, das war's.

HELLINGER zu Stella, als sie wieder an ihrem Platz sitzt Es ist schön, daß immer wieder Menschen in die Bresche springen für arme Kinder. Kinder haben so was an sich, daß sie Menschen anziehen, die sich um sie kümmern.

Uwe 1 »Jetzt schenken wir unsere Liebe den Kindern«

Die Gegenwartsfamilie

Video 1
0.21.25 HELLINGER *zu Uwe* Wie heißt du?

UWE Mein Name ist Uwe.

HELLINGER Du hast mir erzählt, daß du verheiratet warst.

UWE Ja, ich war 12 Jahre verheiratet.

HELLINGER Du hast aus der Ehe wieviel Kinder?

UWE Ich habe aus der Ehe zwei Kinder, zwei Töchter, die sind jetzt 10 und 14 Jahre alt und leben bei der Mutter.

HELLINGER Und dann?

UWE Zwei Jahre später hatte ich eine Beziehung zu einer anderen Frau, mit der ich einen gemeinsamen Sohn habe, der wird jetzt vier. Während der Zeit gab es noch eine Beziehung zu einer anderen Frau, mit der ich ein Kind hatte, das aber tot geboren wurde.

HELLINGER *zur Gruppe* Was er gesagt hat, hat nichts mit Adoption zu tun. Dennoch stelle ich zuerst das Gegenwartssystem auf. Vielleicht können wir dabei sehen, wie sich sein früheres Schicksal der Adoption auf die Gegenwart auswirkt, und wir finden vielleicht, wenn wir zur Ursprungssituation gehen, auch Lösungen für die Gegenwart.

zu Uwe Hast du schon mal eine Familienaufstellung gesehen?

UWE Ja, in dem Buch, mir fällt gerade nicht ein, wie der dicke Wälzer heißt.

HELLINGER »Ordnungen der Liebe« wird das dann sein. Okay, du wählst jetzt Stellvertreter aus für dich, für deine Frau und für die beiden Töchter, und dann stellst du sie in Beziehung zueinander. Dabei nimmst du sie am besten bei der Schulter und schiebst sie an ihren Platz. Du sagst nichts, machst es ganz gesammelt nach dem inneren Gefühl, und die Stellvertreter sagen auch nichts, sie lassen sich einfach hinstellen.

Bild 1

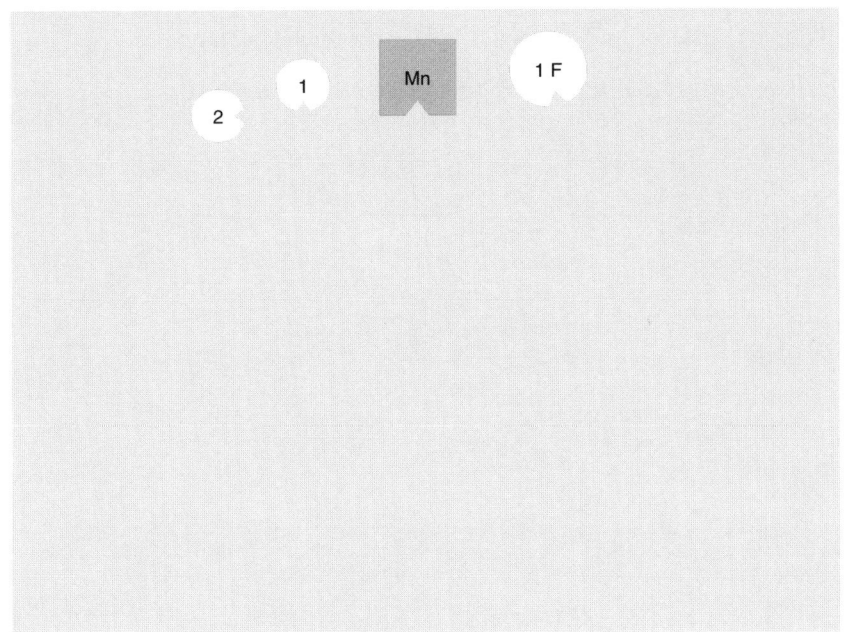

HELLINGER Wie geht es dem Mann?

Mn MANN Im Moment ist ziemliche Leere. Ich fühle mich weder nach rechts noch nach links hingezogen.

HELLINGER Wie geht es der Frau?

1F ERSTE FRAU Ich gehöre nicht dazu. Ich bin völlig isoliert und getrennt.

HELLINGER Der ältesten Tochter?

1 ERSTES KIND Ich fühle mich auch allein, aber als meine Schwester gekommen ist, war hier sehr viel Wärme. Zu ihr spüre ich eine Verbindung.

HELLINGER Der jüngeren Schwester?

2 ZWEITES KIND Ich habe alle in einer Reihe vor mir, kann aber die Mutter nicht sehen und frage mich, warum ich hier so abgegrenzt stehe.

HELLINGER *zu Uwe* Bei wem sind die Töchter?

UWE Die leben jetzt bei der Mutter.

Mn Mann (= Uwe)
1F   Erste Frau, Mutter von 1 und 2
1   Erstes Kind, Tochter
2   Zweites Kind, Tochter

HELLINGER Aber wenn man das anschaut, sind sie bei der Mutter nicht sicher.

UWE Das sehe ich auch so. Ich habe auch jahrelang darum gekämpft, daß sie bei mir sind, aber nicht konsequent. Praktisch habe ich so gehandelt, daß ich mich entfernt habe und gleichzeitig aus dieser Distanz heraus um sie gekämpft habe, um das Sorgerecht, das Umgangsrecht und solche Dinge. Ich habe mich aber nach der Trennung von dem Wohnort entfernt und ein neues Leben für mich angefangen.

Hellinger führt den Stellvertreter von Uwe etwas nach vorne.

Bild 2

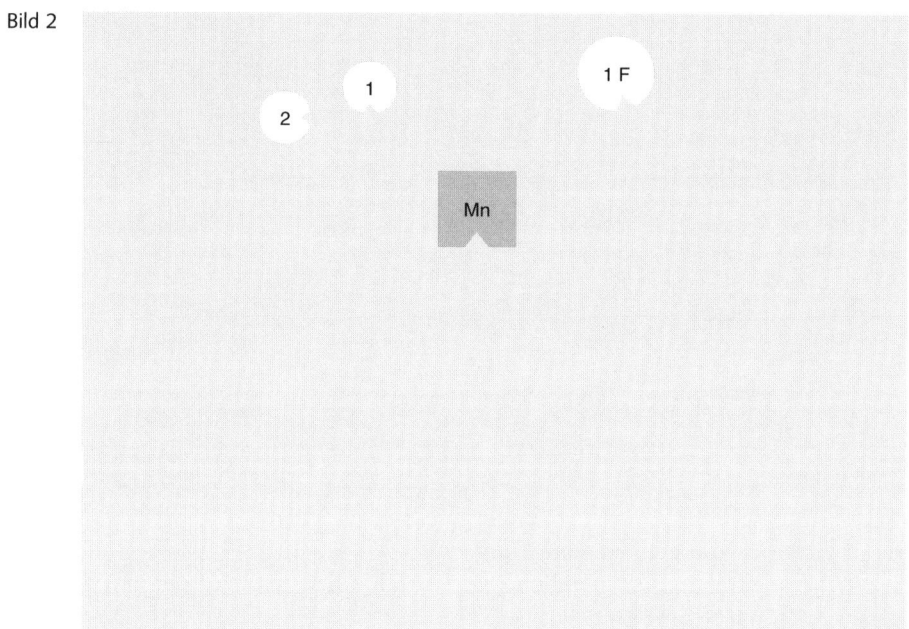

HELLINGER Wie ist das?

Mn MANN Etwas besser. Mein Impuls geht aber nach rechts zu meinen Töchtern.

HELLINGER Bei der Frau?

1F ERSTE FRAU Es fühlt sich auch angenehmer an. Ich habe ihn jetzt im Blick, auch wenn ich nur seinen Rücken sehe. Da ist keine Beziehung.

HELLINGER Was hat sich zu den Töchtern verändert?

1F ERSTE FRAU Da fühle ich auch nichts, keine Wärme.

HELLINGER *zur ältesten Tochter* Bei dir?

1 ERSTES KIND Ich fühle mich froher und habe einen Bezug zu meinem Vater. Ich würde mich gerne zu ihm stellen.

HELLINGER *zur jüngeren Tochter* Bei dir?

2 ZWEITES KIND Es ist unverändert.

HELLINGER *zum Mann* Stell dich nochmals zurück.

zu Uwe Jetzt stelle die zweite Frau mit dem Sohn auf.

als er diese aufgestellt hat Jetzt stell noch die dritte Frau mit dem toten Kind auf.

Bild 3

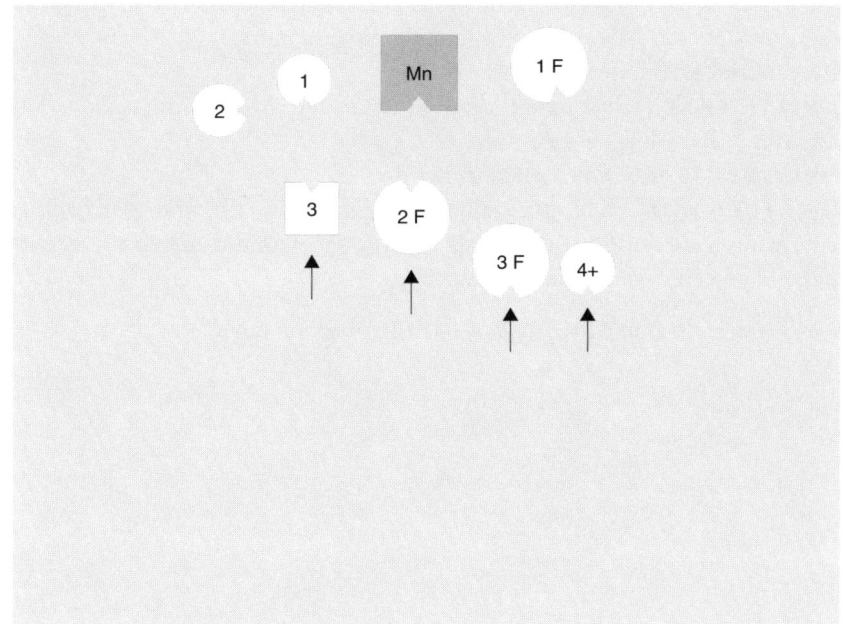

HELLINGER Was ist verändert?

Mn MANN Ich fühle eine Beziehung zu meinem Sohn und natürlich zu meinen Töchtern. Die Sache da vorne zur zweiten Frau ist geklärt, da ist nichts mehr zu sagen. Ich möchte mich lieber wegdrehen nach rechts.

HELLINGER *zur ersten Frau* Ist bei dir etwas verändert?

1F ERSTE FRAU Ja. Ich fühle mich ganz aufgewühlt, ein bißchen wackelig auf den Beinen. Hier vorne ist viel los. Ich bin irritiert, fühle mich aber nicht verbunden.

HELLINGER Bei der zweiten Frau?

2F ZWEITE FRAU Wir sind so viele, aber gleichzeitig alle alleine, wie statische Puppen. Jeder ist für sich. Hier zum Mann ist es so: Wir sehen uns, sind aber nicht verbunden.

HELLINGER Der Sohn?

3 DRITTES KIND Ich fühle eine starke Anziehung zur ältesten Schwester. Alles andere ist mir gleichgültig. Zur ältesten Schwester ist eine ganz starke Attraktion, fast magnetisch.

2F Zweite Frau, Mutter von 3
3 Drittes Kind, Sohn
3F Dritte Frau, Mutter von 4
4† Viertes Kind, Tochter, totgeboren

HELLINGER *zur ältesten Tochter* Bei dir?

1 ERSTES KIND Ich hab ein Gefühl von Sehnsucht bekommen, als die zweite Frau dazu gekommen ist, und die Beziehung zum Bruder ist etwas Besonderes.

HELLINGER *zur jüngeren Tochter* Bei dir?

2 ZWEITES KIND Es sind sehr viele Personen geworden. Mir kommt das vor wie eine Mauer. Ich fühle mich eingemauert.

HELLINGER Bei der dritten Frau?

3F DRITTE FRAU Ich möchte mein Kind in den Arm nehmen. Mit den anderen habe ich nichts zu tun.

HELLINGER *zum vierten Kind* Bei dir?

4† VIERTES KIND† Ich spüre eine große Leere in mir und gleichzeitig eine ganz tolle Aufgeregtheit. Ich merke, daß jemand neben mir steht, habe aber keine Verbindung dazu.

Hellinger stellt den Mann neben das totgeborene Kind.

Bild 4

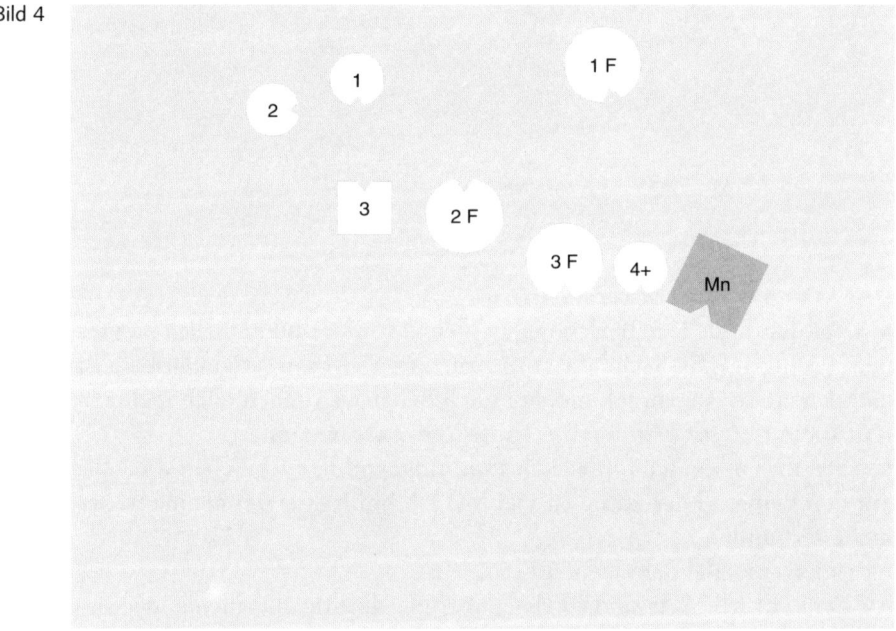

HELLINGER *zum vierten Kind* Wie ist das?

4† VIERTES KIND† Da kam mir etwas ganz Gutes entgegen. Ich muß fast heulen. Angenehm.

HELLINGER *zum Mann* Bei dir?

Mn MANN Es gehört etwas zusammen. Mehr kann ich nicht dazu sagen.

3F   DRITTE FRAU   Ich muß immer den Mann anschauen. Eben hatte ich nur das Kind, aber jetzt ist der Mann auch wichtig.

HELLINGER *zu den Eltern* Stellt euch beide hinter das Kind und legt den Arm um sie.

Bild 5

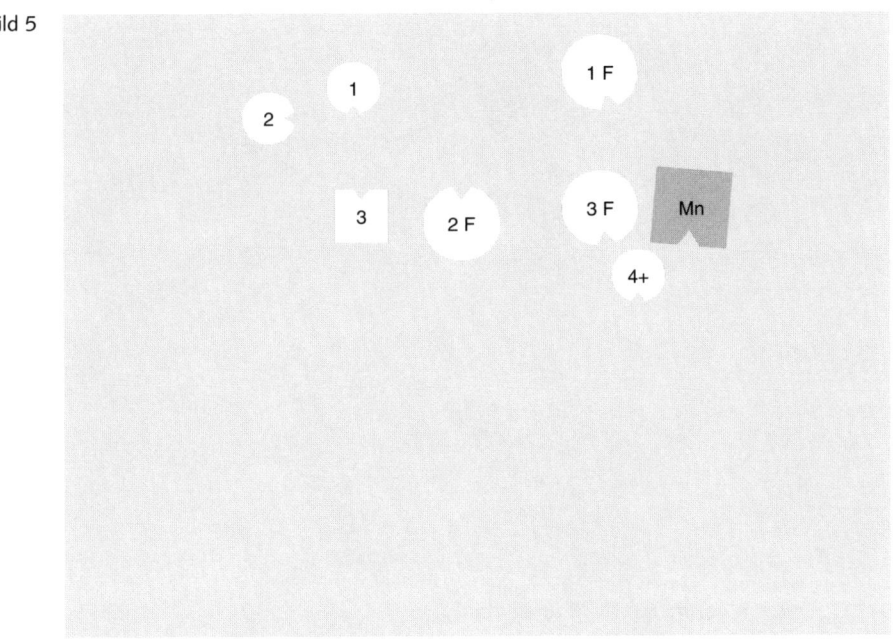

HELLINGER   Wie ist das?

4†   VIERTES KIND†   Ich fühle mich verbunden mit dem Mann, aber mit der Frau überhaupt nicht, als wäre da nur ein Mensch.

Hellinger stellt das Kind links neben den Mann und fordert diesen auf,
den Arm um sie zu legen.

Bild 6

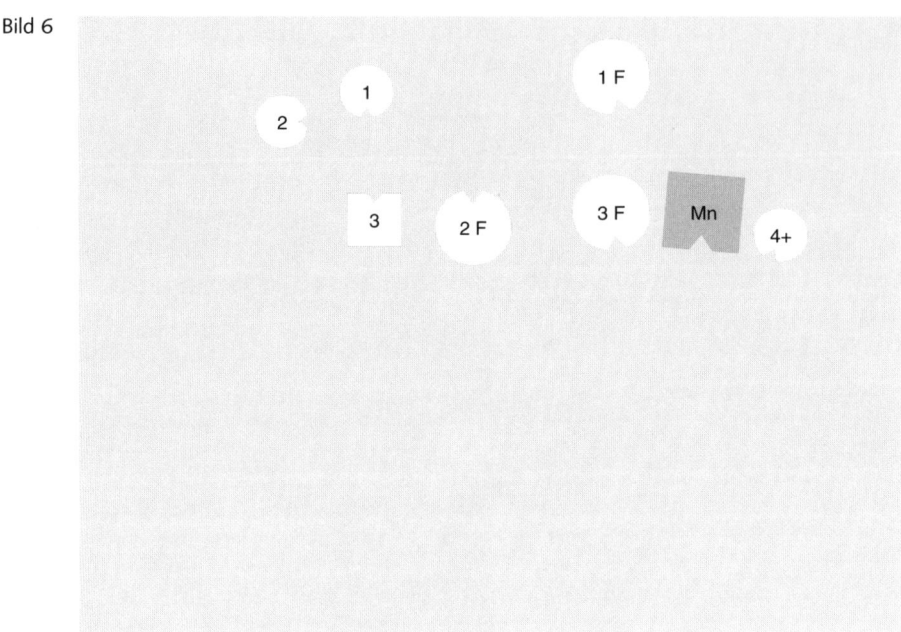

HELLINGER *zum Kind* Wie ist das?

4†   VIERTES KIND† Ich fühle mich verbunden und freier.

HELLINGER *zum Mann* Bei dir?

Mn   MANN Es ist unverändert. Es gehört zusammen, aber es wirkt sich
nicht positiv oder negativ aus.

HELLINGER Bei der Frau?

3F   DRITTE FRAU Ich dachte »schade«, aber der Bezug ist jetzt wieder ein
Stück verlorengegangen. Ich fühle mich hier fehl am Platz.

HELLINGER Stell dich mal auf die andere Seite, vielleicht ist das besser, und lege auch den Arm um das Kind.

Bild 7

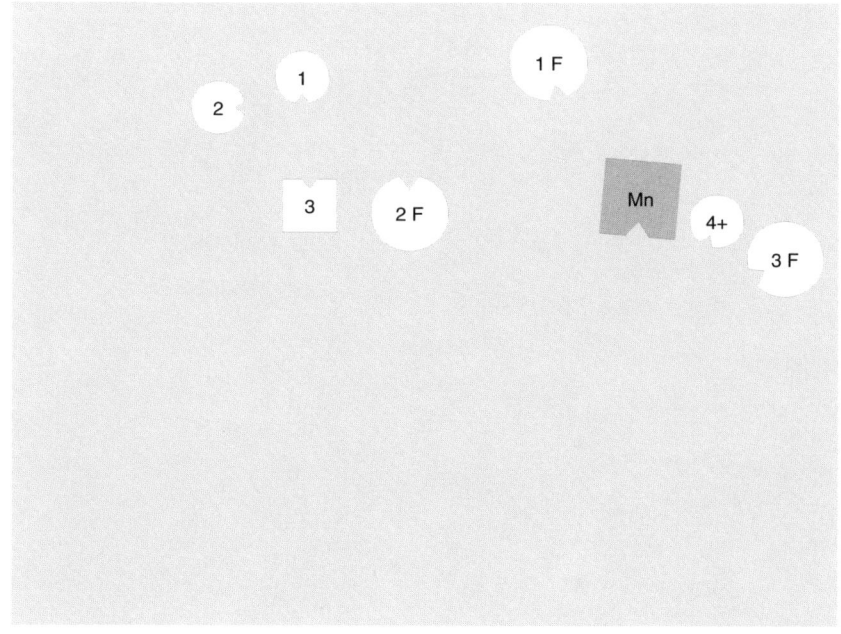

HELLINGER Wie ist es jetzt?

4† VIERTES KIND† Es ist jetzt mehr wie ein gutes Gleichgewicht, obwohl zum Vater etwas mehr Verbindung da ist. Aber zur Mutter habe ich sie jetzt auch.

HELLINGER Gut.

Hellinger stellt die übrigen Kinder rechts neben den Vater.

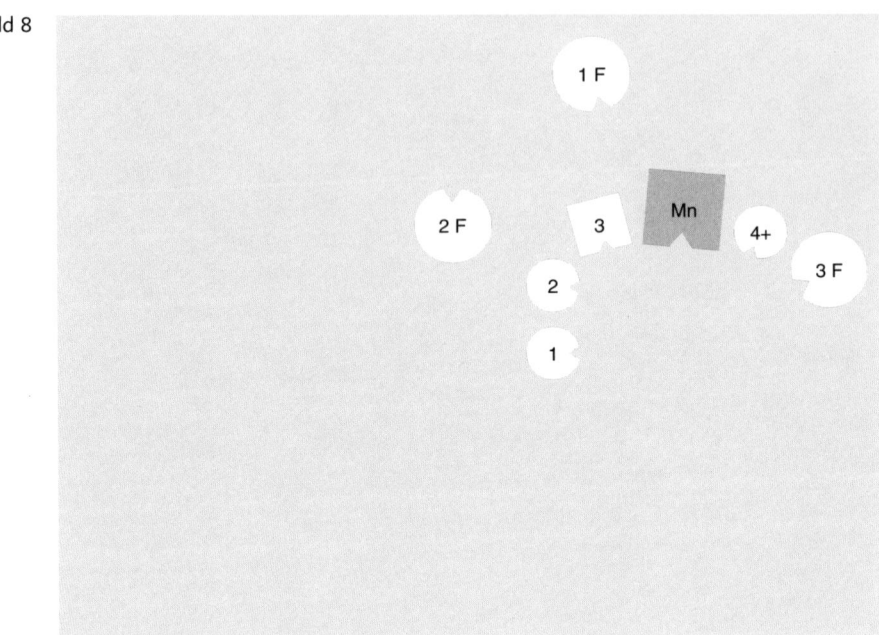

HELLINGER *zum Mann* Wie ist das?

Mn   MANN Ich möchte ganz klar hier zu meinen Kindern. Zu ihnen habe ich einen Bezug. Hier nach links habe ich weniger Bezug. Es gehört zwar zusammen, aber ich möchte mehr zu den anderen Kindern.

Hellinger stellt das vierte Kind zu seinen Geschwistern.

Bild 9

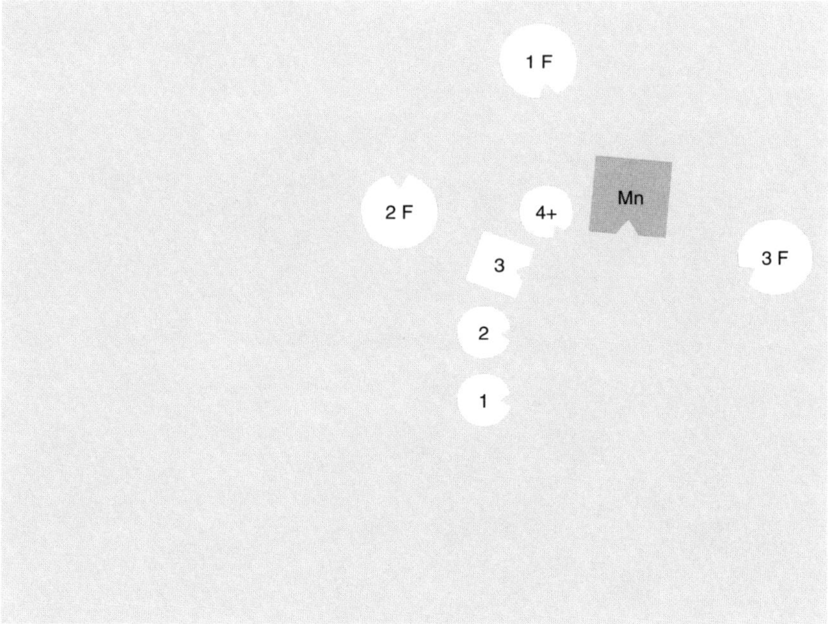

HELLINGER Wie ist es jetzt?

Mn   MANN Ich will nur zu den drei anderen Kindern. Es ist nicht besser oder schlechter.

HELLINGER *zum vierten Kind* Bei dir?

4†   VIERTES KIND† Hier fühle ich mich leicht und leer, dort hatte ich einen Druck von der Wand der Geschwister gegenüber.

HELLINGER Hier ist es für dich besser?

4†   VIERTES KIND† Ja.

Hellinger stellt nun den Mann den Kindern gegenüber.

Bild 10

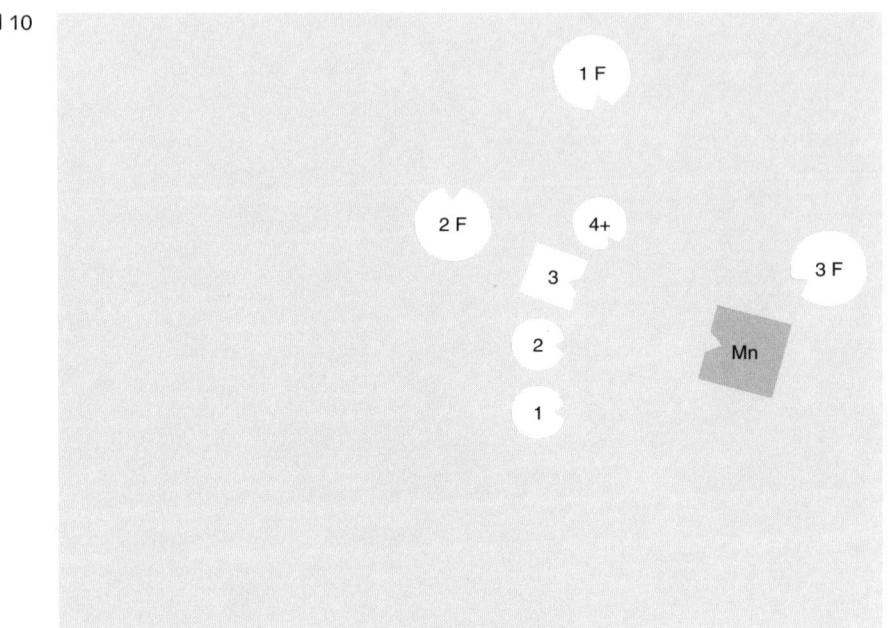

Mn   MANN   Das ist gut.

1   ERSTES KIND   IIch fühle mich jetzt wie ein Kind, vorher war mir das
zuviel. Das hier ist angenehm.

3   DRITTES KIND   Am angenehmsten war es, als der Vater neben mir
stand, ein bißchen weniger angenehm, als ich weiter weg von ihm stand.
Wenn er gegenüber steht, kann ich damit leben.

4†   VIERTES KIND†   Ich fühle mich ganz leicht, nicht direkt verbunden,
aber auch nicht allein.

HELLINGER   *zum Sohn* Leg mal den Arm um sie, und sie muß näher
ran. Wie ist das?

3   DRITTES KIND   Es ist schön, sie festzuhalten. Ich weiß gar nicht, wer
das ist.

HELLINGER   Deine totgeborene Schwester.

4†   VIERTES KIND†   Ja, ich fühle mich gut verbunden.

HELLINGER   *zum Mann* Bei dir jetzt?

Mn   MANN   Es fühlt sich sehr rund an. Ich möchte noch näher ran.

HELLINGER   *zur dritten Frau* Was ist bei dir jetzt?

3F   DRITTE FRAU   Ich bin jetzt wie eine Beobachterin. Zu dem Mann ist
irgend etwas, aber nicht sehr viel.

Hellinger stellt sie etwas weiter zurück.

Bild 11

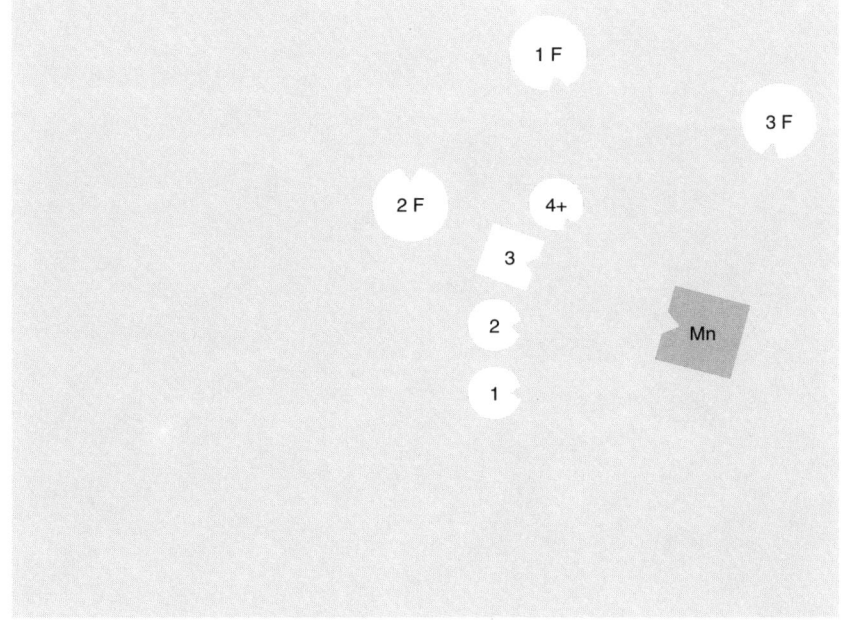

HELLINGER *zur zweiten Frau* Was ist bei dir jetzt?

2F ZWEITE FRAU Ich fühle mich völlig allein.

Hellinger stellt die erste und die zweite Frau neben die dritte.

Bild 12

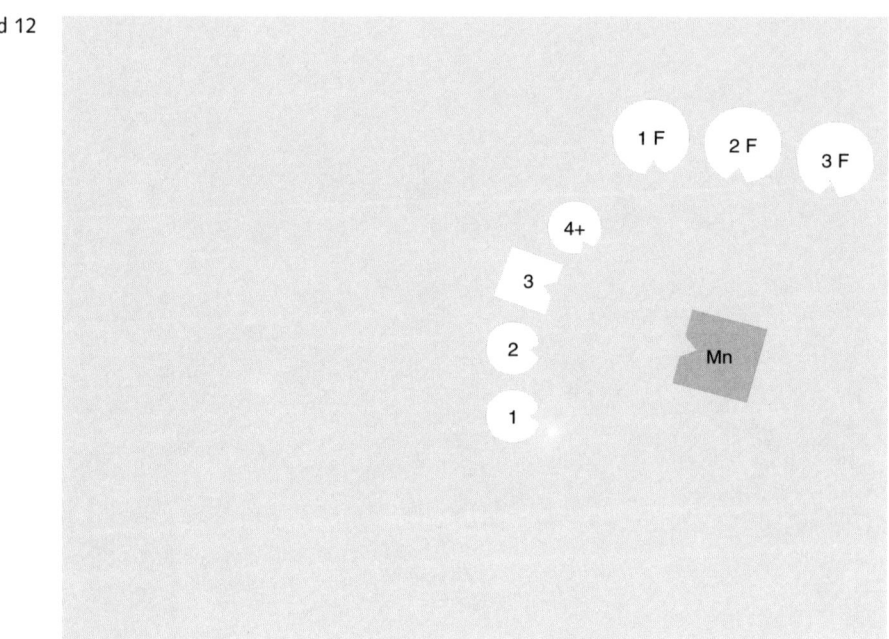

HELLINGER Wie ist das?

1F ERSTE FRAU Es ist schön, meine Töchter zu sehen. Als sie nach vorne kamen, habe ich auf sie schauen können. Da war zum erstenmal ein Bezug da, daß da etwas zu mir gehört.

2F ZWEITE FRAU Ich sehe jetzt meinen Sohn. Irgendwie sind wir drei Frauen zugleich betroffen und gehören zusammen.

3F DRITTE FRAU Es ist gut, daß die Frauen da sind.

HELLINGER *zum Mann* Bei dir?

Mn MANN Ich möchte näher an meine Kinder, wie, weiß ich nicht.

Hellinger stellt nun Uwe selbst an seinen Platz, aber einen Schritt zurück.

Bild 13

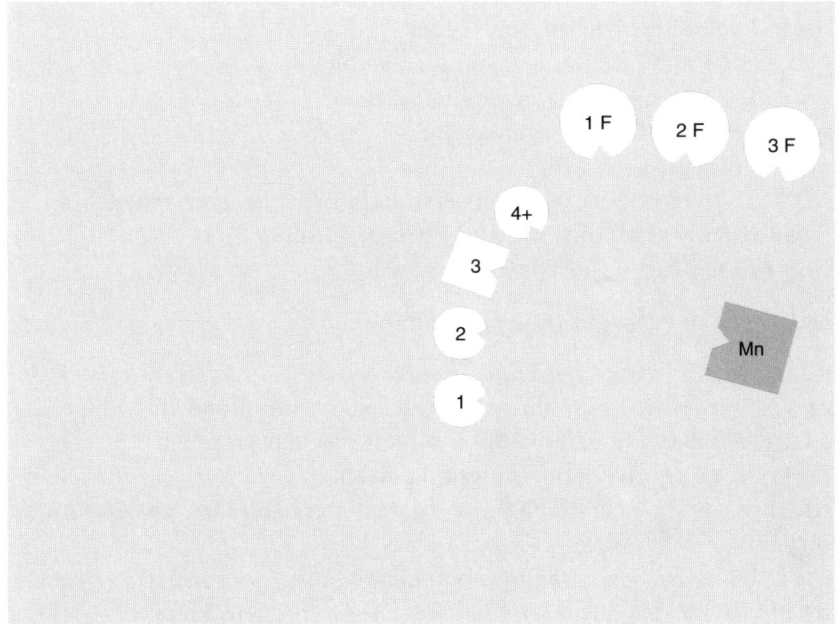

HELLINGER Wie ist das?

UWE Zu meinen Kindern habe ich sofort den Kontakt, auch das Bedürfnis dort hinzuschauen. Irgend etwas gibt es noch zu dem totgeborenen Kind. Da muß ich öfter hinschauen mit einem unguten Gefühl. Da ist noch etwas zu tun.

4† VIERTES KIND† *bewegt* Ich bin angerührt.

HELLINGER *zu Uwe* Sag ihr: »Ich nehme dich jetzt als mein Kind.«

UWE Ich nehme dich jetzt als mein Kind.

HELLINGER »Und gebe dir einen Platz in meinem Herzen als dein Vater.«

UWE Und gebe dir einen Platz in meinem Herzen als dein Vater.

HELLINGER »Ich vermisse dich sehr.«

UWE *weint* Ich vermisse dich sehr.

HELLINGER Geh zu ihr hin und nimm sie in den Arm, fest.

Uwe und das totgeborene Kind umarmen sich lange und innig.

HELLINGER *nach einer Weile zum Kind* Wie ist es?

4† VIERTES KIND† Angenehm beruhigend.

HELLINGER *zu Uwe* Für dich?

UWE Es war gut, sie im Arm zu halten. Jetzt muß ich sie aber gehen lassen.

HELLINGER Sag ihr: »Ich laß dich ziehen, mit Liebe.«

UWE Ich laß dich ziehen, mit Liebe.

HELLINGER »Doch in meinem Herzen bleibst du.«

UWE Doch in meinem Herzen bleibst du.

HELLINGER »Immer gegenwärtig.«

UWE Immer gegenwärtig.

4† VIERTES KIND† Es verändert erst mal nichts, ist aber angenehm.

HELLINGER Stell dich wieder neben den Bruder.

zum Bruder Leg wieder den Arm um sie.

Uwe stellt sich zurück an seinen Platz.

HELLINGER *zur ersten Frau* Was ist bei dir?

1F ERSTE FRAU Ich bin sehr gerührt, ich spüre ihn plötzlich.

2F ZWEITE FRAU Er zeigt Gefühl. Es war gut, das zu sehen.

3F DRITTE FRAU Ich kann ihn gut da lassen.

HELLINGER *zu Uwe* Schuldest du deiner ersten Frau, etwas zu ihr zu sagen?

UWE Ich habe sie überhaupt noch nicht wahrgenommen.

HELLINGER Sag ihr: »Jetzt nehme ich dich in mein Herz.«

UWE Jetzt nehme ich dich in mein Herz.

HELLINGER »Und gebe dir die Ehre.«

UWE Und gebe dir die Ehre.

HELLINGER *zur ersten Frau* Wie ist das?

1F ERSTE FRAU Es erreicht mich nicht richtig.

HELLINGER *zu Uwe* Sag den Töchtern: »Eure Mutter hat einen Platz in meinem Herzen.«

UWE Eure Mutter hat einen Platz in meinem Herzen.

HELLINGER »Ich gebe ihr die Ehre.«

UWE Ich gebe ihr die Ehre.

HELLINGER Wie ist das?

UWE Es ist kraftlos.

HELLINGER Es kommt nicht an.

1 ERSTES KIND Ich glaub es ihm nicht.

2 ZWEITES KIND Es war sehr schön, als er es gesagt hat, aber es war sehr angestrengt.

Hellinger stellt ihn vor seine erste Frau.

Bild 14

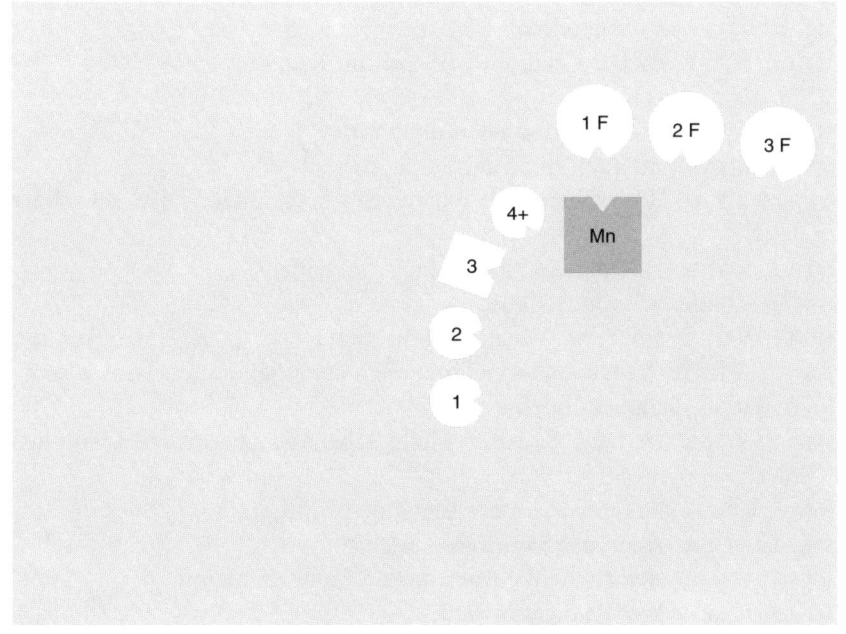

HELLINGER Sag ihr: »Ich hab dir Unrecht getan.«

UWE Ich hab dir Unrecht getan.

HELLINGER »Und jetzt tut es mir leid.«

UWE Und jetzt tut es mir leid.

HELLINGER Stimmt das?

UWE Nein, mein Gefühl ist, daß es andersherum gewesen ist. Ich merke Widerstand gegen diesen Satz.

HELLINGER Verneige dich mal ein ganz klein bißchen. Wie ist das?

UWE Ich merke, die Bereitschaft, sie anzunehmen oder wahrzunehmen, ist damit gestiegen.

HELLINGER Schau sie wieder an und sag: »Es tut mir leid.«

UWE Es tut mir leid.

HELLINGER »Jetzt schaue ich dich an.«

UWE Jetzt schaue ich dich an.

HELLINGER Wie ist es bei der Frau?

1F ERSTE FRAU Es kommt etwas mehr an, aber ich spüre auch noch den Widerstand.

HELLINGER Willst du ihm was sagen?

1F   ERSTE FRAU Es kommt zu spät, dieses Mich-Anschauen. Während der ganzen Zeit hatte ich das Gefühl, ich bin nicht da, ich bin nicht wichtig. Er hat mich nie gesehen.

HELLINGER *zu Uwe* Sag ihr: »Es tut mir leid.«

UWE Es tut mir leid.

HELLINGER »Bitte, schau auch mich an.«

UWE Bitte schau auch mich an.

1F   ERSTE FRAU Ich spüre, daß ich mich sehr schütze, mich sehr hart mache.

HELLINGER *zu Uwe* Sag ihr einfach: »Schade.«

UWE Schade. Schade. Schade.

HELLINGER *zur Frau* Was ist bei dir jetzt?

1F   ERSTE FRAU Ja, ich spüre viel mehr, ich spüre jetzt auch Trauer kommen, daß es nicht sein durfte.

HELLINGER *zu Uwe* Sag ihr: »Jetzt schenken wir unsere Liebe den Kindern.«

UWE Jetzt schenken wir unsere Liebe den Kindern.

HELLINGER *zur Frau* Sag es ihm auch.

1F   ERSTE FRAU Jetzt schenken wir unsere Liebe den Kindern.

HELLINGER Wie ist das für dich?

1F   ERSTE FRAU Neu. Dieses Zusammen-Gefühl ist ganz fremd.

*Hellinger stellt Uwe zurück an seinen Platz und seine erste Frau rechts
neben ihn.*

Bild 15

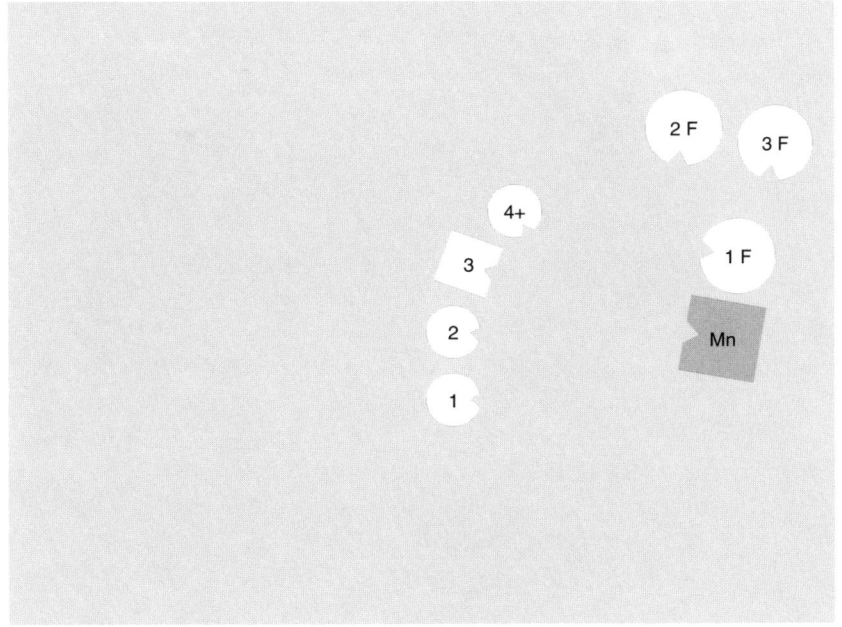

HELLINGER *zu Uwe* Sag es den Kindern: »Jetzt schenken wir unsere
Liebe euch.«

UWE Jetzt schenken wir unsere Liebe euch.

HELLINGER *zur Frau* Sage es auch.

1F ERSTE FRAU Jetzt schenken wir unsere Liebe euch.

HELLINGER »Auch wenn wir getrennt sind.«

1F ERSTE FRAU Auch wenn wir getrennt sind.

HELLINGER *zu den beiden Töchtern* Wie ist das jetzt?

1 ERSTES KIND Es löst sich etwas in mir, es wird ganz warm ums Herz.

2 ZWEITES KIND Es ist schön und neu, daß wir alle zusammenstehen.

Hellinger stellt die zweite und die dritte Frau links neben Uwe.

Bild 16

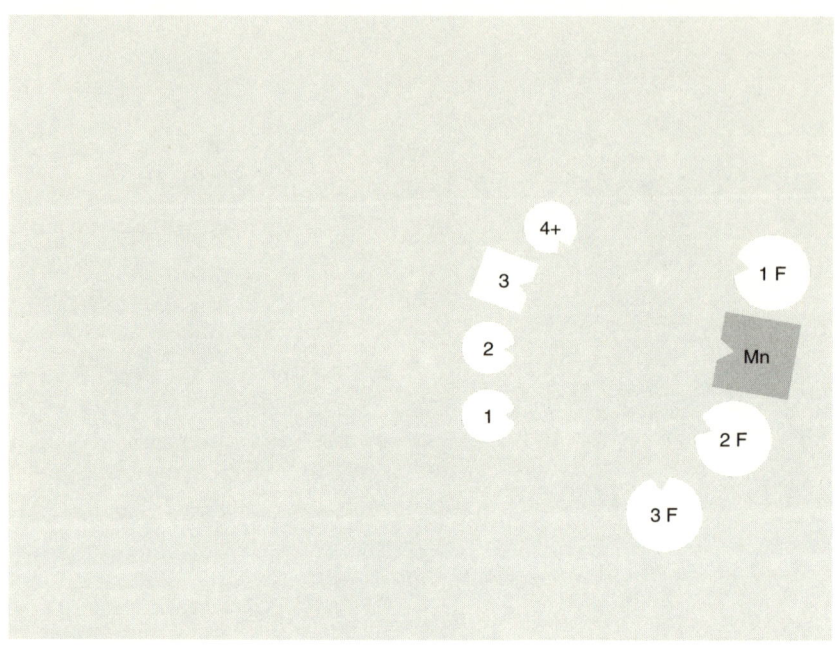

HELLINGER *zu Uwe* Schau mal rüber zur zweiten Frau und leg deinen Arm um sie. Wie ist das?

2F   ZWEITE FRAU   Ganz schön, angenehm.

HELLINGER *zu Uwe* Bei dir?

UWE   Das ist ein sehr angenehmes und warmes Gefühl. Es stört aber noch, daß meine dritte Frau ausgeschlossen ist.

HELLINGER   Das kommt später, warte nur. Jetzt sind wir bei der zweiten.

UWE   Das ist ein angenehmes Gefühl, das immer stärker wird.

HELLINGER   Sag ihr: »Ich liebe dich noch immer.«

UWE   Ich liebe dich noch immer.

2F   ZWEITE FRAU   Es fällt mir schwer, das bei so vielen Personen zu glauben, obwohl ich denke, daß er das auch so meint, wie er das sagt.

HELLINGER   Was meinst du? Schau ihn doch mal an.

2F   ZWEITE FRAU *zu Uwe* Ich liebe dich auch.

HELLINGER   Schau ihn wirklich an dabei.

2F   ZWEITE FRAU   Ja, ich liebe dich.

HELLINGER *zum Sohn* Was ist bei dir?

3   DRITTES KIND   Es ist wunderbar, meine Mutter wahrzunehmen. Daß sie da ist, und die Liebe zu sehen, und daß dies ein Paar ist, das tut gut.

HELLINGER *zur dritten Frau* Was ist bei dir jetzt?

3F DRITTE FRAU Ich weiß noch nicht so richtig.

HELLINGER Sag ihm: »Ich ziehe mich zurück.«

3F DRITTE FRAU Ich ziehe mich zurück.

HELLINGER *zu Uwe* Wie ist das?

UWE Das ist sehr erleichternd.

HELLINGER *zur dritten Frau* Tritt einen Schritt zurück. Nicht zu weit.

Bild 17

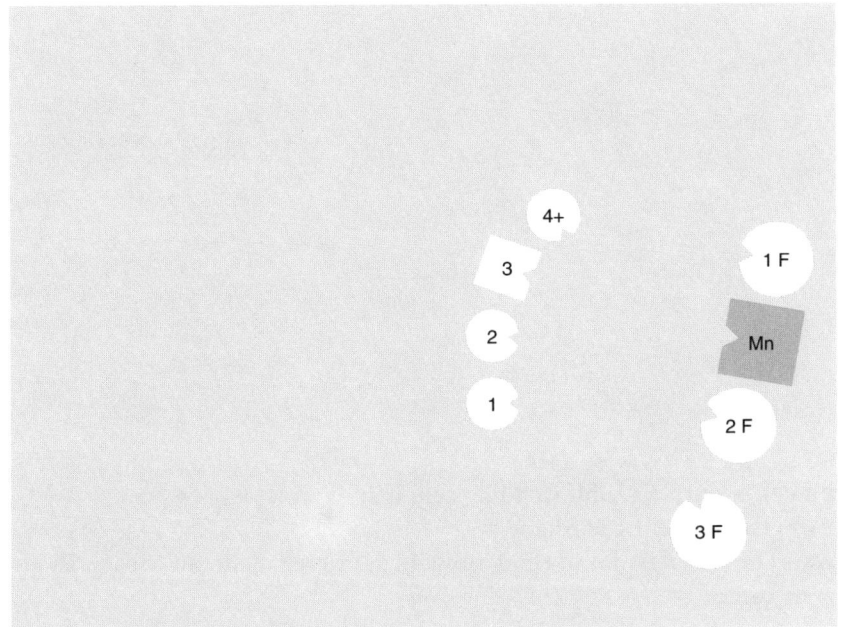

HELLINGER *zu Uwe* Wie ist das jetzt für dich?

UWE Es ist in Ordnung, daß sie weiter im Blickfeld ist. Als sie weiter zurückgetreten war, war das nicht gut.

HELLINGER *zur ersten Frau* Bei dir jetzt?

1F ERSTE FRAU Rechts ist es ganz leer. Es sind so viele Menschen, aber es ist wenig Verbindung da. Ich fühle etwas zur ältesten Tochter, aber rechts ist wenig Schutz. Ich fand das vorhin schön mit den Frauen.

Hellinger stellt die beiden ältesten Töchter zwischen die erste Frau und Uwe.

HELLINGER Wie ist das?

1F ERSTE FRAU Es fühlt sich hier schön an. Das ist ganz warm.

1 ERSTES KIND Es wird gut.

2 ZWEITES KIND Ja, so rund, obwohl der Bezug mehr zur Mutter ist als zum Vater.

Hellinger stellt nun auch den Sohn und das totgeborene Kind neben ihre Mütter.

Bild 19

HELLINGER Wie ist es jetzt?

4† VIERTES KIND† Hier fühle ich mich wieder recht leer. Zur Mutter habe ich keinen Bezug.

Hellinger stellt sie wieder neben den Bruder.

Bild 20

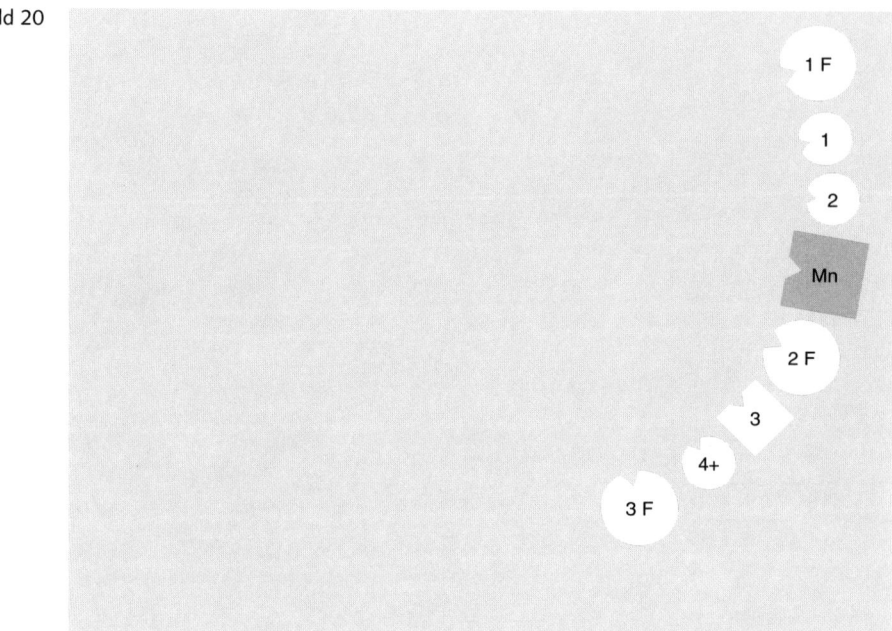

HELLINGER Wie ist es jetzt?

4†   VIERTES KIND † Neben dem Bruder ist es angenehm. Die Mutter nehme ich kaum wahr.

HELLINGER *zu Uwe* Für dich jetzt?

UWE Es ist ein angenehmes Bild, aber ich würde mich gerne noch mehr in diese Rundung reinstellen.

HELLINGER Ja, tu.

Bild 21

HELLINGER *zu Uwe* Das wäre das Lösungsbild für diese Gegenwartsfamilie. Du schuldest also den Frauen noch etwas, allen, merkst du das?

UWE Ja.

HELLINGER Das kommt den Kindern zugute.

HELLINGER *zur Gruppe* Was habe ich jetzt gemacht? Das ist ein sehr kompliziertes System. Ich hab ihn eine Übung machen lassen, damit er sich einfühlen kann in seine Eltern.

Zusammenfassung

Die Bindung *Uwe hat von drei Frauen vier Kinder, von denen eines tot geboren wurde.*

Die Ordnung *Uwe sagt dem totgeborenen Kind:* »*Ich nehme dich jetzt als mein Kind und gebe dir einen Platz in meinem Herzen als dein Vater. Ich vermisse dich sehr.*« *Dann umarmen sich Vater und Kind. Er sagt ihm:* »*Ich lasse dich ziehen mit Liebe. Doch in meinem Herzen bleibst du immer gegenwärtig.*«
Er sagt der ersten Frau: »*Jetzt nehme ich dich in mein Herz und gebe dir die Ehre.*« *Er sagt den gemeinsamen Töchtern:* »*Eure Mutter hat einen Platz in meinem Herzen. Ich gebe ihr die Ehre.* « *Dann verneigt er sich vor seiner ersten Frau und sagt:* »*Ich habe dir Unrecht getan. Es tut mir leid. Jetzt schaue ich dich an. Bitte schaue auch mich an. Schade. Jetzt schenken wir unsere Liebe den Kindern.* « *Die Frau sagt ihm das gleiche:* »*Jetzt schenken wir unsere Liebe den Kindern.*« *Sie sagen beide ihren Kindern:* »*Jetzt schenken wir unsere Liebe euch, auch wenn wir getrennt sind.*«
Uwe sagt seiner zweiten Frau: »*Ich liebe dich noch immer.*« *Sie sagt ihm:* »*Ich liebe dich auch.*«
Die dritte Frau sagt ihrem Mann und ihrem totgeborenen Kind: »*Ich ziehe mich zurück.*«

Uwe 2 »Mein Platz ist jetzt hier«
Die Herkunftsfamilie

Video 1
0.57.40 *Das Weggeben eines Kindes zur Adoption hat etwas Endgültiges, ähnlich einer Abtreibung. Denn die Eltern befreien sich von ihrem Kind, als hätten sie es nicht. Daher muß auch das Kind auf seine Eltern für immer verzichten. Erst dieser Verzicht ermöglicht es ihm, seine Adoptiveltern als seine neuen Eltern zu nehmen, und von ihnen zu nehmen, was sie ihm geben.*

Hellinger nimmt Uwe aus der Aufstellung seiner Gegenwartsfamilie und läßt Uwes Platz dort wieder von seinem Stellvertreter einnehmen.

HELLINGER *zu Uwe* Jetzt stelle deine Eltern auf und dich und deine Adoptiveltern.

Bild 22

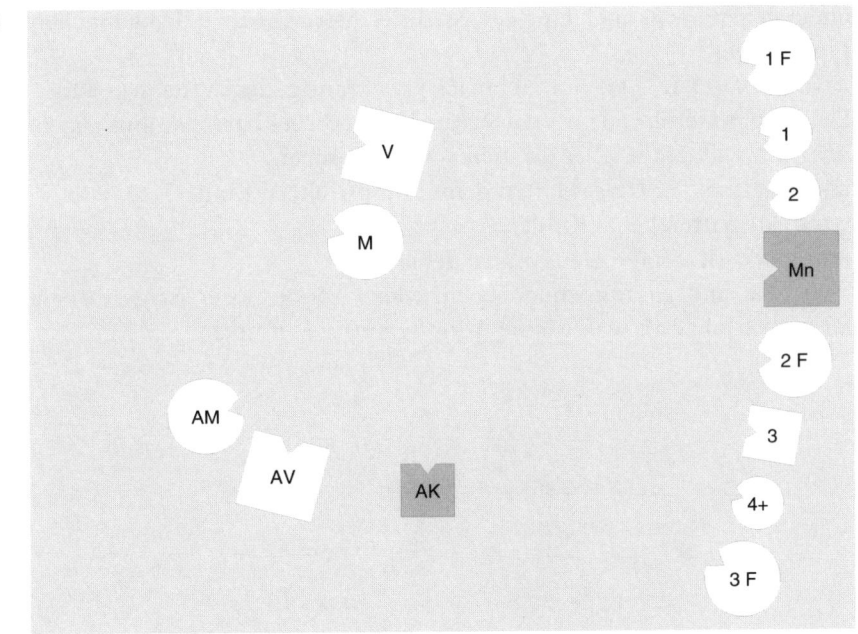

HELLINGER *zum Stellvertreter von Uwe* Wie geht es dir?

AK ADOPTIVKIND Als er die Adoptiveltern dahin gestellt hat, da ist zum erstenmal der Blick frei geworden auf meine Eltern. Hauptsächlich schaue ich auf meinen Vater. Die Eltern fehlen mir, hauptsächlich der Vater. Ich verstehe nicht, warum sie sich abwenden von mir.

HELLINGER *zu Uwe* Wer von deinen Eltern wollte die Adoption?

V   Vater
M   Mutter
AV   Adoptivvater
AM   Adoptivmutter
AK   **Adoptivkind, Sohn (= Uwe)**

UWE Das weiß ich nicht. Die erste Antwort, die mir einfällt, ist, die Mutter. Aber bewußtes Wissen darüber habe ich nicht.

HELLINGER Wie geht es der Mutter?

M MUTTER Ich fühle mich hier nicht wohl. Ich fühle mich auch nicht gut mit dem Mann. Ich habe das Gefühl: Alles ist dunkel und leer

HELLINGER *zum Vater* Bei dir?

V VATER Ich bin draußen, tot, kein gutes Gefühl. Es zieht mich eher weiter weg.

HELLINGER Bei der Adoptivmutter?

AM ADOPTIVMUTTER Ich fühle mich auch ziemlich allein. Ich habe zwar ein bißchen Bezug zu meinem Sohn, aber mein Mann ist auch nur für sich.

HELLINGER *zum Adoptivvater* Bei dir?

AV ADOPTIVVATER Mir geht es ähnlich. Ich sehe oder ich fühle rechts meinen Sohn. Er ist aber weit weg. Er sollte mehr da sein. Ich bin auch zu weit weg von meiner Frau, muß ich sagen. Ich sehe allerdings auf der anderen Seite, was auch eine gewisse Erleichterung ist, zu den leiblichen Eltern rüber.

AK ADOPTIVKIND Erst einmal bin ich ganz traurig, dem Vater gegenüber. Das ist ein Gefühl, als ob das etwas Unüberbrückbares ist ihm gegenüber. Ich will dahin, aber da steht was dazwischen.

HELLINGER *zu Uwe* Hatten deine Adoptiveltern Kinder?

UWE Sie hatten keine Kinder.

HELLINGER Sind die zusammengeblieben?

UWE Sie sind zusammengeblieben. Mein Adoptivvater ist gestorben, als ich 14 Jahre alt war. Meine Adoptivmutter lebt noch.

Hellinger führt die Mutter etwas weiter nach vorne. Sie möchte sich aber lieber umdrehen, zu ihrem Sohn schauen und etwas näher kommen. Der Vater möchte sich ebenfalls umdrehen und den Sohn sehen.

Bild 23

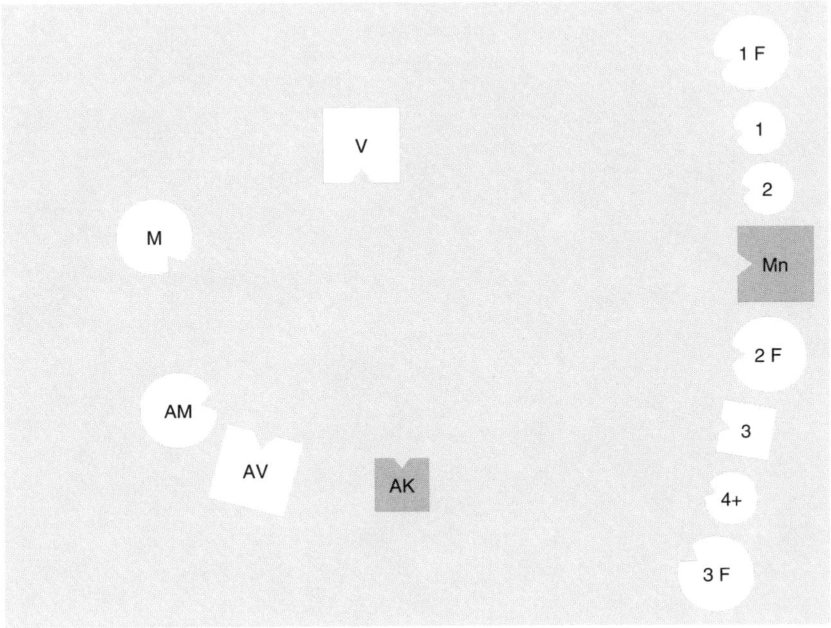

HELLINGER *zum Vater* Wie ist es jetzt?

V VATER Viel besser. Aber da ist noch sehr viel Abstand, sehr viel Ferne.

HELLINGER *zum Stellvertreter von Uwe* Bei dir jetzt?

AK ADOPTIVKIND Das ist viel besser. Daß die Mutter sich umgedreht hat, das ist nicht gut, das erlebe ich als Druck. Aber es ist gut, daß ich den Vater wenigstens sehe. Die Sehnsucht ist natürlich immer noch dieselbe.

HELLINGER Was ist bei der Mutter?

M MUTTER Ich kann damit schwer leben, daß das ein Druck ist für ihn.

HELLINGER Sag ihm: »Ich hab dich abgetrieben.«

M MUTTER Ich habe dich abgetrieben.

HELLINGER »Ich wollte dich nicht.«

M MUTTER Ich wollte dich nicht.

HELLINGER Wie ist das?

M MUTTER Furchtbar *weint.*

HELLINGER Schau ihn an und sag: »Es tut mir sehr leid.«

M MUTTER Es tut mir sehr leid.

AK ADOPTIVKIND *weinend* Ich bin sprachlos, aber ich kann sie angucken.

Hellinger stellt die Adoptivmutter neben ihren Mann.

Bild 24

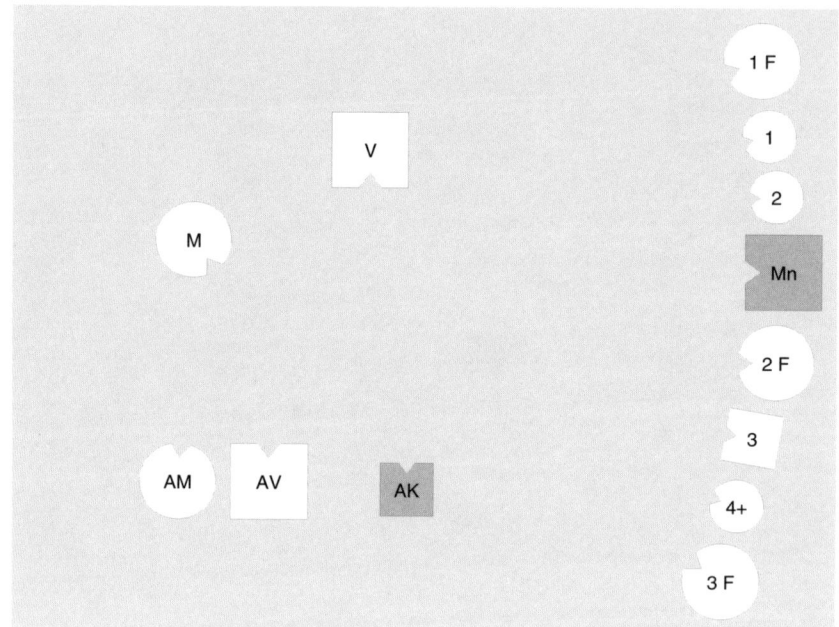

HELLINGER *zur Mutter* Schau sie an, beide, und sag ihnen: »Ihr habt es für mich getan.«

M   MUTTER Ihr habt es für mich getan.

HELLINGER »Wegen euch bleibt er am Leben.«

M   MUTTER Wegen euch bleibt er am Leben.

HELLINGER »Ihr seid jetzt für ihn Vater und Mutter.«

M   MUTTER Ihr seid jetzt für ihn Vater und Mutter.

HELLINGER »Und ich ziehe mich zurück.«

M   MUTTER Und ich ziehe mich zurück.

HELLINGER *zum Stellvertreter von Uwe* Wie ist das?

AK ADOPTIVKIND Das ist entlastend für mich, es löst sich in mir die Spannung.

HELLINGER Sag ihr: »Mama, ich lasse dich ziehen.«

AK ADOPTIVKIND Mama, ich lasse dich ziehen.

HELLINGER »Das Größte habe ich.«

AK ADOPTIVKIND Das Größte habe ich.

HELLINGER »Das halte ich in Ehren.«

AK ADOPTIVKIND Das halte ich in Ehren.

HELLINGER Wie ist das?

AK ADOPTIVKIND Das ist gut.

HELLINGER Sag ihr: »Ich bleibe jetzt bei meinen neuen Eltern.«

AK ADOPTIVKIND Ich bleibe jetzt bei meinen neuen Eltern.
zu Hellinger Das einzig Schwierige ist, daß sie mich nicht anguckt. Sie guckt immer wieder weg.

HELLINGER Das ist klar, daß sie wegguckt. Sag ihr: »Sei freundlich, wenn ich jetzt bei meinen neuen Eltern bleibe.«

AK ADOPTIVKIND Sei freundlich, wenn ich jetzt bei meinen neuen Eltern bleibe.

HELLINGER *zur Mutter* Wie ist das?

M MUTTER Ich kann das verstehen und fühle mich von einem Druck befreit.

HELLINGER Sag ihm: »Jetzt ziehe ich mich zurück.«

M MUTTER Jetzt ziehe ich mich zurück.

HELLINGER Tu das.

Die Mutter zieht sich einige Schritte zurück.

Bild 25

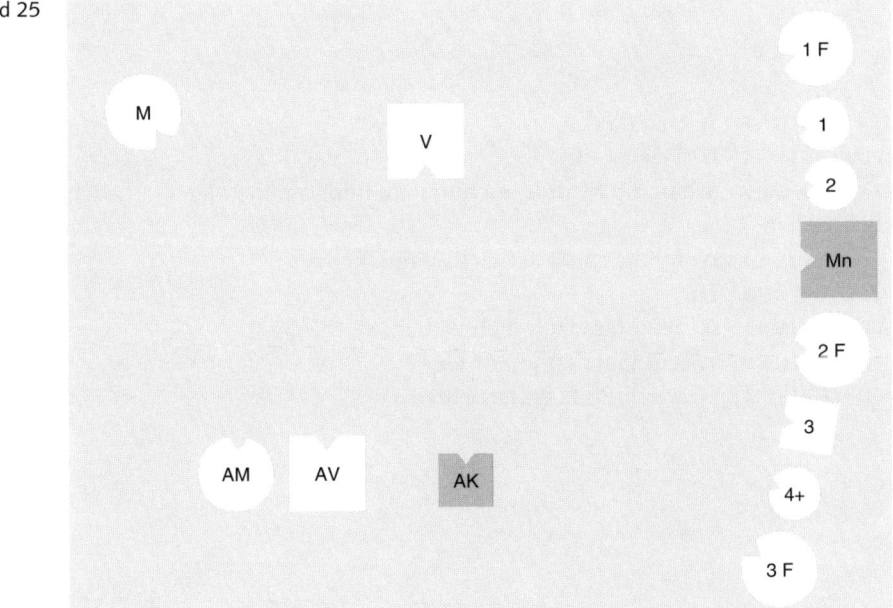

HELLINGER *zum Stellvertreter von Uwe* Wie ist es jetzt?

AK ADOPTIVKIND Das ist gut, aber meine Beine sind noch wie eingemauert. Ich könnte da nicht hin. Bis zu den Knien sind die ganz fest.

Hellinger führt ihn zu seinen Adoptiveltern und läßt ihn sich mit dem Rücken an sie anlehnen.

Bild 26

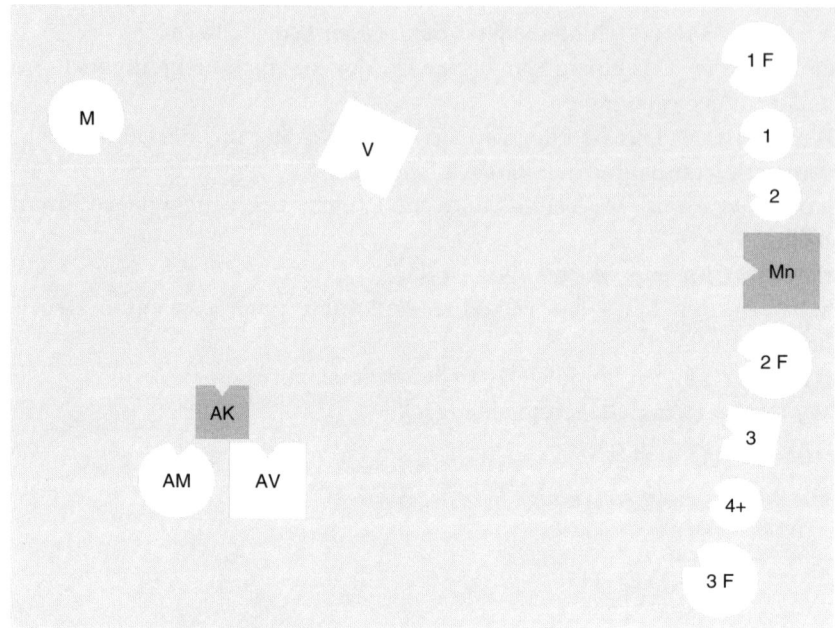

HELLINGER   Wie ist das?

AK   ADOPTIVKIND   Das ist gut.

HELLINGER   Schau die Mutter noch mal an und sag ihr: »Jetzt lasse ich dich ziehen.«

AK   ADOPTIVKIND   Ich kann sie schlecht angucken.

HELLINGER   Tu.

AK   ADOPTIVKIND   Jetzt lasse ich dich ziehen.

HELLINGER   »Mein Platz ist jetzt hier.«

AK   ADOPTIVKIND   Mein Platz ist jetzt hier.

*Hellinger dreht das Adoptivkind zu den Adoptiveltern. Diese legen den
Arm um ihn.*

HELLINGER *nach einer Weile* Wie geht es dir jetzt?
AK ADOPTIVKIND Das ist so etwas wie Ankommen.
HELLINGER Genau.

Nach einer Weile Jetzt stell dich neben die Adoptivmutter.

Bild 28

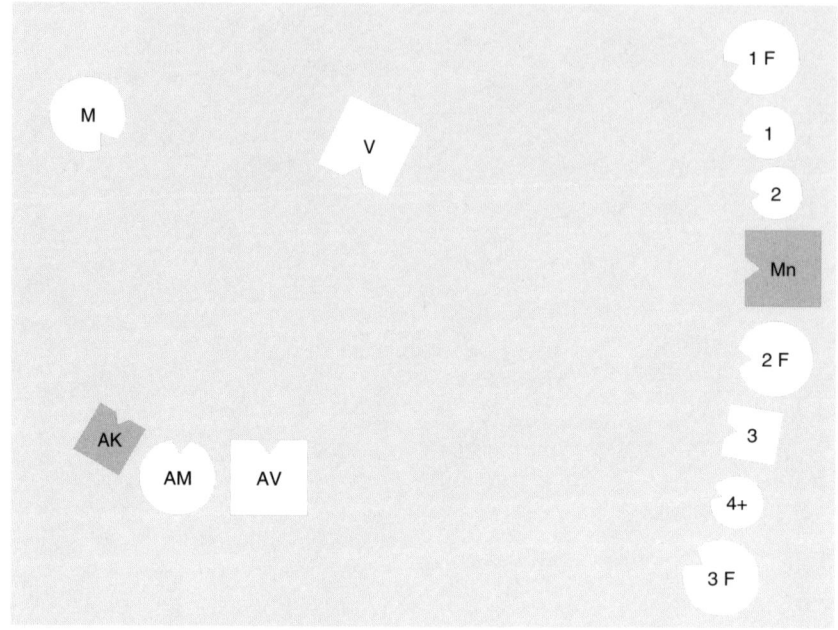

HELLINGER Wie ist es jetzt?

AK ADOPTIVKIND Jetzt ist es gut. *Atmet tief aus.*

HELLINGER *zum Adoptivvater* Was ist bei dir?

AV ADOPTIVVATER Ich fühle mich auch gut, weil ich spüre, daß ich end-
lich mal helfen konnte, daß eine Barriere verschwunden ist, und daß wir
jetzt wirklich viel mehr eine gemeinsame Familie sind.

HELLINGER *zur Adoptivmutter* Bei dir?

AM ADOPTIVMUTTER Bei mir auch. Die Seele ist entlastet, der Druck ist
weg, und es kann von Herzen fließen.

HELLINGER Was ist bei der Mutter jetzt?

M MUTTER Hier geht es, hier ist es ganz gut, dieser Platz. Da zum Mann
möchte ich auch nicht hin.

HELLINGER Was ist jetzt beim Vater?

V VATER Ich spüre einen ziemlichen Druck auf dem Herzen, ein Zerrei-
ßen. Es ist nicht so gut. Es ist auch ein Schuldgefühl: Wo bin ich
gewesen?

HELLINGER Willst du ihm etwas sagen?

V VATER Es ist wie es ist. Aber du bist in meinem Herzen, und ich möchte
dich gerne in den Arm nehmen.

HELLINGER Nein, so billig kommst du da nicht weg. Von wegen. Sag ihm auch: »Ich habe dich abgetrieben.«

V VATER Ich habe dich abgetrieben. Ich habe nicht an deiner Seite gestanden.

HELLINGER Nein, sage nur: »Ich habe dich abgetrieben.«

V VATER Ich habe dich abgetrieben.

HELLINGER »Und ich ziehe mich jetzt zurück.«

V VATER Ich ziehe mich jetzt zurück.

HELLINGER »Ich lasse dich bei deinen neuen Eltern.«

V VATER Ich lasse dich bei deinen neuen Eltern.

HELLINGER Schau die Adoptiveltern an und sag ihnen: »Ihr habt es für mich getan.«

V VATER Ihr habt es für mich getan.

HELLINGER »Ich danke euch.«

V VATER Ich danke euch sehr.

HELLINGER »Ich gebe euch die Ehre.«

V VATER Ich gebe euch die Ehre.

HELLINGER Und jetzt zieh dich zurück.

Bild 29

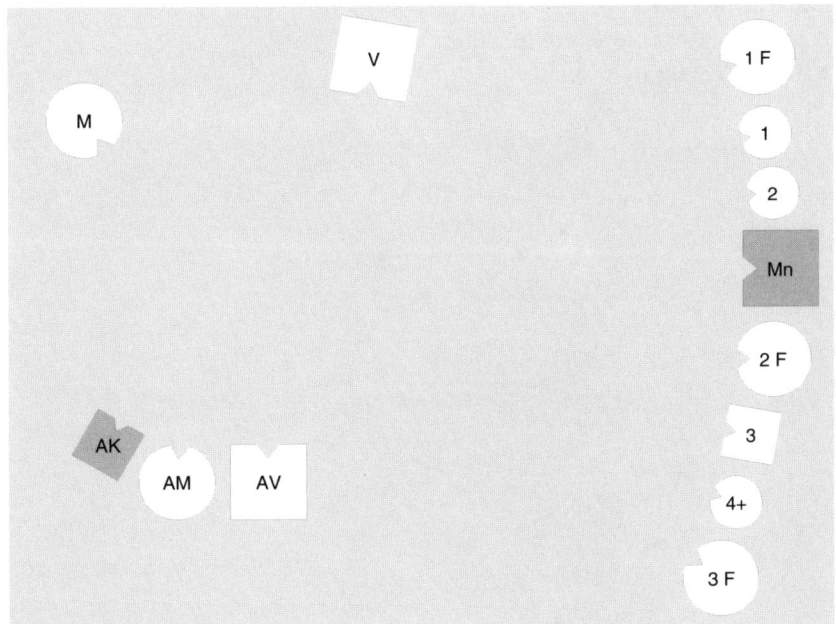

HELLINGER *zum Stellvertreter von Uwe* Wie ist das?

AK ADOPTIVKIND Das ist besser und ich bin jetzt entlastet. Nur die Mutter ist mir etwas zu nah.

HELLINGER Sie hat noch Ansprüche, die sie nicht hatte, die ihr nicht zustanden.

Hellinger stellt nun Uwe an seinen Platz.

HELLINGER Sag den Adoptiveltern: »Danke.«
UWE Danke.
HELLINGER »Für alles.«
UWE Für alles.
HELLINGER »Es soll nicht umsonst gewesen sein.«
UWE Es soll nicht umsonst gewesen sein.
HELLINGER »Ich habe vier Kinder.«
UWE Ich habe vier Kinder.
HELLINGER *zum Adoptivvater* Wie ist das?
AV ADOPTIVVATER Es tut gut, einfach gut; bloß, ich hab zu den vier Kindern momentan keinerlei Beziehung.
HELLINGER Du kennst sie ja auch nicht.
AM ADOPTIVMUTTER Ja, es ist alles ziemlich gelöst, bloß die Dankbarkeit, die kommt nach meinem Gefühl noch nicht von Herzen. Das ist noch nicht ganz klar.
HELLINGER Es war etwas billig.
AM ADOPTIVMUTTER Ja.

HELLINGER *zu Uwe* Stell dich vor sie.

Bild 30

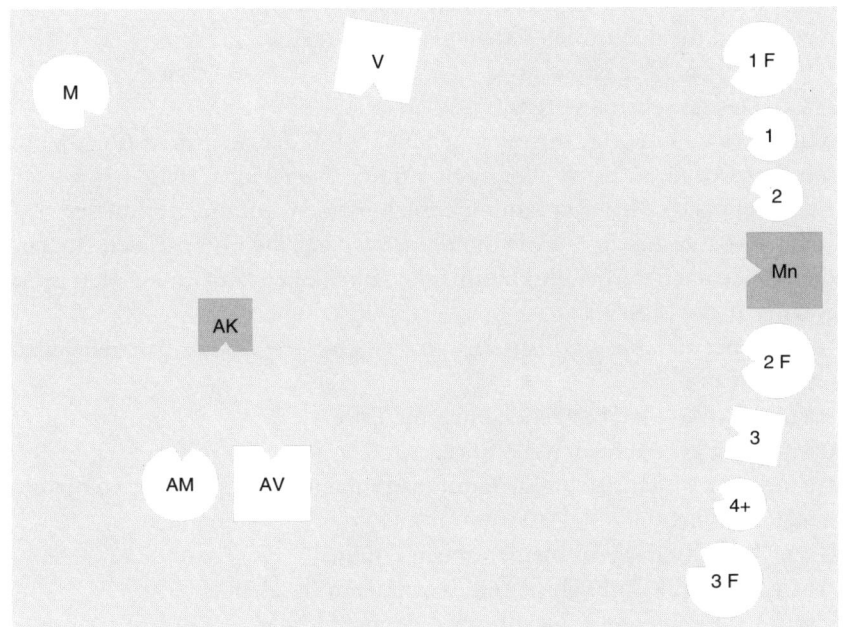

HELLINGER Sage ihnen: »Ich habe es noch nicht gesehen, was ihr für mich getan habt.«

UWE Ich habe es noch nicht gesehen, was ihr für mich getan habt.

HELLINGER *zur Adoptivmutter* Wie ist das jetzt?

AM ADOPTIVMUTTER Nein, das ist es auch noch nicht. Das kommt nicht von innen. Es ist kein Fließen da.

UWE Ich merke, daß es noch Vorwürfe gibt. Ich habe meinen Adoptivvater sehr vermißt.

HELLINGER Nein, nein, nein. Sag ihnen: »Ich habe nichts verdient.«

UWE Ich habe nichts verdient.

HELLINGER »Es war alles ein Geschenk, was ihr mir gegeben habt.«

UWE Es war alles ein Geschenk, was ihr mir gegeben habt.

AM ADOPTIVMUTTER Das ist schon besser, also das Gefühl, die Emotion, ist mit dabei.

AV ADOPTIVVATER Mir geht es ähnlich. Jetzt merkt man, daß die Sätze wirklich auch ernst sind.

HELLINGER *zu Uwe* Sag ihnen: »Ich lasse meine Eltern ziehen und stelle mich jetzt zu euch.«

UWE Ich lasse meine Eltern ziehen und stelle mich jetzt zu euch.

HELLINGER »Ihr seid mir jetzt Vater und Mutter.«

UWE Ihr seid mir jetzt Vater und Mutter.

HELLINGER »Und ihr dürft mich haben als Kind.«

UWE Und ihr dürft mich haben als Kind.

HELLINGER Wie ist es jetzt?

UWE Das ist sehr bewegend.

AV ADOPTIVVATER Ja, für mich genauso, bloß der Schritt ist noch nicht hundertprozentig. Es ist alles noch auf der Oberfläche, finde ich.

AM ADOPTIVMUTTER Da kann ich mich meinem Mann anschließen.

HELLINGER *zu Uwe* Knie dich hin, verneige dich bis auf den Boden, die Hände nach vorne, die Handflächen nach oben. Sag ihnen: »Ich gebe euch jetzt die Ehre.«

UWE *kniet sich hin und verneigt sich bis auf den Boden* Ich gebe euch jetzt die Ehre.

HELLINGER »Jetzt gebe ich euch die Ehre.«

UWE Jetzt gebe ich euch die Ehre.

HELLINGER Jetzt richte dich auf. Sag ihnen: »Jetzt gehe ich zu meiner neuen Familie.«

UWE Jetzt gehe ich zu meiner neuen Familie.

HELLINGER »Und nehme mit, was ihr mir geschenkt habt.«

UWE Und nehme mit, was ihr mir geschenkt habt.

HELLINGER Jetzt sag der Adoptivmutter: »Auf mich ist Verlaß.«

UWE Auf mich ist Verlaß.

HELLINGER »Wenn du mich brauchst.«

UWE Wenn du mich brauchst.

HELLINGER *zur Adoptivmutter* Wie ist es jetzt?

AM ADOPTIVMUTTER Jetzt ist es gut.

HELLINGER *zum Adoptivvater* Bei dir?

AV ADOPTIVVATER Es ist besser. Ich habe noch gewisse Vorbehalte, ob es wirklich so ist, wie es sein soll, aber ich hoffe, daß es besser wird. Der erste Schritt ist da, und ich hoffe, daß er wirklich auf dem Weg bleibt.

HELLINGER *zu Uwe* Sag ihm: »Ich hab dich vermißt, als du so früh gestorben bist.«

UWE Ich habe dich vermißt, als du so sehr früh gestorben bist.

HELLINGER »Doch ich behalte, was du mir geschenkt hast.«

UWE Doch ich behalte, was du mir geschenkt hast.

HELLINGER *zum Adoptivvater* Wie ist es jetzt?

AV ADOPTIVVATER Es ist, glaube ich, gut. Ja.

HELLINGER *zu Uwe* Jetzt gehst du wieder zu deiner Familie.
zu den Adoptiveltern Und ihr wendet euch zu.

Bild 31

HELLINGER *zu Uwe* Sag deinen Frauen und deinen Kindern: »Das
sind meine neuen Eltern.«
UWE Das sind meine neuen Eltern.
HELLINGER »Sie haben für mich gesorgt.«
UWE Sie haben für mich gesorgt.
HELLINGER »Und ich gebe an euch weiter, was sie mir geschenkt
haben.«
UWE Und ich gebe an euch weiter, was sie mir geschenkt haben.
HELLINGER »Und meine leiblichen Eltern lasse ich ziehen.«
UWE Und meine leiblichen Eltern lasse ich ziehen.
HELLINGER »Mit Liebe.«
UWE Mit Liebe.
HELLINGER Okay, da lasse ich es.
zu Uwe, als dieser wieder seinen Platz eingenommen hat Wie geht es dir
jetzt?
UWE Erleichtert. Aufgeregt, aber sehr erleichtert; sehr weich, aber nicht
haltlos.

Zusammenfassung

Die Bindung Dem adoptierten Kind fehlen seine leiblichen Eltern, und es versteht nicht, warum sie sich abwenden. Es erlebt seine Mutter als bedrohlich. Es sehnt sich nach seinem Vater und fühlt zugleich das Unüberbrückbare zu ihm. Erst als es von den Adoptiveltern gehalten wird, kann es seine Eltern sowohl anschauen als auch ziehen lassen.

Die Ordnung Die Mutter sagt dem weggegebenen Kind: »Ich habe dich abgetrieben; ich wollte dich nicht.« Sie sagt den Adoptiveltern: »Ihr habt es für mich getan. Wegen euch bleibt er am Leben. Ihr seid jetzt für ihn Vater und Mutter, und ich ziehe mich zurück.«
Das Kind sagt seiner Mutter: »Mama, ich lasse dich ziehen. Das Größte habe ich, und ich halte es in Ehren. Ich bleibe jetzt bei meinen neuen Eltern. Sei freundlich, wenn ich jetzt bei meinen neuen Eltern bleibe.«
Die Mutter sagt ihm: »Jetzt ziehe ich mich zurück.« Das Kind sagt ihr: »Ich lasse dich ziehen. Mein Platz ist jetzt hier.«
Der Vater sagt dem Kind: »Ich habe dich abgetrieben, und ich ziehe mich jetzt zurück. Ich lasse dich bei deinen neuen Eltern.« Er sagt den Adoptiveltern: »Ihr habt es für mich getan. Ich danke euch sehr. Ich gebe euch die Ehre.«
Uwe sagt den Adoptiveltern: »Danke für alles. Es soll nicht umsonst gewesen sein. Ich habe vier Kinder. Ich habe es noch nicht gesehen, was ihr für mich getan habt. Ich habe nichts verdient. Es war alles ein Geschenk. Ich lasse meine Eltern ziehen und stelle mich zu euch. Ihr seid mir jetzt Vater und Mutter, und ihr dürft mich haben als Kind.« Er verneigt sich vor ihnen bis auf den Boden und sagt: »Ich gebe euch die Ehre. Jetzt gebe ich euch die Ehre.« Dann richtet er sich auf und sagt: »Ich gehe jetzt zu meiner neuen Familie und nehme mit, was ihr mir geschenkt habt.«
Er sagt der Adoptivmutter, die noch lebt: »Auf mich ist Verlaß, wenn du mich brauchst.« Er sagt dem Adoptivvater: »Ich habe dich vermißt, als du so früh gestorben bist. Doch ich behalte, was du mir geschenkt hast.« Dann geht er zu seiner jetzigen Familie, stellt ihr seine Adoptiveltern vor und sagt: »Das sind meine neuen Eltern. Sie haben für mich gesorgt. Ich gebe an euch weiter, was sie mir geschenkt haben. Meine leiblichen Eltern lasse ich ziehen – mit Liebe.«

(Siehe auch Seite 57f. und 60)

Suche und Verzicht

Video 1
1.28.10 HELLINGER *zur Gruppe* Das war jetzt eine sehr lange Aufstellung und eine sehr vielschichtige. Ich habe hier ausprobiert, ob es angebracht ist, daß Adoptierte ihre Eltern suchen, oder ob das ein Trugschluß ist, wenn man das rät. Und ich habe auch ausprobiert, ob das Weggeben eines Kindes in der Dynamik ähnlich ist wie eine Abtreibung. Ich glaube, wir haben gesehen, was wir in dieser Hinsicht beachten müssen.

Das darf man natürlich nicht verallgemeinern, aber es ist ein wichtiger Aspekt, den man in der Arbeit mit Adoptierten und mit Adoptiveltern und den leiblichen Eltern der Kinder beachten muß.
zu Annelie Scholz Kannst du zustimmen?
ANNELIE SCHOLZ Ja. Doch es gibt ganz verschiedene Schicksale, und ich denke, man muß es ganz individuell sehen.
HELLINGER Genau, dem stimme ich zu. Es ist ein wichtiger Aspekt unter anderen, der jetzt dazukommt.

Die Demut

Video 1
1.30.10 TEILNEHMERIN Warum mußte das adoptierte Kind den Adoptiveltern sagen: »Ich habe es nicht verdient.«
HELLINGER Stelle dir das Gegenteil vor:»Ihr müßt mir noch viel mehr geben, ihr schuldet mir was. Weil ihr mich adoptiert habt, schuldet ihr mir alles.« Wie wäre denn das?
TEILNEHMERIN Ich meine, ein adoptiertes Kind hat das Recht wie jedes normale Kind. Ich denke, jedes Kind, das zur Welt kommt, hat ein Anrecht auf Leben und muß nicht sagen: »Ich habe es verdient, oder ich habe es nicht verdient.«
HELLINGER Ich bin mir nicht sicher, ob wir ein Anrecht auf Leben haben. Ich bin mir da gar nicht sicher.
zu Uwe Willst du etwas dazu sagen?
UWE Ich hatte in der Situation das Gefühl, ich habe nicht das natürliche Recht, von meinen Adoptiveltern das zu bekommen; es ist wirklich ein Geschenk. Das ist etwas, wozu sie nicht verpflichtet sind, was sie aber trotzdem getan haben, und was ich umso mehr achten muß.
HELLINGER Genau, das ist die Antwort.

zur Gruppe Es geht hier vor allem um die innere Haltung. Natürlich haben Adoptiveltern auch Pflichten, aber es sind nicht Pflichten, die das Kind einfordern kann. Die Adoptiveltern fordern die von sich ein.

Weggeben und Abtreiben

Video 1
1.32.10 ANDERE TEILNEHMERIN Mir ist nicht klar, warum Sie Abtreiben und Weggeben gleichsetzen. Ich denke, eine Mutter, die das Kind austrägt und ihm das Leben gibt, tut etwas anderes als eine Mutter, die abtreibt.

HELLINGER Man kann es natürlich nicht gleichsetzen, das ist ganz klar; es gibt da schon einen qualitativen Unterschied. Aber im Akt des Weggebens sagt die Mutter auch: »Mir ist mein Leben wichtiger als deines.« Insofern ist der innere Vorgang ähnlich. Aber die Unterscheidung, die du machst, ist wichtig.

Die Gründe

Video 1
1.33.05 TEILNEHMERIN *zu Uwe* Mich interessiert, warum Sie als Erwachsener nie wissen wollten, warum Ihre Mutter Sie abgegeben hat. Ich würde gerne wissen, warum Sie das als Geheimnis in sich tragen und heute hier auch so öffentlich dargestellt haben.

HELLINGER Die Gründe spielen für diese Arbeit keine Rolle. Die Gründe entlasten die Eltern nicht, wie immer sie sind. Sonst würden die Eltern zu Opfern, was sie nicht sind. Sie waren die Handelnden und hatten alle Möglichkeiten. Sie haben sie nicht ausgeschöpft.

Die Verneigung

Video 1
134.05 ANDERE TEILNEHMERIN Dieses Niederbeugen des Adoptivkindes vor den Adoptiveltern fand ich sehr stark. Ist es nicht so, daß nicht nur das Adoptivkind den Adoptiveltern gegenüber dankbar sein muß, sondern auch die Adoptiveltern dem Kind gegenüber; denn es ist doch ein ganz egoistisches Moment, so ein Kind aufzunehmen.

HELLINGER Es kommt auf die Umstände an. Selbst wenn es ein egoistischer Grund war, wenn sie etwas Gutes damit gemacht haben, spielt der Grund keine Rolle mehr oder nicht eine solche Rolle. Nicht für das Kind, das Kind darf das nicht hinterfragen oder beurteilen.

Vorrang der Adoptiveltern

Video 1
1.35.10

TEILNEHMER Ich habe noch ein Problem damit, und zwar weil du die Wertigkeit der leiblichen Eltern für das Kind in früheren Betrachtungen und Aufstellungen immer sehr hoch angesetzt hast und jetzt die Wertigkeit der Adoptiveltern so stark betonst. Das Kind hat das Geschenk des Lebens von seinen Eltern – das Kind ist ja da, das ist ein Faktum –, und daher war der Dank gegenüber den leiblichen Eltern immer das Stärkste und Größte. Das hat jetzt hier fast keine Rolle gespielt, oder es trat sehr weit zurück. Ich hatte den Eindruck, es wurde weitgehend auf die Adoptiveltern übertragen; das hat mich etwas irritiert. Natürlich haben die Adoptiveltern etwas Großes getan, daß sie gesorgt haben; aber die Vaterschaft und die Mutterschaft im Moment der Entstehung dieses Lebens, das trat für mich sehr in den Hintergrund oder war kaum ersichtlich.

HELLINGER Ja, das trat jetzt in den Hintergrund. Ich schaue jetzt in eine andere Richtung, und ich bin mir nicht sicher, ob diese frühere Sichtweise in diesem Zusammenhang ganz gerechtfertigt war. Also, die Verantwortung wird jetzt stärker auf die Eltern geschoben, das stimmt, und ich frage mich: Hat das eine gute Wirkung oder eine schlimme? Nach dem, was ich hier sehen konnte, hat es eine sehr gute Wirkung gehabt. Der Stellvertreter von Uwe hat das sehr mitfühlend zum Ausdruck gebracht. Das ist es, was ich jetzt zu überlegen gebe.

TEILNEHMER Also aus der Perspektive des Kindes – um die geht es hier ja nur: Was tut seiner Seele gut?

HELLINGER Das Kind muß immer noch sagen: »Ich bin meine Eltern.« Das wäre jetzt die Ergänzung. Aber es muß sie dann ziehen lassen, statt zu erwarten, daß sich seine Situation bessert, wenn es seine Eltern findet und sieht. Das geht nicht, denn die Eltern haben das Kind am Anfang nicht angeschaut, und die schauen es jetzt auch nicht an. Wenn sie es jetzt anschauen würden, wäre das so schmerzlich, daß sie sich zurückziehen – was sie ja auch meistens tun.

Es gibt natürlich Ausnahmen, das muß man auch sehen. Man darf diese Dinge nicht verallgemeinern. Aber die Vorgangsweise ist jetzt differenzierter, und es ist mir wichtig, daß dies zum Zuge kommt.

Elisabeth   »Hier kann ich am Leben bleiben«

Video 1 HELLINGER Was ist bei dir?

1.38.00 ELISABETH Meine aktuelle Situation?

HELLINGER Mit der Adoption. Bist du adoptiert?

ELISABETH Ja, ich bin adoptiert.

HELLINGER In welchem Alter?

ELISABETH Ich bin direkt nach der Geburt weggegeben worden und war eineinhalb Jahre im Säuglingsheim.

HELLINGER Weißt du etwas von deinen Eltern?

ELISABETH Ich habe meine Eltern gefunden, also gesucht und gefunden.

HELLINGER Wieso haben sie dich weggegeben?

ELISABETH Meine leibliche Mutter hat acht Kinder weggegeben. Ich war da die fünfte. Mein Vater ist Kanadier, der war hier stationiert. Ich denke, die hatten eine Affäre. Meine Mutter hatte schon eine gewisse Praxis im Kinder-Weggeben, sie wußte ja schon, wie es funktioniert.

HELLINGER Wußte dein Vater davon, daß die Mutter dich weggibt?

ELISABETH Ja, er war dreiundzwanzig. Er hat es so kommentiert, und das hat er mir dann auch selber gesagt: Du warst nicht geplant. Ich wollte eine gute Zeit haben und wieder zurück nach Kanada gehen.

HELLINGER *zur Gruppe* Das ist wie eine Abtreibung im Sinne von: Das geht mich nichts an.

ELISABETH Ja.

HELLINGER Es ist eigentlich schlimm, wenn ich mir das vorstelle. Steinernes Herz. Alle Last wird auf das Kind geschoben, und das ist dann ganz treuherzig.

ELISABETH Ich kann nichts dazu sagen, das berührt mich sehr.

HELLINGER Bist du verheiratet?

ELISABETH Nein, ich habe einen eineinhalbjährigen Sohn, habe mich aber von seinem Vater getrennt.

HELLINGER Wieso?

ELISABETH Ich finde das jetzt schwierig. Ich denke, ich habe ganz viel aus dem Leben meiner leiblichen Mutter wiederholt. Dazu gehörte auch d a s ein Stück weit.

HELLINGER *zu Uwe* Das war ja bei dir auch, daß du von der Familie weg bist, das war sozusagen die Identifizierung mit dem Vater bei dir. So habe ich das gesehen. Indem du deinen Vater ziehen läßt und zu deinen Adoptiveltern wirklich stehst, kannst du auch eher zu deiner Familie stehen, zu deinen Kindern und zu den Frauen. Deswegen war es wichtig, daß sie bei der Aufstellung deiner Herkunftsfamilie zugeschaut haben. Okay?

UWE Ja.

HELLINGER *zu Elisabeth* Ich fange mit deiner Ursprungsfamilie an. Haben deine Adoptiveltern Kinder?

ELISABETH Es gibt eine weitere Adoptivschwester, die ist 12 Jahre älter als ich, und noch ein Mädchen in Pflege, die ist 4 Jahre älter als ich. Ich bin als zweite in die Familie gekommen, und ein halbes Jahr später kam die 4 Jahre ältere.

HELLINGER Es genügt, wenn wir die Adoptiveltern haben und dich und deine leiblichen Eltern. Damit fangen wir an.

ELISABETH Mir fällt ein, es gibt noch einen Stiefvater. Mein Adoptivvater starb, als ich 12 war. Dieser Mann hat mein Leben geprägt, weil er so wahnsinnig gewalttätig war.

HELLINGER Der Adoptivvater?

ELISABETH Der Stiefvater, die Adoptivmutter hatte dann einen zweiten Mann. Soll ich den stellen?

HELLINGER Vorläufig noch nicht.

Bild 1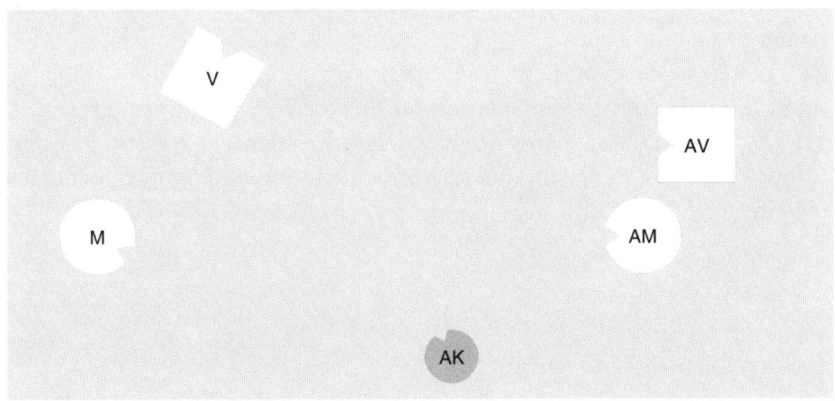

HELLINGER *zu Elisabeth* Wie viele Geschwister hast du?

ELISABETH Leibliche?

HELLINGER Leibliche Geschwister.

ELISABETH Ich habe nur Halbgeschwister. Von meiner mütterlichen Seite wären es sieben, von denen sind zwei tot. Mein Vater in Kanada hat geheiratet und hat auch zwei Kinder. Meine leibliche Mutter hat in ihrer jetzigen Beziehung keine Kinder mehr. Dann habe ich noch die Adoptivschwester.

HELLINGER Du hättest dann noch 9 Geschwister. Kennst du sie alle?

V Vater
M Mutter
AV Adoptivvater
AM Adoptivmutter
AK Adoptivkind, Tochter (= Elisabeth)

ELISABETH Einige, also ich kenne vier.

HELLINGER Du könntest ja mal ein Geschwistertreffen organisieren.

ELISABETH *laut und überrascht* Organisieren?

HELLINGER Ich meine in Wirklichkeit.

ELISABETH Das ist schwierig. Die haben sich, glaube ich, mit diesen Dingen gar nicht auseinandergesetzt. Die haben auch nicht gesucht, sondern sind gefunden worden. Sie sind sehr distanziert.

HELLINGER Das wäre eine große Aufgabe.

ELISABETH Hm.

HELLINGER Eine schöne.

ELISABETH Eine schöne Aufgabe? Ich habe ganz lange Zeit mit Suchen verbracht, weil ich ja viel im Ausland suchen mußte und Jugendämter in Westdeutschland wenig offen erlebt habe. Ich denke, ich habe mich immer als suchend erlebt, als abgeschnitten, als wenig verwurzelt.

HELLINGER Da gibt es Institute.

zu Annelie Scholz Die machen so etwas manchmal.

ELISABETH Und ich habe trotzdem viel Zeit aktiv mit Suchen verbracht. Also, es sind zwei Lebensgefühle dabei.

HELLINGER Ich hab dir jetzt den Floh ins Ohr gesetzt.

ELISABETH Der ist schon auch da, die restliche Verwandtschaft zu suchen.

HELLINGER Er beißt jetzt etwas mehr.

HELLINGER *zur Stellvertreterin von Elisabeth* Wie geht es dir?

AK ADOPTIVKIND An dieser Stelle zerreißt es mich ganz stark. Zu den Adoptiveltern ist es warm, und da vorne guckt jemand an mir vorbei. Es zerreißt mich wirklich.

Hellinger stellt sie neben die Adoptivmutter.

Bild 2

AK ADOPTIVKIND *atmet befreit aus* Ja, hier ist es besser.

HELLINGER *zur Adoptivmutter* Wie geht es dir?

AM ADOPTIVMUTTER Mir geht es jetzt auch besser, weil meine Tochter da ist. Die leibliche Mutter ist ein bißchen störend. Da ist Kälte, keine Emotion.

HELLINGER *zum Adoptivvater* Bei dir?

AV ADOPTIVVATER Als ich zuerst neben der Frau stand, war es schön, ein warmes Gefühl, ein Gefühl von Zusammengehören. Jetzt, so halb dahinten, ist es seltsam.

HELLINGER Wir stellen dich wieder neben sie. Warum nicht, wenn ihr Mann und Frau seid?

Bild 3

HELLINGER Wie geht es der Mutter?

M MUTTER Ich fühle mich leicht und frei wie selten, sehr gut; noch besser, seitdem die Tochter weg ist.

HELLINGER Ja, so ist es.

M MUTTER Ich könnte die ganze Zeit hier lachen und grinsen, arrogant irgendwie, so von oben herab.

HELLINGER *zu Elisabeth* Ist deine Mutter selbstmordgefährdet?

ELISABETH Das kann ich nicht sagen. Sie lebt inzwischen auch in Kanada. Ich habe sie einen Nachmittag lang gesehen für 2-3 Stunden. Sie verleugnet sehr viel. Ich denke, sie hat ihr Leben wirklich abgeschnitten, also all die Kinder und die Beziehungen und die Enttäuschungen.

HELLINGER Wie geht es dem Vater?

V VATER Mir zittern die Knie, mein Herz schlägt ganz unregelmäßig, und ich habe ein Gefühl von Scham.

HELLINGER *zur Stellvertreterin von Elisabeth* Was ist jetzt?

AK ADOPTIVKIND Als die Mutter gesagt hat, wie es ihr geht, da konnte ich das gut verstehen, weil ich ganz viel Wut hatte in ihre Richtung. Das ist weg, seitdem ich hier stehe und mich hier aufgehoben fühle. Mit dem Vater ist es noch nicht in Ordnung. Da ist eine Menge Enttäuschung, und das ist nicht gutgemacht.

HELLINGER Sag zu ihm: »Ich laß dich ziehen.«

Bild 4

AK ADOPTIVKIND Ich laß dich ziehen.

HELLINGER »Mein Platz ist jetzt hier.«

AK ADOPTIVKIND Mein Platz ist jetzt hier.

HELLINGER »Bei meinen neuen Eltern.«

AK ADOPTIVKIND Bei meinen neuen Eltern.

HELLINGER »Sie sorgen für mich gut.«

AK ADOPTIVKIND Sie sorgen für mich gut.

HELLINGER »Hier kann ich leben.«

AK ADOPTIVKIND Hier kann ich leben.

HELLINGER »Und am Leben bleiben.«

AK ADOPTIVKIND Und am Leben bleiben.

HELLINGER *zum Vater* Wie ist das jetzt?

V VATER Besser. Ich fühle mich erleichtert und habe das Gefühl, ich könnte jetzt gehen.

HELLINGER Sag ihr: »Ich lasse dich bei deinen neuen Eltern.«

V VATER Ich lasse dich bei deinen neuen Eltern.

HELLINGER Und sag den Adoptiveltern: »Ihr habt es für mich getan.«

V VATER Ihr habt es für mich getan.

HELLINGER »Ihr seid groß, und ich bin winzig.«

V VATER Ihr seid groß, und ich bin winzig.

HELLINGER Wie ist das?

V VATER Gut.

HELLINGER *zur Stellvertreterin von Elisabeth* Wie ist das jetzt für dich?

AK ADOPTIVKIND Das mit dem Vater gut. Es ist traurig, daß wir uns nicht gehabt haben.

HELLINGER Sag ihm: »Ich verzichte auf dich jetzt.«

AK ADOPTIVKIND Ich verzichte auf dich jetzt.

HELLINGER »Hier habe ich, was ich brauche.«

AK ADOPTIVKIND Hier habe ich, was ich brauche.

HELLINGER Wie ist das?

AK ADOPTIVKIND Ja, das ist gut.

AM ADOPTIVMUTTER Es fühlt sich ganz warm an und von Herzen. Die Liebe ist da.

HELLINGER *zum Adoptivvater* Bei dir?

AV ADOPTIVVATER Es ist auch schön. Der zweite Satz von ihm: »Ihr seid groß und ich bin winzig«, der war fast etwas viel für mich.

HELLINGER Das war der Satz für ihn.

AV ADOPTIVVATER *lacht* Okay.

HELLINGER *zum Vater* Was ist jetzt?

V VATER Jetzt ist es gut.

HELLINGER Jetzt dreh dich um.

Bild 5

HELLINGER Wie ist das?

V VATER So ist es gut.

HELLINGER Bei der Mutter?

M MUTTER Das geht alles an mir vorbei. Das interessiert mich nicht. Mehr muß ich dazu nicht sagen.

HELLINGER *zur Stellvertreterin von Elisabeth* So ist es, genau. Du darfst ihr nichts sagen.

Hellinger stellt das Adoptivkind den Adoptiveltern gegenüber.

Bild 6

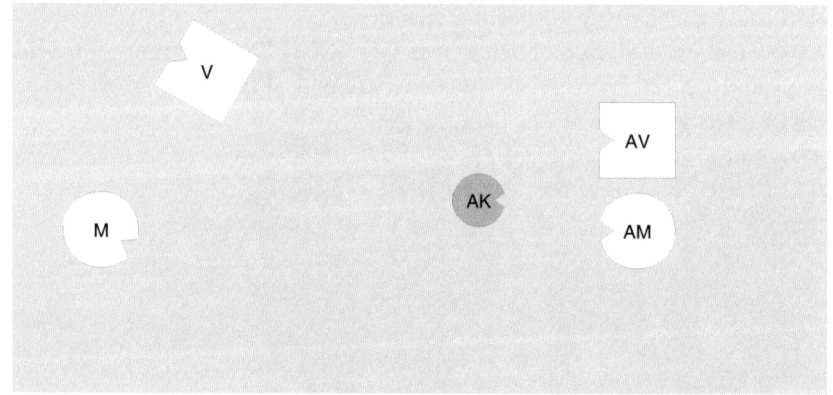

AK ADOPTIVKIND Ja, das sind meine Eltern. Die haben mir das gegeben, was ich brauchte, um zu wachsen und die zu sein, die ich jetzt bin.

Hellinger stellt nun Elisabeth selbst vor die Adoptiveltern.

HELLINGER *zu Elisabeth* Verneige dich ganz leicht.

ELISABETH Ich spüre Trauer.

HELLINGER Sag ihnen: »Es war sehr viel.«

ELISABETH Ich möchte nicht so nah sein, weil ich das Gefühl habe, sie haben ihre Arbeit nicht gut getan. Was meine Stellvertreterin sagte: »Ihr habt mich wachsen lassen und zu der werden lassen, die ich bin«, das stimmt nicht. Ich habe wenig Unterstützung erlebt.

HELLINGER Hast du die Unterstützung gebraucht?

ELISABETH Ja.

HELLINGER Nein.

ELISABETH *lacht* Doch.

HELLINGER *zur Gruppe* Wenn man sie anschaut: Hat sie sie gebraucht?

ELISABETH Ich denke schon.

HELLINGER Merkst du die Wirkung von dem, was du jetzt sagst, in der Seele? Und merkst du die Wirkung von dem, was deine Stellvertreterin gesagt hat, in der Seele?

ELISABETH Ja, Widerstand, ich kann das nicht nehmen.

HELLINGER Genau. Und damit bleibst du eng.

ELISABETH Hm.

HELLINGER Wie alle, die Ansprüche stellen: Die bleiben eng. Sie sind wie eine große Bauchflasche mit einer kleinen Öffnung, und die ist obendrein noch zugemacht. Da geht nichts rein. Das andere ist wie eine offene Schale. Mach mal die Augen zu und bleib bei dem Bild der offenen Schale.

Nach einer Weile Nichts sagen, laß die Augen zu.

Während sie die Augen geschlossen hält, führt Hellinger sie näher vor ihre Adoptiveltern. Diese legen die Arme um sie. Elisabeth legt den Kopf an ihre Schultern und dann die Arme um beide.

Bild 7

HELLINGER   *nach einer Weile*   Wie geht es dir jetzt?
ELISABETH   Das hat sich toll angefühlt. Ja, es war gut.
HELLINGER   Ist das nicht schön mit Liebe?
ELISABETH   Ja.
HELLINGER   Genau. Jetzt stelle dich daneben.

Bild 8

HELLINGER   Habe deine leibliche Mutter im Blick und entlasse sie aus deinem Herzen.
ELISABETH   *weinend*   Ich spüre den Blickkontakt, das ist so schwer
HELLINGER   Sag ihr: »Ich entlasse dich aus meinem Herzen.«
ELISABETH   Ich entlasse dich aus meinem Herzen.
HELLINGER   »Mit Liebe.«
ELISABETH   *seufzt tief*   Mit Liebe.

HELLINGER »Jetzt verzichte ich auf dich.«

ELISABETH Jetzt verzichte ich auf dich.

HELLINGER Sage es ganz langsam.

ELISABETH Jetzt verzichte ich auf dich.

HELLINGER »Das Größte habe ich von dir bekommen.«

ELISABETH Das Größte habe ich von dir bekommen.

HELLINGER »Das andere bekomme ich hier.«

ELISABETH Das andere bekomme ich hier.

HELLINGER »Und mache ich selbst.«

ELISABETH *lacht* Ja, und mache ich selbst. Ja.

Hellinger wählt Stellvertreter für Elisabeths Mann und Sohn und stellt sie in das Bild.

Bild 9

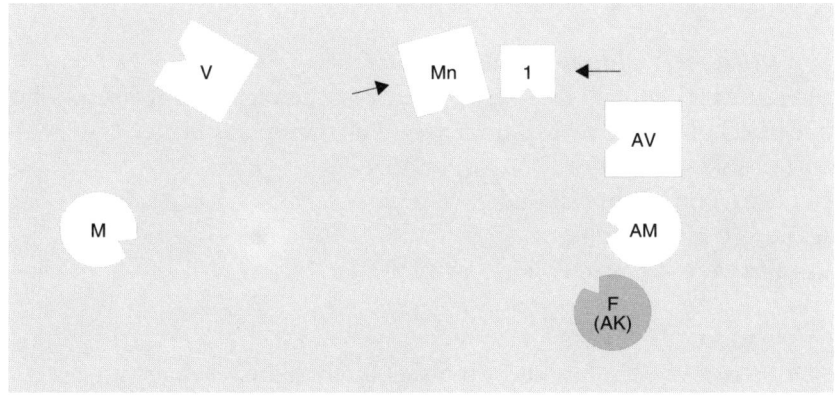

HELLINGER *zu Elisabeth* Das wären dein Mann und dein Sohn. Wie ist das?

ELISABETH Huh, da ist eine Aufgabe, da ist etwas nicht erledigt. Es ist mir gar nicht recht, daß die jetzt auftauchen *seufzt*.

HELLINGER *zum Mann* Was ist bei dir?

M MANN Ich bin überrascht, sie zu sehen, plötzlich taucht sie auf. Ich bin bereit.

HELLINGER Sag es ihr noch einmal.

M MANN Ich bin bereit.

HELLINGER Wie geht es dem Sohn?

1 SOHN Ganz gut, ich möchte das Ganze gerne ein bißchen näher zusammen haben.

HELLINGER Ja, schon, mach mal. Stelle dich neben die Mutter.

1 SOHN Kann ich den Vater mitnehmen?

HELLINGER Ja, natürlich.

Hellinger stellt den Mann links neben Elisabeth, und den Sohn links neben seinen Vater.

Bild 10

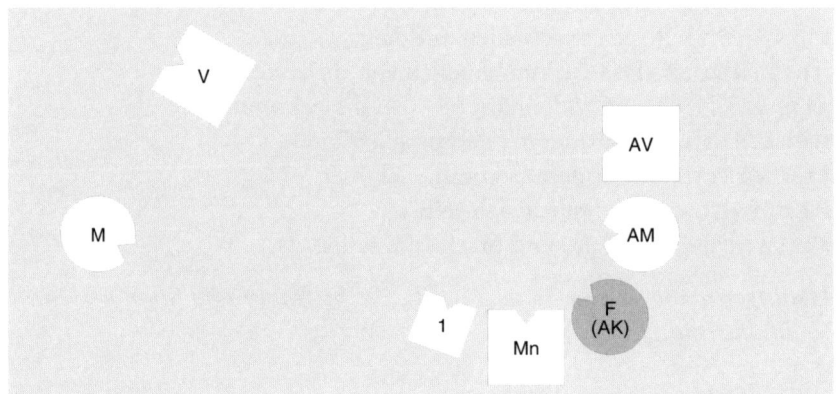

HELLINGER   *zu Elisabeth*   Wie ist das?

ELISABETH   Ich will den Mann nicht zwischen mir und meinem Sohn haben. Ich denke: Oh nein, nein, weg. Da stimmt was nicht.

HELLINGER   Sag ihm: »Du bist anders.«

ELISABETH   Ja, du bist anders   *seufzt.*

HELLINGER   »Und besser.«

ELISABETH   Ja?   *Lacht und seufzt.*   Besser?

HELLINGER   »Und besser.«

ELISABETH   Und besser.

HELLINGER   »Als das, was ich bisher erlebt habe.«   Schaue ihn an.

ELISABETH   Als das, was ich bisher erlebt habe.

HELLINGER   »Du bist anders und besser als das, was ich bisher erlebt habe.«

ELISABETH   Du bist besser und anders als das, was ich bisher erlebt habe.

HELLINGER   Stimmt das?

ELISABETH   Hm.

HELLINGER   Du mußt ihn anschauen, dann siehst du es besser.

ELISABETH   Ja, wenn ich jetzt so schau, schon. Ja.

HELLINGER   Sag ihm: »Ich habe dich noch nicht richtig gesehen.«

ELISABETH   Ich habe dich noch nicht richtig gesehen.

HELLINGER   »Jetzt schaue ich dich an.«

ELISABETH   Jetzt schaue ich dich an.

HELLINGER *zum Mann* Wie ist das?

M MANN Das mit dem Sehen, das stimmt. Das Anschauen tut mir gut.

HELLINGER *zu Elisabeth* Alles andere lasse ich bei dir. Einverstanden?

ELISABETH Ja.

HELLINGER Okay, das war's dann.

Zusammenfassung

Das Schicksal *Elisabeth wurde gleich nach der Geburt weggegeben und war eineinhalb Jahre in einem Säuglingsheim. Ihre Mutter hat noch sieben weitere Kinder weggegeben. Ihr Vater wollte nichts von ihr wissen. Elisabeth hat einen Sohn, doch hat sie sich vom Mann getrennt.*

Die Lösung *Das Kind fühlt sich zerrissen, bis es neben seine Adoptiveltern gestellt wird. Es sagt seinem Vater: »Ich lasse dich ziehen. Mein Platz ist jetzt hier bei meinen neuen Eltern. Sie sorgen für mich gut. Hier kann ich leben und am Leben bleiben. Ich verzichte auf dich jetzt. Hier habe ich, was ich brauche.«*

Der Vater sagt ihm: »Ich lasse dich bei deinen neuen Eltern.« Er sagt den Adoptiveltern: »Ihr habt es für mich getan. Ihr seid groß, und ich bin winzig.«

Elisabeth verneigt sich vor ihren Adoptiveltern und sagt: »Es war sehr viel.« Sie sagt ihrer Mutter: »Ich entlasse dich aus meinem Herzen mit Liebe. Jetzt verzichte ich auf dich. Das Größte habe ich von dir bekommen. Das andere bekomme ich hier und mache ich selbst.«

Dann werden ihr Mann und ihr Sohn in den Blick gebracht. Der Mann sagt ihr: »Ich bin bereit.« Sie sagt ihm: »Du bist anders und besser als das, was ich bisher erlebt habe. Ich habe dich noch nicht richtig gesehen. Jetzt schaue ich dich an.«

Der Anspruch

Video 1
2.06.30 TEILNEHMER Mich würde interessieren, wo liegt der Keim zu dieser Anspruchshaltung, daß diese Ansprüche permanent erfüllt werden wollen, und dadurch die Flasche oben zugeht?

HELLINGER Mir ist vor einiger Zeit ein Sinnspruch eingefallen, der heißt: Was man fordert, kann man, wenn man es bekommt, nicht nehmen. Merkwürdig. Also, es hat etwas mit Demut zu tun und mit Überlegenheit. Nehmen ist demütig und Danken ist demütig. Diese Demut ist das Schwerste. Aber sie macht reich.

Die Geschwister

Video 1
2.08.30 TEILNEHMERIN Könntest du noch etwas sagen zu dieser Idee des Geschwistertreffens?

HELLINGER Ich hatte mal hier in Berlin einen Kurs. Da war auch eine da, und ich habe ihr gesagt: Such mal deine Geschwister. Sie kannte keine. Dann fand sie 21. Sie sagte, es war eine Wucht.

zu Elisabeth Vielleicht ist es auch eine Wucht, wenn ihr euch trefft. Geschwister mögen sich, das ist meine Erfahrung.

Hanna   »Ich begleite dich mit Liebe«

Video 1
2.09.20 HELLINGER *zu Hanna* Was ist bei dir?

HANNA Mein Problem im Moment?

HELLINGER Ja, warum bist du hier?

HANNA Ich habe meine Tochter vor 14 Jahren anderen Eltern gegeben. Ich bin jetzt hier, weil ich große Angst habe, Kinder zu bekommen.

HELLINGER Das ist verständlich. Was ist mit dem Vater des Kindes?

HANNA Immer, wenn ich etwas von meiner Tochter höre, erzähle ich ihm davon. Er hört sich das an, und das war's dann.

HELLINGER Hat er damals zugestimmt?

HANNA Ihm war das eigentlich egal. Er sagte, ich soll machen.

HELLINGER Ach so? Okay, dann stell mal auf: dich, den Mann, die Tochter und die Adoptiveltern. Hast du noch andere Kinder?

HANNA Nein.

HELLINGER Wie alt warst du damals?

HANNA Ich war 18.

HELLINGER Wieso hast du das Kind weggegeben?

HANNA Ich habe für uns beide keine andere Möglichkeit gesehen. Ich habe keine Unterstützung gehabt.

HELLINGER Was war mit deinen Eltern?

HANNA Meine Eltern haben gesagt, entweder ich treibe ab, oder ich bekomme kein Geld mehr von ihnen.

HELLINGER Und was war bei den Eltern des Vaters?

HANNA Seine Eltern sind geschieden. Eigentlich war seine Mutter da, sie war schon unterstützend, aber sie hat nicht etwas angeboten.

HELLINGER Hast du Verbindung zu deiner Tochter? Kennt sie dich?

HANNA Ich habe Post von ihr. Sie hat Bilder von mir, und ich darf ihr schreiben. Aber sie möchte mich im Moment nicht sehen. Sie ist 14.

HELLINGER Sie möchte dich nicht sehen?

HANNA Nein.

HELLINGER Also, wir fangen an mit dir, deinem Mann, der Tochter und den Adoptiveltern. Stell auf.

Bild 1

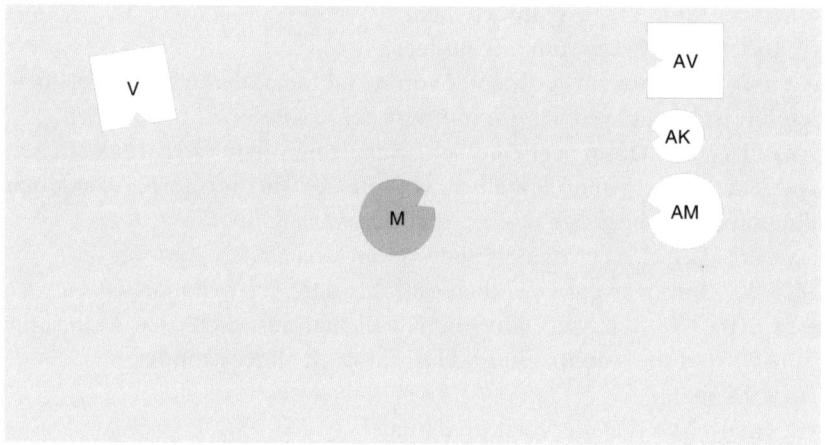

HELLINGER Bist du verheiratet?

HANNA Nein.

HELLINGER Ist der Vater des Kindes verheiratet?

HANNA Ja.

HELLINGER Hat er Kinder?

HANNA Nein.

HELLINGER Wie geht es der Tochter?

AK ADOPTIVKIND Ich habe Rückenschmerzen. Ich kann die Berührung hier an meinem Körper spüren, bin aber total fremd. Ich schaue rüber zur Mutter, und das interessiert mich, aber ich kann mir keinen Reim darauf machen, wer das ist.

HELLINGER Wie geht es der Mutter?

M MUTTER Ich fühle mich allein. Ich sehe die drei da drüben zusammen und habe das Gefühl, daß da meine Tochter gut eingebunden ist. Aber ich denke, daß sie einsam ist. Sie ist so weit weg von mir; ich wünschte, wir hätten mehr Kontakt. Es tut auch weh. Es ist einerseits beruhigend, sie sicher zu wissen, aber es tut auch gleichzeitig weh.

HELLINGER Beim Vater?

V VATER Ich habe sehr wenig mit der ganzen Angelegenheit zu tun. Das Kapitel ist abgeschlossen. Ich habe es im Hintergedanken und denke, meine Tochter ist gut aufgehoben. Ja, das ist es.

V Vater
M Mutter (= Hanna)
AV Adoptivvater
AM Adoptivmutter
AK Adoptivkind, Tochter

Hellinger fordert Hanna auf, ihre Eltern dazuzustellen.

Bild 2

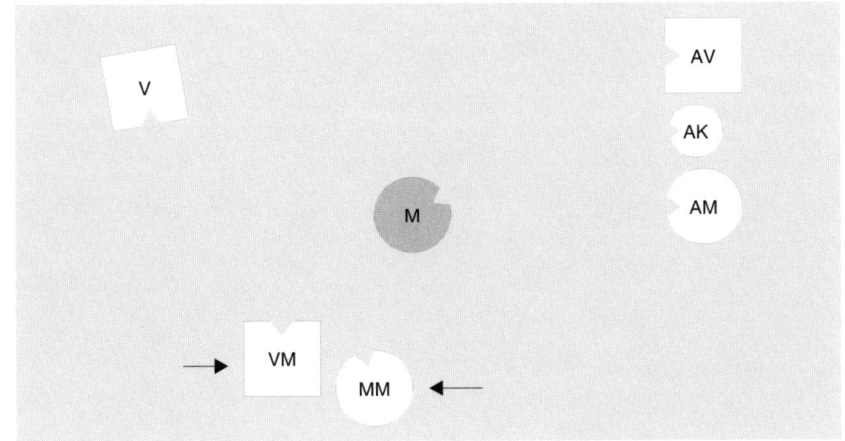

HELLINGER *zur Stellvertreterin von Hanna* Was ist bei dir verändert?

M MUTTER Eigentlich nichts. Ich sehe immer noch dasselbe wie vorher.

HELLINGER *zum Adoptivkind* Bei dir?

AK ADOPTIVKIND Als ihre Eltern kamen und herschauten, da hätte ich die Mutter gerne hier herüber gezogen. Ich habe ein ganz starkes Gefühl von Mißtrauen gegen ihre Eltern. Jetzt, wo sie sich so abwenden, ist es nicht mehr so stark.

HELLINGER Was ist beim Vater der Mutter?

VM VATER DER MUTTER Mir wird übel. Die rechte Seite ist ganz heiß. Ich könnte hier davonlaufen.

HELLINGER Bei der Mutter der Mutter?

MM MUTTER DER MUTTER Ich fühle mich schlecht und ganz leer.

VM   Vater der Mutter
MM   Mutter der Mutter

Hellinger wendet die Mutter ihren Eltern zu.

Bild 3

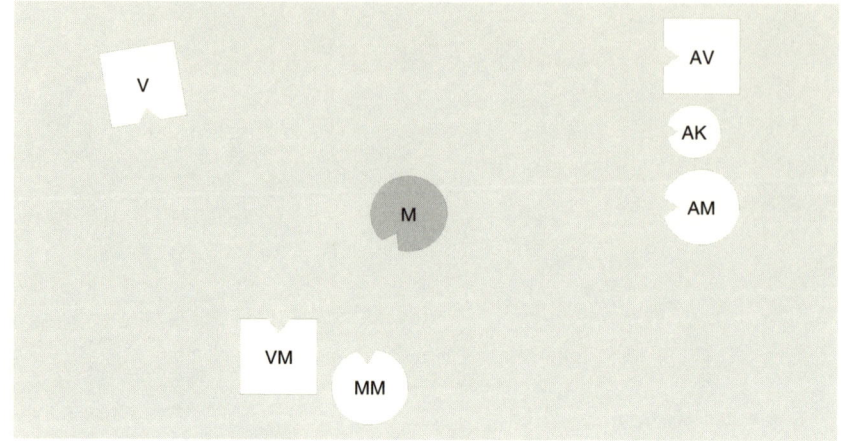

HELLINGER   Wie ist das?

M   MUTTER   Eng, aber ich bin auch nicht alleine, ich sehe jetzt beide. Sie wirken so starr und unbeweglich. Viel Vertrauen ist nicht da.

Hellinger stellt die Tochter neben die Mutter.

Bild 4

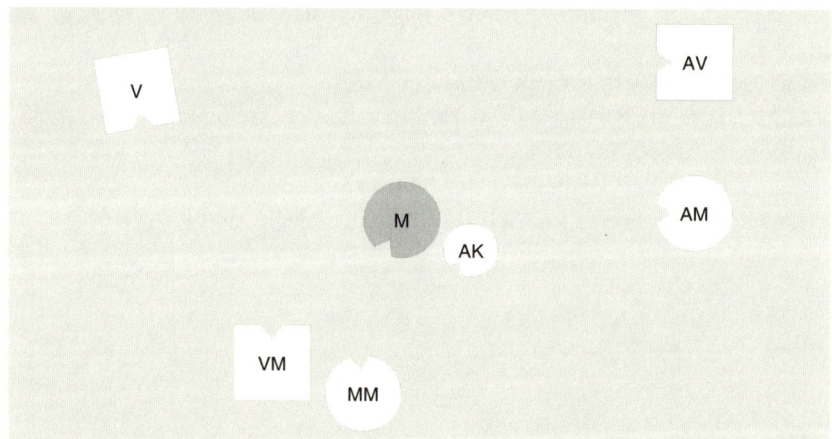

HELLINGER   *zur Stellvertreterin von Hanna* Sag ihnen: »Ihr habt sie nicht gewollt.«

M   MUTTER   Ihr habt sie nicht gewollt.

HELLINGER   *zum Vater der Mutter* Wie ist das?

VM   VATER DER MUTTER   *seufzt* In mir kommt Traurigkeit auf. Als sie ins Blickfeld kam, da wurde mein Platz hier anders. Als sie rantrat, da wurde ich wieder Mann, und jetzt, als das gesagt wurde, da kam große Traurigkeit in mir auf.

HELLINGER Bei der Großmutter?

MM MUTTER DER MUTTER Es kam ganz große Sehnsucht und große Trauer.

HELLINGER *zum Adoptivkind* Bei dir?

AK ADOPTIVKIND Ich fühle mich eigentlich ganz gut so, wie: Hier bin ich. Ein bißchen stolz.

HELLINGER Sag es ihnen.

AK ADOPTIVKIND Hier bin ich.

HELLINGER *zur Stellvertreterin von Hanna* Sag ihnen: »Hier ist sie.«

M MUTTER Hier ist sie, eure Enkelin. Sie ist ja auch ein Stück von euch.

HELLINGER Nein, nicht so viel Belehrung.
zum Adoptivkind Wie geht es dir?

AK ADOPTIVKIND Jetzt ist der Stolz weg. Ich kann Liebe spüren.

HELLINGER *zur Stellvertreterin von Hanna* Wende dich ihr zu und sag ihr: »Es tut mir sehr leid.«

Bild 5

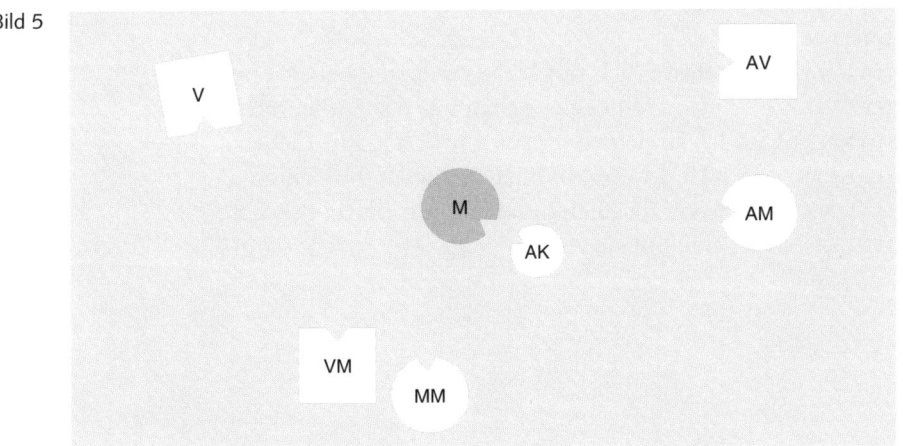

M MUTTER Es tut mir sehr leid.

HELLINGER *zum Adoptivkind* Warte, schau sie an.

M MUTTER Es tut mir sehr leid, daß ich dich weggegeben habe.

HELLINGER Nein, nein. Ich nehme jetzt die richtige Mutter rein.

HANNA *als sie an ihrem Platz steht* Es tut mir von Herzen leid.

HELLINGER »Ich hab dich verspielt.«

HANNA *seufzt* Ich hab dich verspielt.

HELLINGER »Doch ich möchte dir sagen, ich bin deine Mutter«

HANNA Doch ich möchte dir sagen, ich bin deine Mutter

HELLINGER »Und jetzt will ich alles für dich tun.«

HANNA Und jetzt will ich alles für dich tun.

HELLINGER *zum Adoptivkind* Wie ist das?

AK ADOPTIVKIND Es war am Anfang sehr viel Sehnsucht. Ich hätte gerne gesagt: Mama. Mit dem »verspielt«, da bin ich ein bißchen erschrocken, aber es ist auch stärker. Es ist so. Und es ist Nähe da und auch Respekt.

HELLINGER Sag ihr: »Ich achte dich als meine Mutter.«

AK ADOPTIVKIND Ich achte dich als meine Mutter.

HELLINGER »Und nehme, was du mir geschenkt hast.«

AK ADOPTIVKIND Und nehme, was du mir geschenkt hast.

HELLINGER »Und halte es in Ehren.«

AK ADOPTIVKIND Und halte es in Ehren.

HELLINGER »Doch ich gehe jetzt zu meinen neuen Eltern.«

AK ADOPTIVKIND Doch ich gehe jetzt zu meinen neuen Eltern.

HELLINGER Wie war das Letztere?

AK ADOPTIVKIND Es kommt ein Gefühl von Stärke, wenn ich das sage.

HELLINGER *zu Hanna* Bei dir?

HANNA Die Traurigkeit geht dann weg.

HELLINGER Sag ihr: »Ich entlasse dich mit Liebe zu deinen neuen Eltern.«

HANNA Ich entlasse dich mit Liebe zu deinen neuen Eltern.

HELLINGER »Und ich begleite dich aus der Ferne, mit Liebe.«

HANNA Und ich begleite dich aus der Ferne, mit Liebe.

HELLINGER »Und wenn du mich brauchst, bin ich da.«

HANNA Und wenn du mich brauchst, bin ich da für dich.

HELLINGER Geh auf sie zu.

Mutter und Tochter umarmen sich innig. Nach einer Weile stellt Hellinger das Kind neben seine Adoptiveltern und die Mutter etwas weiter zurück.

Bild 6

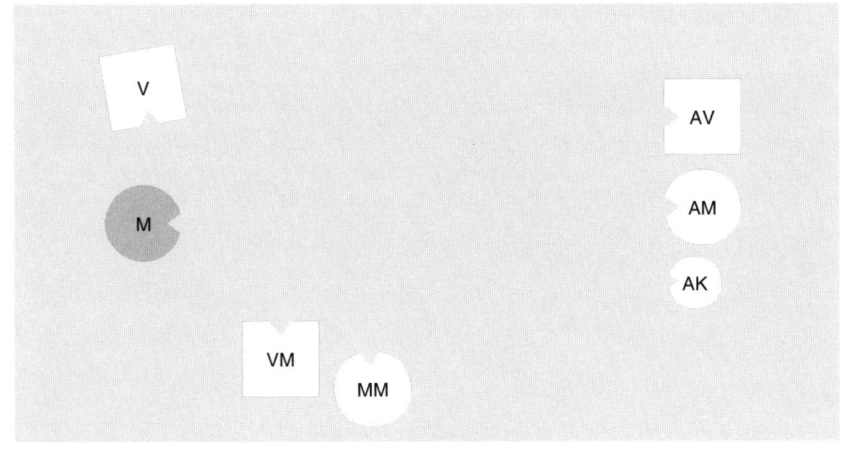

HELLINGER *zum Adoptivkind* Wie ist es jetzt?

AK ADOPTIVKIND Es ist wichtig zu wissen, daß sie da ist, wenn ich sie brauche; daß ich sie auch immer sehen kann, daß das bleibt. Und hier, das ist in Ordnung.

HELLINGER Wie geht es der Adoptivmutter?

AM ADOPTIVMUTTER Ich bin froh, dieses Kind zu haben. Das ist einfach schön.

HELLINGER Dem Adoptivvater?

AV ADOPTIVVATER Mir geht es auch gut jetzt. Vorhin war es nicht so schön, als sie zwischen uns stand.

HELLINGER Was war beim Vater die ganze Zeit?

V VATER Ich fühle mich bedroht von meinen Ex-Schwiegereltern. Die sind, glaube ich, mächtig sauer auf mich.

HELLINGER Du bist schon ein armes Würstchen. *Der Vater nickt.*
Dreh dich weg.

Bild 7

HELLINGER *zum Adoptivkind* Entlasse ihn aus deinem Herzen, mit
Verzicht.

AK ADOPTIVKIND Es bewegt mich gar nicht so stark. Wirklich aufmerksam bin ich auf ihn erst geworden, als er sich umgedreht hat. Vorher war
er gar nicht so interessant.

HELLINGER Es sind zwei Bewegungen wichtig. Einmal, daß du ihn
nimmst als deinen Vater, und dann, daß du auf alles andere verzichtest.

AK ADOPTIVKIND Ja, das sammelt sich jetzt so. Das ist das Gefühl: So ist
es.

HELLINGER *zu Hanna* Ist es jetzt gut für dich?

HANNA Als ich dann hier stand und sie gesehen habe, war das gut.
Mein Herz war gefüllt. Als der Mann mir zugewandt stand, hat das
nicht gestimmt. Jetzt ist es leichter. Es stimmt eher.

HELLINGER Jetzt danke noch den Adoptiveltern.

HANNA Ich danke euch von Herzen, daß ihr für meine Tochter Eltern
seid. Ja.

HELLINGER Okay, das war's dann.

zur Gruppe Das war jetzt eine Gelegenheit, sich einzufühlen in die
andere Seite, was da abläuft. Man konnte sehen, wo die besondere Verantwortung lag: bei den Eltern der Mutter. Wichtig bei dieser Arbeit ist,
daß die Hauptverantwortung immer dahin kommt, wo sie hingehört,
daß nicht immer alles auf die Schwächeren geschoben wird. Die Starken,
die hätten handeln können, waren hier die Großeltern. Das war ganz
klar.

zu Hanna Deine Eltern hätten leicht handeln können, wenn sie gewollt hätten. Nicht, daß dich das ganz entlastet. Aber es macht es für das Kind verständlicher, wenn es sieht, in was für einer Zwangslage die Mutter war.

Möchte jemand noch etwas dazu sagen?

STELLVERTRETER DES VATERS VON HANNA Meine Körpersensationen waren so stark, daß ich nicht handeln konnte. Also, ich war nie da. Erst als die Mutter mit dem Kind zusammen war, nahm ich meine Frau wahr. Den Vater des Kindes habe ich gar nicht gesehen. Ich war so eingeklemmt, der war gar nicht für mich da.

HELLINGER Eines der Hauptprobleme bei Adoptionen ist, daß man eine ganz enge Sicht hat. Man sieht zum Beispiel nur die Mutter und das Kind. Daß da auch Großeltern sind und Onkel und Tanten, die man angehen könnte, das wird außer acht gelassen. Das ist auch wichtig für die, die mit Adoptionen zu tun haben und das vermitteln. Oft nehmen die das auch nicht in den Blick, daß das Kind in ein großes System eingebettet ist, und daß dieses System auch Halt gibt und geben kann, wenn es angesprochen wird.

Zusammenfassung

Die Bindung *Hanna hat ihre Tochter zur Adoption weggegeben, als ihre Eltern ihr drohten: entweder Abtreibung oder keine Unterstützung mehr.*

Die Ordnung *Hanna stellt sich mit ihrer Tochter vor ihre Eltern. Die Tochter sagt ihnen: »Hier bin ich.« Hanna sagt ihnen: »Hier ist sie, eure Enkelin.«*
Sie wendet sich ihrer Tochter zu und sagt: »Es tut mir von Herzen leid. Ich habe dich verspielt. Doch ich möchte dir sagen: Ich bin deine Mutter Jetzt will ich alles für dich tun.«
Die Tochter sagt ihr: »Ich achte dich als meine Mutter und nehme, was du mir geschenkt hast. Ich halte es in Ehren. Doch ich gehe jetzt zu meinen neuen Eltern.«
Hanna sagt ihr: »Ich entlasse dich mit Liebe zu deinen neuen Eltern und ich begleite dich aus der Ferne mit Liebe. Wenn du mich brauchst, bin ich für dich da.« Sie sagt den Adoptiveltern: »Ich danke euch von Herzen, daß ihr für meine Tochter Eltern seid.«
Der Vater der Tochter wird weggedreht. Sie nimmt ihn als ihren Vater und verzichtet auf alles andere von ihm.

Heidi »Ich schaue nun selber«

Video 1

2.33.28 HELLINGER *zu Heidi* Du bist auch adoptiert?

HEIDI Ja, ich bin auch adoptiert.

HELLINGER In welchem Alter?

HEIDI Mit drei Wochen.

HELLINGER Und was weißt du von deinen Eltern?

HEIDI Ich habe sie aufgesucht, als ich 31 war und habe beide gefunden. Die Mutter will mich nicht sehen, weil sie es ihrem jetzigen Mann nicht erzählt hat. Sie verweigert jeglichen Kontakt und wollte mich auch nicht erkennen. Der Vater hat mich in die Arme genommen und gesagt, er hätte gewartet.

HELLINGER Wer wollte die Adoption?

HEIDI Der Vater wollte die Abtreibung und die Mutter wollte die Adoption.

HELLINGER Dein Vater wollte, daß deine Mutter abtreibt?

HEIDI Ja.

HELLINGER Wie alt war deine Mutter?

HEIDI 22.

HELLINGER Und die konnte dich nicht großziehen?

HEIDI Nein, sie hat in einer Bäckerei gearbeitet und hat gesagt, sie hätte nicht haben wollen, daß ich unter dem Ladentisch aufwachsen würde, was ich auch verstehen kann.

HELLINGER Mein Großvater war auch Bäcker, ich bin auch ein Stück unter dem Ladentisch aufgewachsen. Ich fand das schön. Besonders schön fand ich es in der Bäckerei. Das sind natürlich Gründe, die zählen nicht, die kann man im Kindergarten erzählen, aber sonst nicht.

HELLINGER Okay, dann stellen wir mal auf.

Bild 1

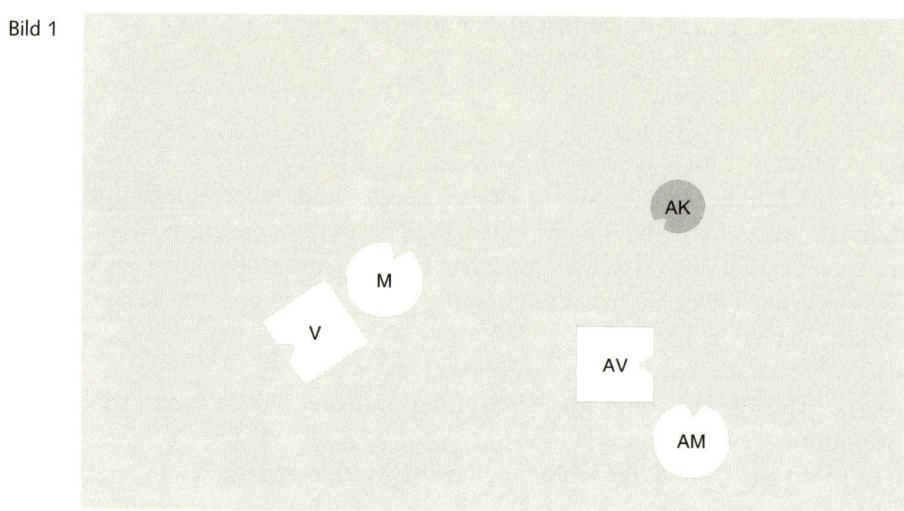

HELLINGER *zur Stellvertreterin von Heidi* Wie geht es dir?

AK ADOPTIVKIND Ich nehme nur verschwommen wahr, daß da Leute sind. Meine Arme sind ganz schwer. Es zieht mich hier raus. Es ist, als würde ich leicht schwanken. Also, es geht mir ganz schlecht hier und meine Arme tun weh. Ich habe mit den Adoptiveltern nichts zu tun, ich sehe die auch gar nicht richtig.

V   Vater
M   Mutter
AV Adoptivvater
AM Adoptivmutter
AK Adoptivkind, Tochter (= Heidi)

Hellinger stellt sie weiter nach vorne.

Bild 2

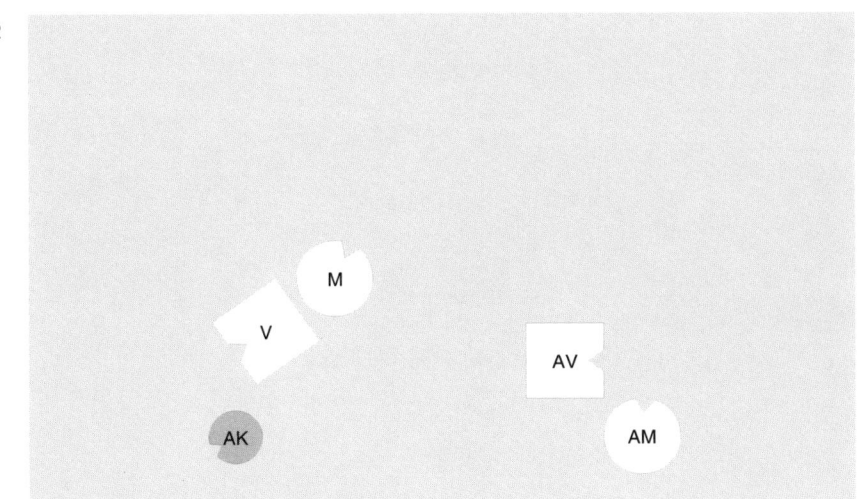

HELLINGER Wie ist das?

AK ADOPTIVKIND Viel besser. Ich könnte noch weiter. Die Arme tun nicht mehr weh. Das Schwanken ist weg.

HELLINGER Weißt du, was da vorne liegt?

AK ADOPTIVKIND Ich weiß schon, was das bedeutet.

HELLINGER Na, was bedeutet es?

AK ADOPTIVKIND Einen Drang zum Gehen, nichts mehr mit all dem zu tun haben.

HELLINGER Da vorne liegt der Friedhof.

AK ADOPTIVKIND Ja, genau.

HELLINGER *zu Heidi* Hast du schon Selbstmordversuche gemacht?

HEIDI Nie gemacht, nur dran gedacht.

HELLINGER So sieht es aus.
Wie geht es der Mutter?

M MUTTER Nicht so gut. Ich sehe ganz vage den Mann. Wir haben ein gemeinsames Kind, aber ich sehe es nicht.

HELLINGER Wie geht es dem Vater?

V VATER Ich fühle mich sehr weggeschoben, wollte auch gehen. Das entspricht mir hier.

HELLINGER Geh mal weiter vor, so.

Bild 3

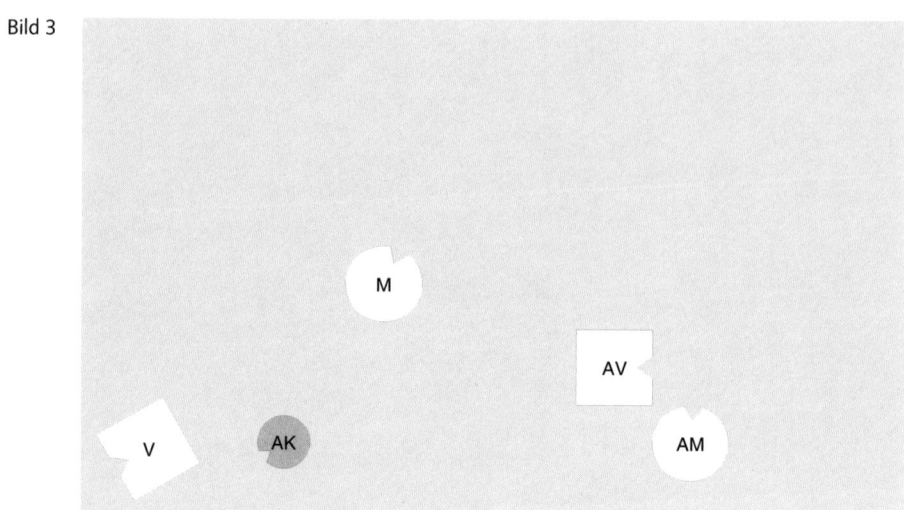

HELLINGER *zur Stellvertreterin von Heidi* Was ist jetzt?

AK ADOPTIVKIND ES hat sich kaum etwas verändert. Ich habe so ein bißchen Energie gemerkt, aber mein inneres Gefühl hat sich nicht verändert.

HELLINGER Stell dich wieder zurück.

Bild 4

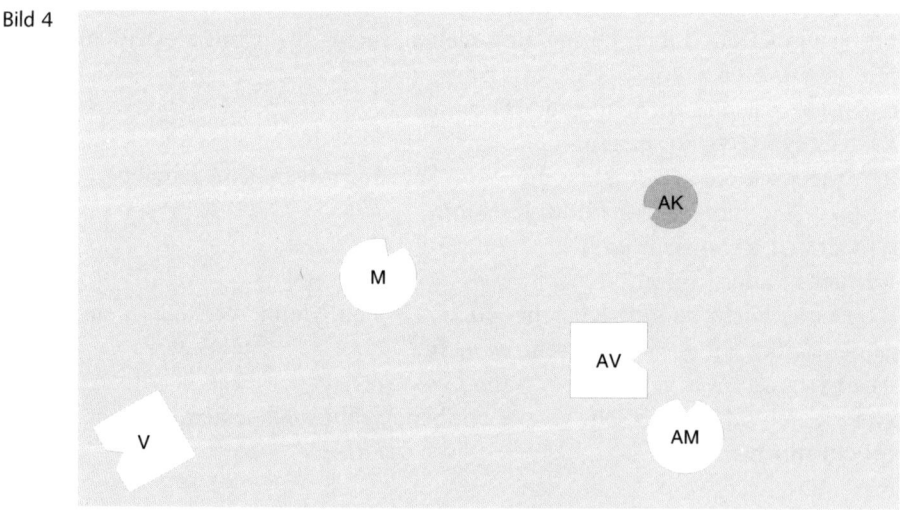

HELLINGER Wie ist es, wenn der Vater dort steht?

AK ADOPTIVKIND Ja, jetzt kann ich hier stehen.

HELLINGER Genau. Er wollte gehen und mußte wahrscheinlich gehen.

HEIDI Er hat viele Selbstmordversuche gemacht.

HELLINGER Da haben wir es.

Was ist bei der Mutter jetzt?

M MUTTER Ich sehe im Seitenwinkel meine Tochter, habe aber nicht die Kraft, sie näher an mich ranzulassen.

HELLINGER Was ist bei der Adoptivmutter?

AM ADOPTIVMUTTER Es ist komisch. Der Mann ist mir so nahe, ich fühle das gar nicht. Ich gucke zur Tochter, habe aber keinen richtigen Bezug. Als sie da rüber ging, mußte ich mich da hinorientieren. Hier habe ich das Gefühl, der Mann will etwas von mir, was ich gar nicht will.

HELLINGER Ja, warum nicht? *Sie und der Mann lachen.*

zum Adoptivvater Wie ist es bei dir?

AV ADOPTIVVATER Ich bin so sehr auf meine Frau fixiert, mir ist es zu nahe. Ich kriege von dem anderen überhaupt nichts mit, nur sie. Ich würde am liebsten ein Stück zurückgehen oder mich umdrehen.

HELLINGER Wir können dich auch neben sie stellen.

Hellinger stellt ihn rechts neben seine Frau und beide schauen sich an.

Bild 5

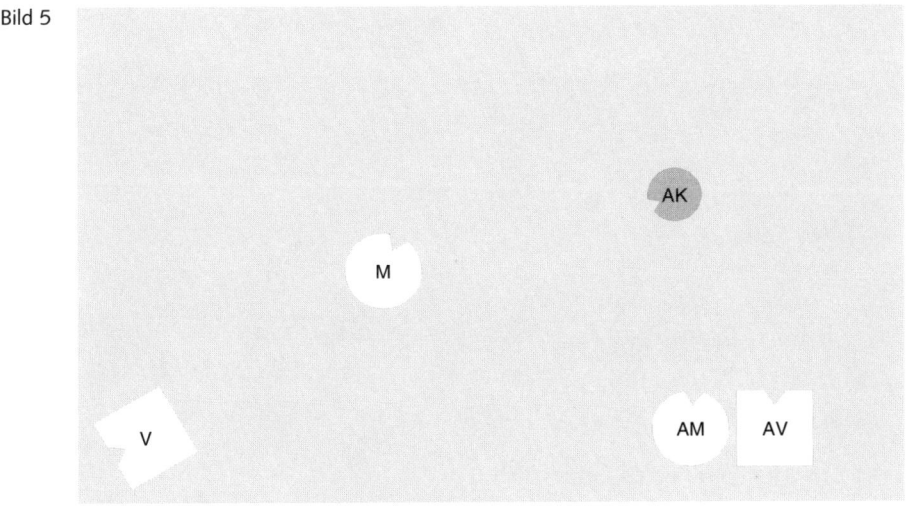

AM ADOPTIVMUTTER Das ist besser.

AV ADOPTIVVATER Es ist besser.

HELLINGER Kleine Ordnung, große Wirkung. *Beide lachen.*

HELLINGER *zur Stellvertreterin von Heidi* Was ist bei dir jetzt?

AK   ADOPTIVKIND   Ich habe jetzt mehr Kontakt zur Mutter. Ich hätte gern, daß sie mich anschaut. Ich fühle mich mehr zu ihr hingezogen. Mit den Adoptiveltern habe ich nicht so viel zu tun. Ich sehe jetzt die Mutter. Vorhin konnte ich sie gar nicht richtig sehen und jetzt möchte ich gerne, daß sie mich anschaut.

HELLINGER   Sag ihr: »Mama, ich verzichte.«

AK   ADOPTIVKIND   Mama, ich verzichte.

HELLINGER   Wie ist das?

AK   ADOPTIVKIND   Irgendwie kommt das nicht von innen.

HELLINGER   Was würdest du ihr sagen?

AK   ADOPTIVKIND   Mama, schau mich an.

HELLINGER   Das tut sie aber nicht.

AK   ADOPTIVKIND   Ja, das tut auch weh.

HELLINGER   Sag ihr: »Ich lasse dich wegschauen.«

AK   ADOPTIVKIND   Mama, ich lasse dich wegschauen.

HELLINGER   »Ich schaue nun selber.«

AK   ADOPTIVKIND   Ich schaue nun selber. Ja, das ist besser.

HELLINGER   Dann stelle dich neben die Adoptivmutter.

Bild 6

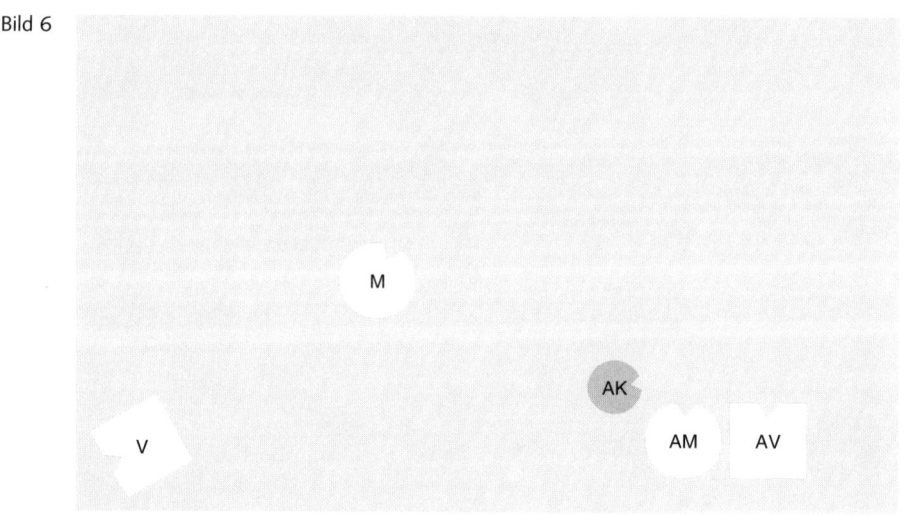

HELLINGER   Wie ist es jetzt?

AK   ADOPTIVKIND   Es ist mir ein bißchen fremd, also ein bißchen ungewohnt, aber warm.

HELLINGER Stelle dich ihr gegenüber.

Bild 7

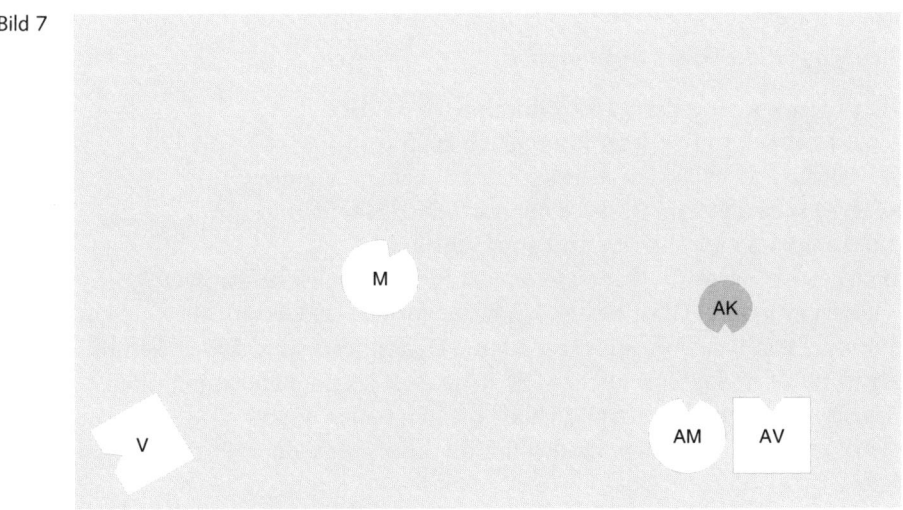

HELLINGER Wie ist das?

AK ADOPTIVKIND Zur Adoptivmutter ist ein starker Bezug.

HELLINGER *zur Adoptivmutter* Bei dir?

AM ADOPTIVMUTTER Schön.

HELLINGER *zum Adoptivvater* Bei dir?

AV ADOPTIVVATER Bei mir war vorhin, als sie links stand, eine Anspannung. Jetzt ist es etwas besser. Aber da ist noch irgendetwas. Ich weiß nicht, was da noch ist. Das ist auf der linken Seite.

HELLINGER *zu Heidi* Wer wollte die Adoption von deinen Adoptiveltern?

AK ADOPTIVKIND Die Mutter, sie konnte keine Kinder haben. Der Vater hätte Kinder haben können, das hat er immer gesagt.

HELLINGER *zur Adoptivmutter* Schau ihn an und sag ihm: »Ich nehme es als ein besonderes Geschenk, daß du geblieben bist.«

AM ADOPTIVMUTTER Ich nehme es als ein besonderes Geschenk, daß du geblieben bist.

HELLINGER »Obwohl ich dir nicht geben konnte, was du wolltest.«

AM ADOPTIVMUTTER Obwohl ich dir nicht geben konnte, was du wolltest.

HELLINGER Wie ist das für dich?

AM ADOPTIVMUTTER Das stimmt.

HELLINGER *zum Adoptivvater* Für dich?

AV ADOPTIVVATER Gut, ich möchte sie in die Arme nehmen, jedenfalls näher sein.

HELLINGER Sie muß näher kommen.

zur Adoptivmutter Tu mal, ein bißchen mehr noch.

Beide legen die Arme umeinander.

HELLINGER Sag ihm: »Jetzt komme ich zu dir.«

AM ADOPTIVMUTTER Jetzt komme ich zu dir.

HELLINGER »Und ich nehme dich als meinen Mann.«

AM ADOPTIVMUTTER Und ich nehme dich als meinen Mann.

AV ADOPTIVVATER Es ist gut. Es tut sehr gut.

HELLINGER *zur Stellvertreterin von Heidi* Was ist bei dir jetzt?

AK ADOPTIVKIND Es ist besser. Ich hatte vorher das Gefühl, als wäre ein Vorwurf von dem Adoptivvater zu mir. Das ist jetzt weg, dieses Gefühl.

HELLINGER Sag ihm auch: »Ich achte dich als meinen neuen Vater.«

AK ADOPTIVKIND Ich achte dich als meinen neuen Vater.

HELLINGER »Und ich danke dir für alles, was du für mich getan hast.«

AK ADOPTIVKIND Und ich danke dir für alles, was du für mich getan hast.

AV ADOPTIVVATER Ja, es erleichtert. Ich kann richtig durchatmen. Es ist einfach gut.

HELLINGER *zur Adoptivmutter* Für dich?

AM ADOPTIVMUTTER Die Nähe ist mir noch fremd, aber ich denke, es ist okay.

HELLINGER Mit Übung geht es. *Sie lacht.*

zur Mutter Was ist bei der Mutter jetzt?

M MUTTER Jetzt geht es mir auch besser. Es tut zwar weh, das Kind jetzt noch weniger zu sehen, aber ich habe das Gefühl, es ist da etwas Gutes, Neues entstanden. Das nimmt mir auch ein bißchen den Druck. Ich fühle mich leichter und unbeschwerter.

Hellinger führt sie weiter weg.

Bild 8

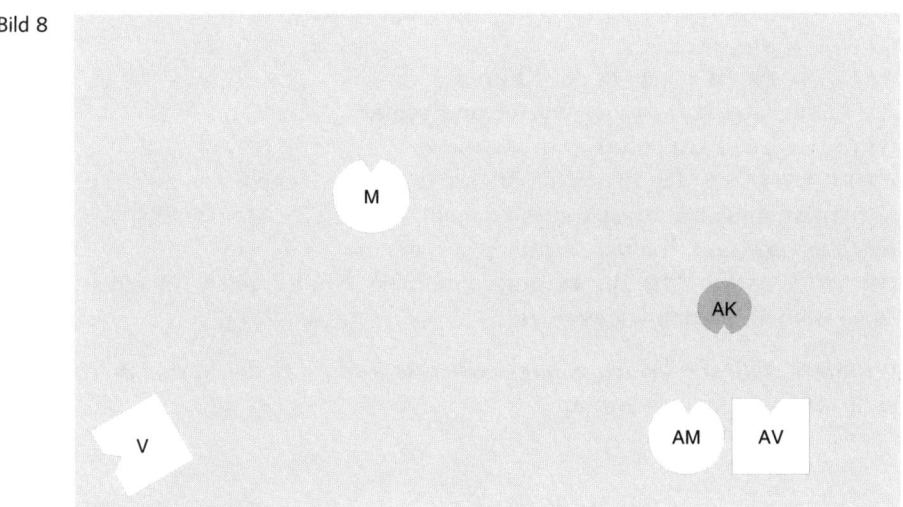

HELLINGER Wie ist das?

M MUTTER Schmerzlich auch. Es macht mir nochmals bewußt, daß absolut kein Kontakt da ist, wahrscheinlich für immer.

HELLINGER Genau, für immer.

zu Heidi Hat die Mutter noch andere Kinder?

HEIDI Sie hat noch zwei Kinder, einen Sohn und eine Tochter.

HELLINGER Stell die beiden mal auf.

Bild 9

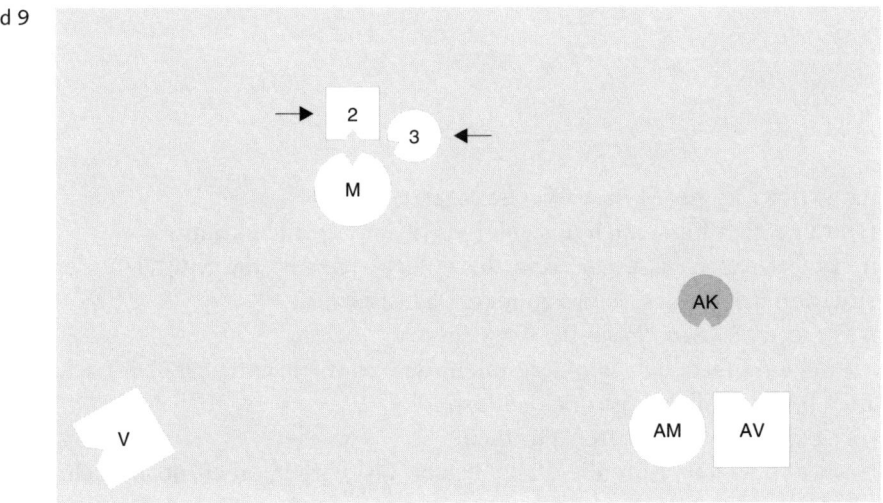

2 Zweites Kind der Mutter, Sohn
3 Drittes Kind der Mutter, Tochter

HELLINGER *zu Heidi* Weißt du, was das heißt? Die Kinder wollen die Mutter schützen, daß sie sich nicht umbringt. Macht das Sinn?

HEIDI *weint* Ja.

HELLINGER Wie geht es der Mutter?

M MUTTER Gut, hier ist viel Wärme und Schutz.

HELLINGER Dem Sohn?

2 ZWEITES KIND Ich bin völlig angespannt. Wir lächeln uns zwar an, aber es ist ein ganz angespanntes Lächeln.

HELLINGER *zur Tochter* Bei dir?

3 DRITTES KIND Mir tut es gut, daß mein Bruder mich anlächelt. Ansonsten zittere ich wie verrückt.

Hellinger stellt die beiden Kinder seitwärts und führt die Mutter noch ein paar Schritte nach vorne.

Bild 10

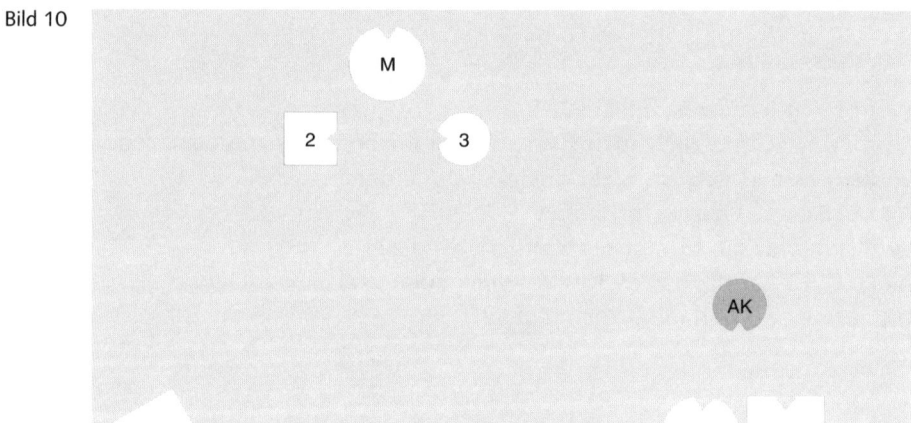

HELLINGER *zur Mutter* Wie ist es jetzt?

M MUTTER Ich fühle mich unsicher; als ob ich zerfallen könnte.

HELLINGER Genau. Das sind die Folgen. Jetzt ist die Mutter in der Situation des Kindes, dieses Kindes. Das ist gemäß.

HELLINGER *zum Sohn* Bei dir jetzt?

2 ZWEITES KIND Ich wundere mich, daß es mich entlastet. Ich guck auch besorgt, aber es ist doch entlastend.

HELLINGER *zur Tochter* Für dich?

3 DRITTES KIND Auf alle Fälle besser als vorher, aber noch nicht optimal.

Hellinger stellt nun alle drei Geschwister zusammen. Sie lachen sich an.

Bild 11

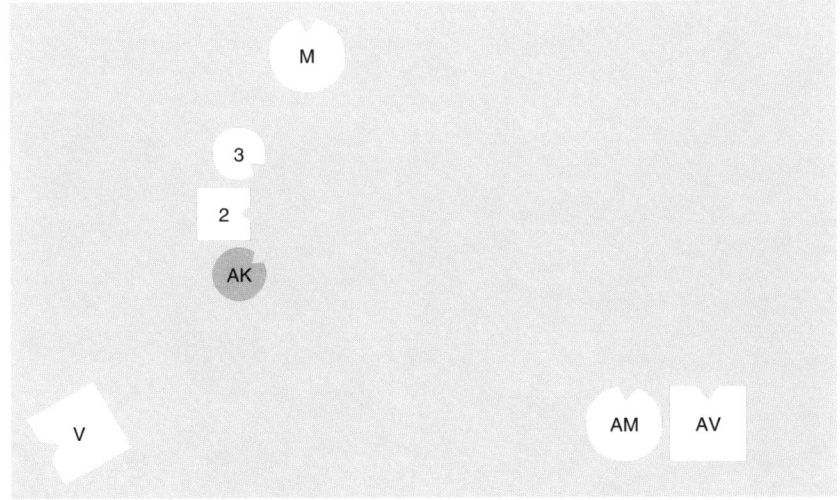

HELLINGER *zu Heidi* Ist das nicht ein schönes Bild? Das sind die drei Unschuldigen. Also, das wäre etwas, was du noch tun kannst mit den Geschwistern. Sonst ahmt eines dich nach, wenn du nicht dazukommst. Du schuldest es deinen Geschwistern, du rettest sie, indem du zu ihnen hingehst.

2 ZWEITES KIND Es ist, wie du gesagt hast. Ich habe sie so schön lächeln sehen, aber irgendwie darf ich nicht zu ihr, als müßte ich Abstand halten. Und sie macht es mir leichter.

3 DRITTES KIND Ich fühle mich gut.

AK ADOPTIVKIND Ja, das ist der beste Platz und ich fühle mich hier als älteste Schwester unheimlich gut.

Hellinger stellt nun Heidi selbst in das Bild, zuerst vor die Adoptiveltern.

Bild 12

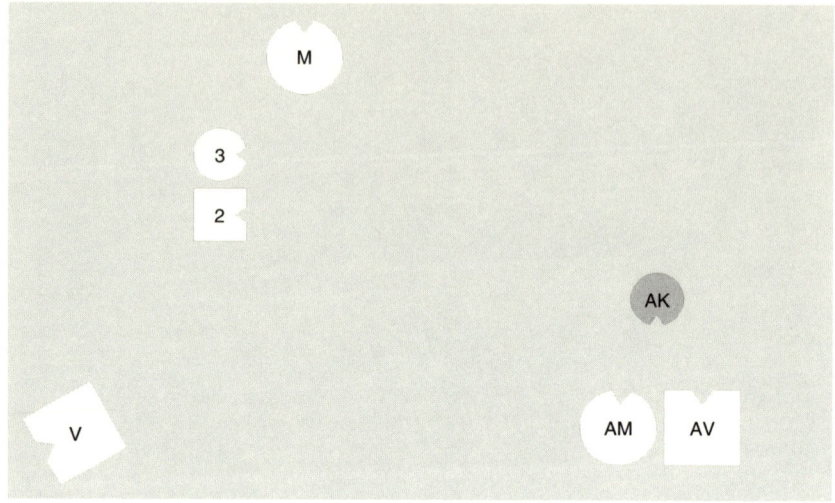

HELLINGER Sag ihnen: »Danke.«
HEIDI Danke.
HELLINGER »Danke für alles.«
HEIDI Danke für alles.
HELLINGER »Ich mach was draus.«
HEIDI Ich mach was draus.
HELLINGER »Euch zur Freude.«
HEIDI Euch zur Freude.
HELLINGER *zum Adoptivvater* Wie ist das?
AV ADOPTIVVATER Ich wachse.
AM ADOPTIVMUTTER Es ist gut.

HELLINGER *zu Heidi* Stell dich mal neben die Geschwister, damit du dieses Gefühl auch mal hast.

Bild 13

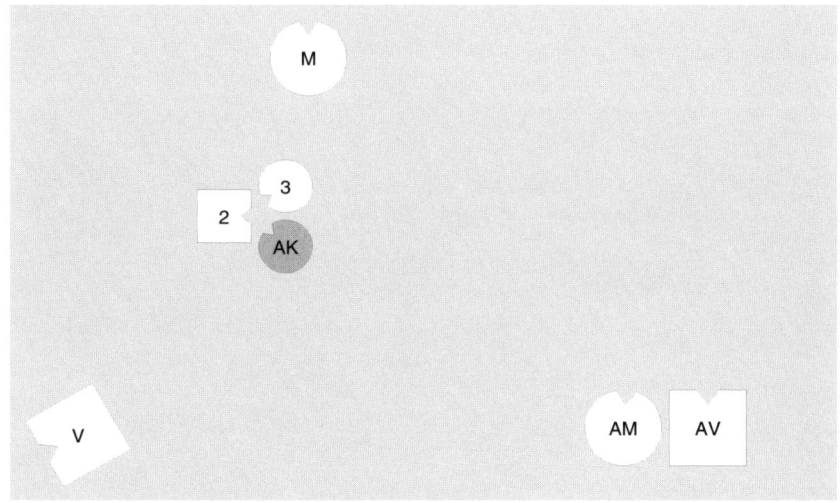

HELLINGER *zu den Geschwistern* Das ist die große Schwester.

Die Geschwister legen die Arme umeinander und lachen sich an. Dann umarmen sie sich fest und innig.

HELLINGER *zum Vater* Was ist bei dir inzwischen?

V VATER Es ist nicht gut.

HELLINGER Es ist nichts zu machen.

V VATER Ich weiß nicht, ich hätte mich gerne umgedreht.

HELLINGER Gut, schau mal hin. Vielleicht lassen wir die Mutter sich auch umdrehen.

Bild 14

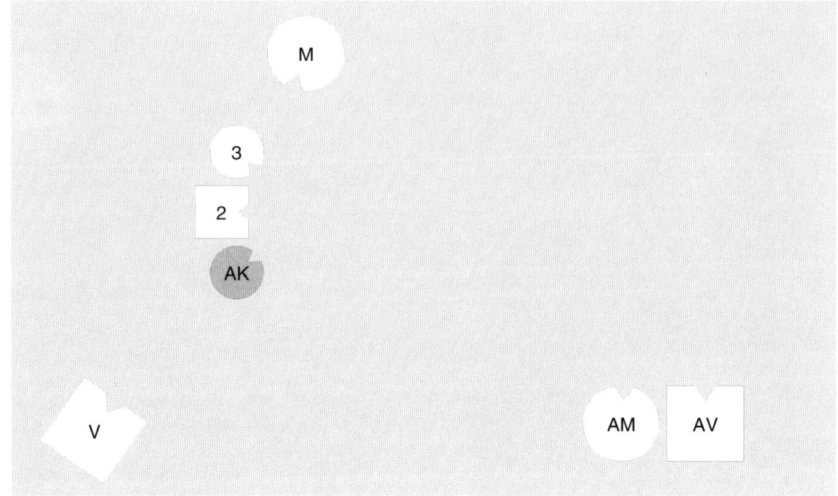

M   MUTTER Das sind meine Kinder, alle zusammen. Ich fühle mich aber auch hilflos ihnen gegenüber.
HELLINGER Ja, das bist du auch, ohne Kraft.
zu Heidi Okay, das laß ich mal so.

Zusammenfassung

Die Bindung *Heidi wurde mit drei Wochen von ihrer Mutter zur Adoption freigegeben. Die Mutter hat noch zwei weitere Kinder. Sie will Heidi nicht sehen. Heidis Vater wollte die Abtreibung. Sowohl die Mutter als auch der Vater sind selbstmordgefährdet. Heidi ist bereit, es anstelle ihres Vaters zu tun. Auch ihre Geschwister sind gefährdet.*
Die Adoptiveltern wollten die Adoption, weil die Adoptivmutter keine Kinder bekommen konnte.

Die Ordnung *Heidi sagt ihrer Mutter: »Mama, ich lasse dich wegschauen. Ich schaue nun selber.«*
Die Adoptivmutter sagt ihrem Mann: »Ich nehme es als ein besonderes Geschenk, daß du geblieben bist. Jetzt komme ich zu dir und nehme dich als meinen Mann.«
Heidi sagt ihrem Adoptivvater: »Ich achte dich als meinen neuen Vater. Und ich danke dir für alles, was du für mich getan hast.« Sie sagt beiden Adoptiveltern: »Danke. Danke für alles. Ich mache etwas daraus, euch zur Freude.«
Heidi stellt sich neben ihre Geschwister. Sie lachen sich an und halten sich fest.

Nadja »Mama, bitte halte mich fest«

Video 1
2.54.10

HELLINGER *zu Nadja und ihrer Adoptivmutter* Kommt ihr beide mal her.

HELLINGER *zur Adoptivmutter* In welchem Alter hast du das Kind adoptiert?

ADOPTIVMUTTER Sie war 9 Wochen, als sie zu uns kam; adoptiert haben wir sie dann mit einem Jahr.

HELLINGER Was ist mit ihren Eltern?

ADOPTIVMUTTER Ihre Mutter war während der Schwangerschaft drogen- und tablettenabhängig und war nicht fähig, das Kind selber zu erziehen. Sie wollte es in Pflege geben, wurde aber beraten, es zur Adoption freizugeben. Ich habe sie in erster Ehe adoptiert. Mein erster Mann war zeugungsunfähig. Wir haben uns dann getrennt, als Nadja 2 Jahre alt war.

HELLINGER Hast du dann wieder geheiratet?

ADOPTIVMUTTER Ja, und ich habe eine leibliche Tochter, die ist 15. Nadja ist 21.

HELLINGER *zu Nadja* Willst du auch etwas sagen? *Sie schüttelt den Kopf.*

ADOPTIVMUTTER Sie hat ihre Mutter kennengelernt, nach 20 Jahren.

HELLINGER *zur Adoptivmutter* Okay, ich arbeite jetzt hauptsächlich über dich. Du machst die Arbeit und sie kann zuschauen, wie es ist.

HELLINGER Was ist mit ihrem Vater, weißt du da was?

ADOPTIVMUTTER Ja. Ihre Mutter habe ich gefunden, nachdem ich einige Seminare bei dir mitgemacht habe. Nadja hat sie letzte Weihnachten kennengelernt und ihren Großvater und ihren Halbbruder auch. Da hat sie erfahren, daß ihr Vater in einer großen deutschen Stadt lebt, in der gleichen wie ihre Mutter, daß aber die beiden keinen Kontakt haben. Darum geht es eigentlich, ich wollte den Kontakt mit ihrem Vater finden.

HELLINGER Wieso hat nicht der Vater die Pflege übernommen statt der Mutter, wenn sie nicht konnte?

ADOPTIVMUTTER Als wir sie zu uns genommen haben, hieß es, der Vater sei unbekannt. Wir vermuten, daß es vielleicht ein Alimenteschutz war.

HELLINGER Der Vater wußte aber, daß sie zur Adoption freigegeben wird?

ADOPTIVMUTTER Das weiß ich nicht.

zu Nadja Hast du die Mutter das gefragt? *Sie schüttelt den Kopf.*

ADOPTIVMUTTER Also, wir wissen erst, seitdem sie Kontakt aufgenommen hat mit ihrer Mutter, telefonisch vor zwei Jahren und direkt jetzt, letzte Weihnachten, daß er überhaupt bekannt ist, weil sie damals sagte, es könnten mehrere sein.

HELLINGER Okay, stelle es mal auf: die leiblichen Eltern, dich, deinen ersten Mann und sie.

Bild 1

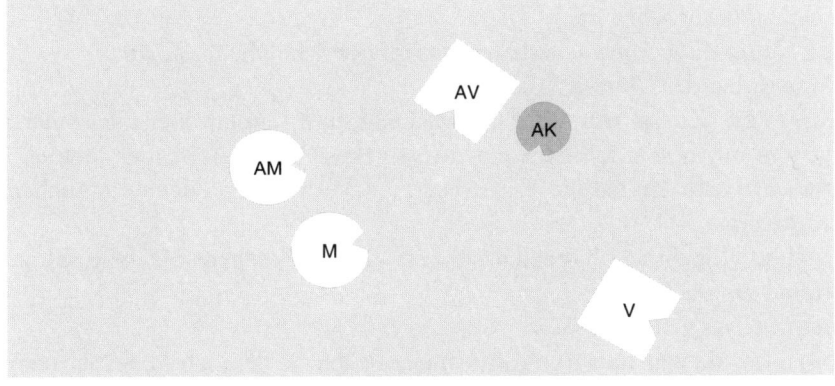

HELLINGER *zur Adoptivmutter* Wer wollte die Adoption mehr, du oder der Mann?

ADOPTIVMUTTER Mein Mann. Er war zeugungsunfähig und ist selber ohne Vater aufgewachsen. Für ihn bedeutet Vater-Sein sehr viel.

HELLINGER Man kann das sehen. Aber das Kind ist nicht sicher bei ihm.

ADOPTIVMUTTER Nadja hat bis vor dreieinhalb Jahren bei ihm gelebt. Nach unserer Trennung hat er darum gekämpft, daß er sie erziehen kann und er hat es gut gemacht, soweit ich es sehen konnte aus der Entfernung. Vor dreieinhalb Jahren hat sie sich entschlossen, zu meinem jetzigen Mann – wir sind auch schon wieder 18 Jahre verheiratet – und mir zu ziehen.

HELLINGER *zu Nadja* Das war eine gute Entscheidung.
zur Stellvertreterin von Nadja Wie geht es dem Kind?

AK ADOPTIVKIND Es ist ziemlich eng auf meiner rechten Seite. Meinen Adoptivvater sehe ich eigentlich gar nicht und meine Adoptivmutter auch nicht so richtig. Der Blick geht mehr *seufzt* nach draußen.

HELLINGER *zu Nadja* Hast du schon einen Selbstmordversuch gemacht? *Sie lächelt und schüttelt den Kopf.*

ADOPTIVMUTTER Indirekt. Sie hat kurz, nachdem sie zu uns kam, bei den Pfadfindern das Feuerspeien gelernt. Sie hat zu Silvester Eindruck machen wollen, nehme ich an, und hat das vorgeführt, obwohl sie

V   Vater
M   Mutter
AV   Adoptivvater
AM   Adoptivmutter
AK   Adoptivkind, Tochter (Nadja)

Husten gehabt hat. Dabei hat sie flüssiges Petroleum in den Mund
genommen und mußte husten. Das hatte zur Folge, daß sie das flüssige
Petroleum aspiriert hat bis in den hinteren linken Lungenflügel und sie
war in Lebensgefahr.

HELLINGER Genau. *Nadja lächelt.* So wie ihre Stellvertreterin redet,
ist ganz klar, daß sie sterben will.

zur Adoptivmutter Und wie du vorhin geredet hast auch, als ihr zwei
mich angesprochen habt.

zu Nadja Eigentlich schade um das schöne Mädchen. *Sie lacht.*
Was ist bei der Mutter?

M MUTTER Zuerst war ich ganz wackelig, und seitdem hier alle stehen,
geht es mir besser. Ich habe ein ganz starkes Gefühl zu meiner Tochter.

HELLINGER *zu Nadja* Wie ist jetzt das Verhältnis zu deiner leiblichen
Mutter?

NADJA Eigentlich habe ich sie erst einmal gesehen. Sie war schon
fremd für mich.

HELLINGER Bitte?

NADJA Sie war halt fremd für mich, als ich sie gesehen habe. Seitdem
hatte ich keinen Kontakt mehr.

HELLINGER Was macht sie?

NADJA Keine Ahnung.

HELLINGER *zur Adoptivmutter* Und du?

ADOPTIVMUTTER Ich weiß nicht, ob sie nach ihrer Geburt die Entzie-
hungskur gemacht hat. Auf jeden Fall ist sie jetzt wieder voll
drogenabhängig.

HELLINGER Sie ist wieder drogenabhängig?

ADOPTIVMUTTER Sie macht die Methadonkur.

HELLINGER Also, sie ist drogenabhängig und macht die
Methadonkur.

ADOPTIVMUTTER Nadja hat mir vorhin in der Pause erzählt, daß sie
sich ganz fest vorgenommen hat, sie alleine zu sehen. Als sie sie gesehen
hat, war ihr Freund dabei, der auch adoptiert ist. Auf den hat sie Rücksicht genommen und hat sich nicht so entfalten können. So hat sie mir
es erzählt.

HELLINGER *zu Nadja* Ich stell dich gleich an deinen Platz. Soll ich? *Sie nickt.*

zu Nadja, als sie an ihrem Platz steht Schau mal die Mutter an – wie redest du sie an innerlich?

NADJA Silvia.

HELLINGER Sag mal: »Mama.«

NADJA *weint* Mama.

HELLINGER »Bitte halte mich fest.«

Nadja beginnt heftig zu weinen. Hellinger winkt ihrer Mutter, näherzukommen und sie fest zu umarmen. Beide umarmen sich lange und innig.

Bild 2

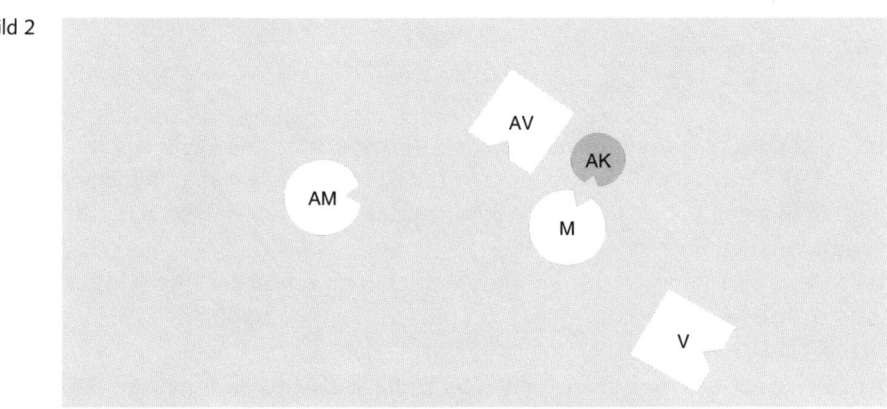

HELLINGER *nach einer Weile* Wie geht's der Mutter?

M MUTTER Das ist so schön *weint.*

Beide umarmen sich weiterhin lange und fest.

HELLINGER *nach einer Weile zu Nadja, während sie und ihre Mutter sich weiterhin umarmen* Wie geht's dir jetzt?

NADJA Es geht gut.

HELLINGER Genau. Sage: »Mama, bitte halte mich fest.«

NADJA Mama, bitte halte mich fest.

HELLINGER »Damit ich bleibe.«

NADJA Damit ich bleibe.

HELLINGER »Und bitte bleibe.«

NADJA Und bitte bleibe. *Sie weint.*

Wieder nach einer Weile stellt Hellinger die Mutter nahe zur Stellvertreterin der Adoptivmutter und Nadja dazwischen.

Bild 3

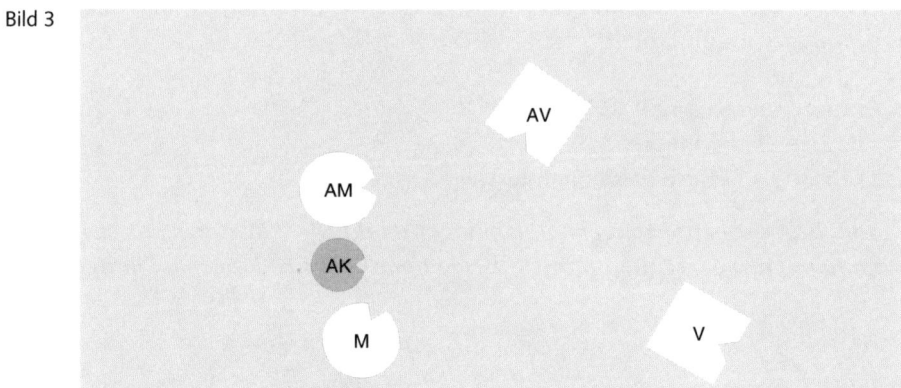

HELLINGER *zur Stellvertreterin der Adoptivmutter* Wie geht es dir?

AM STELLVERTRETERIN DER ADOPTIVMUTTER Ich war mit meiner ganzen Wärme dabei. Ich bin jetzt sehr erleichtert. Ich habe mich sehr verantwortlich für beide gefühlt.

HELLINGER Ganz genau. Du hast vorher auch schon für ihre Mutter gesorgt wie für ein Kind.

HELLINGER *zur richtigen Adoptivmutter* Willst du dich mal an deinen Platz stellen?

Sie stellt sich daneben, und beide, Mutter und Adoptivmutter, legen den Arm um Nadja. Dann dreht Hellinger den Adoptivvater um und führt ihn einige Schritte weg.

Bild 4

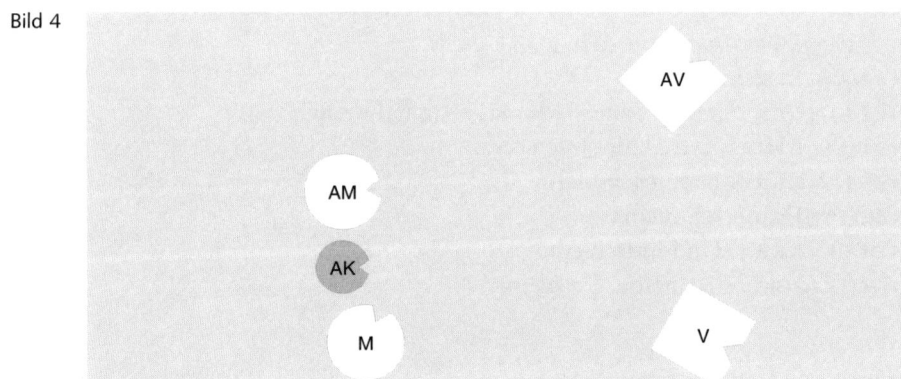

HELLINGER *zum Adoptivvater* Wie ist das?

AV ADOPTIVVATER Besser.
      HELLINGER Jetzt dreh dich um.

Bild 5

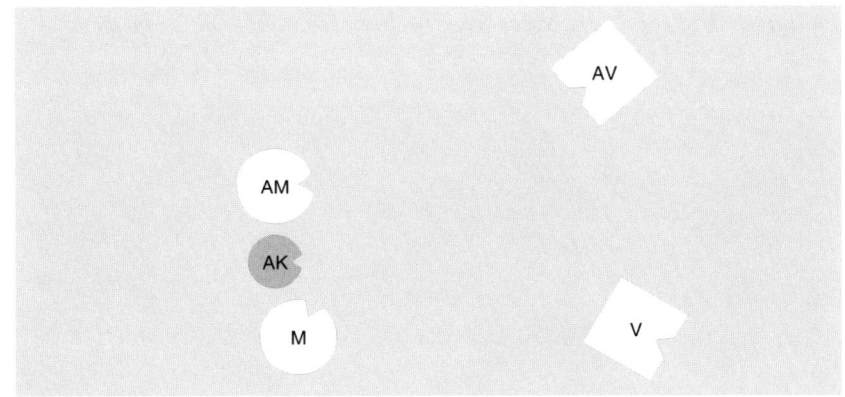

      HELLINGER Sag der Frau: »Es ist mein Schicksal.«
AV ADOPTIVVATER Es ist mein Schicksal.
      HELLINGER »Und ich trage es mit allen Folgen.«
AV ADOPTIVVATER Und ich trage es mit allen Folgen.
      HELLINGER »Alleine.«
AV ADOPTIVVATER Alleine.
      HELLINGER Sage es der Adoptivtochter auch: »Es ist mein Schicksal.«
AV ADOPTIVVATER Es ist mein Schicksal, und ich trage es mit allen Folgen alleine.
      HELLINGER »Ich lasse dich bei den Frauen.«
AV ADOPTIVVATER Ich lasse dich bei den Frauen.

Die Adoptivmutter und die Mutter schauen sich an und nicken.

      HELLINGER Wie ist das?
AV ADOPTIVVATER Gut.
      HELLINGER Für die Mutter?
M MUTTER Gut, ganz schön.
      NADJA Gut.
AM ADOPTIVMUTTER Gut. Aber er tut mir leid.
      HELLINGER Sag ihm: »Ich lasse es bei dir, mit allen Folgen.«
AM ADOPTIVMUTTER Ich lasse es bei dir, mit allen Folgen.
      HELLINGER »Und ich achte dich.«
AM ADOPTIVMUTTER Und ich achte dich.
      HELLINGER Gut so? *Sie und der Adoptivvater nicken.*
      zum Vater Jetzt bist du noch übrig. Und was machen wir mit dir?
V VATER Ich möchte mich schon umdrehen. Ich hatte einen ganz starken Zug im Rücken. Als die das so gesagt haben, ist das deutlich weniger

geworden. Ich bin entlastet, aber ich würde mich schon gerne umdrehen.

Hellinger dreht ihn um. Vater und Tochter schauen sich lange an.

Bild 6

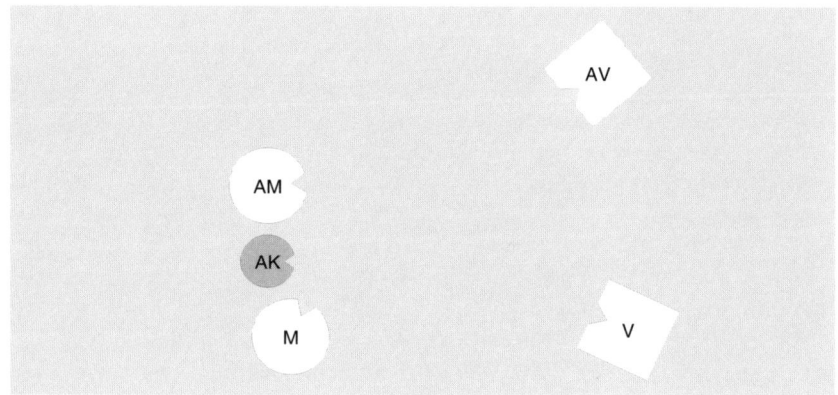

HELLINGER Sag deiner Tochter: »Ich bin bei dir mit einem warmen Herzen.«

V VATER Ich bin bei dir mit einem warmen Herzen.

HELLINGER »Und lasse dich dort.«

V VATER Und lasse dich dort.

HELLINGER *zu Nadja* Wie ist es jetzt?

NADJA Gut. Doch, das tut gut.

HELLINGER Okay, da lasse ich es. Einverstanden?

NADJA Ja.

M MUTTER Sehr gut.

AM ADOPTIVMUTTER Gut, danke.

HELLINGER Okay, das war's.

zur Gruppe Offensichtlich ist die Fülle des Lebens unerschöpflich und läßt sich nicht in unsere kleinen Regeln und therapeutischen Modelle einfangen. Gott sei Dank! Okay, Zeit für Fragen.

STELLVERTRETERIN DER MUTTER Ich wollte mich bei dem Adoptivkind bedanken. Es hat mir in meinem Gegenwartssystem sehr viel gegeben. Als deine Mutter hier habe ich ein tiefes Dankeschön an die Adoptivmutter gespürt. Das war erst so ein Gefühl: ich hatte keine Mutter hinter mir, und plötzlich hatte ich das Gefühl: »Jetzt kriege ich das«, und kann nun das Kind in Liebe und mit Freude gehen lassen.

HELLINGER Ja, vielleicht müssen die Adoptiveltern die wirklichen Eltern auch adoptieren in gewisser Weise. Das ist ein Hinweis gewesen.

ADOPTIVMUTTER Es ist so. Nadjas Mutter hat ihre Mutter mit vier Jahren verloren. Sie ist ohne sie aufgewachsen. Das Gefühl ist richtig.

zu Hellinger Aber ich habe noch eine Frage. Warum wäre sie bei ihrem Adoptivvater nicht sicher? Das ist mir nicht klar geworden.

HELLINGER Weil er sie braucht. Der Adoptivvater braucht sie zur Selbstbestätigung, und das ist nicht gut. Das ist bei dir viel besser. Dann trägt das nicht, wie es tragen muß.

zur Gruppe In dem Zusammenhang möchte ich noch mal darauf aufmerksam machen, was ich schon öfter gesagt und geschrieben habe: Wenn jemand ein solches Schicksal hat, zum Beispiel, daß er keine Kinder bekommen kann, dann darf er das nicht einem anderen aufbürden.

zur Adoptivmutter Also, er darf dir nicht aufbürden, daß du auch ohne Kinder bleibst, wenn du welche haben willst. Dann muß er die Frau freigeben. Wenn dann eine Adoption als Ersatz dafür dient, ist es nicht gut. Dann ist das mehr für einen selbst als für das Kind. Das ist eine wichtige Unterscheidung. Wenn man aber das Kind sieht und hat Mitgefühl und Liebe für das Kind, und macht es für das Kind – was immer die anderen Sachen sind, die da noch mitspielen – dann ist es gut. Dann ist es wirklich für das Kind, und dann kann das Kind es auch ganz anders nehmen.

Zusammenfassung

Die Schicksale Nadjas Mutter war drogenabhängig. Sie wollte ihr Kind in Pflege geben, wurde aber beraten, es zur Adoption freizugeben.
Der Adoptivvater war zeugungsunfähig. Die Adoptivmutter hat sich von ihm getrennt und hat von ihrem zweiten Mann ein eigenes Kind. Nach der Trennung lebte Nadja bei ihrem Adoptivvater und kam erst später zur Adoptivmutter zurück.

Die Ordnung Nadja sagt ihrer Mutter: »Mama, bitte halte mich fest, damit ich bleibe.« Und: »Bitte bleibe.« Dann stellt sie sich zwischen ihre Mutter und ihre Adoptivmutter. Der Vater sagt ihr: »Ich bin bei dir mit einem warmen Herzen und lasse dich dort.«
Der Adoptivvater wird weiter weggestellt. Er sagt der Adoptivmutter: »Es ist mein Schicksal, und ich trage es mit allen Folgen alleine.« Er sagt der Adoptivtochter: »Es ist mein Schicksal, und ich trage es mit allen Folgen alleine. Ich lasse dich bei den Frauen.« Die Adoptivmutter sagt ihm: »Ich lasse es bei dir mit allen Folgen, und ich achte dich.«

Markus und Sascha   »Wir halten zusammen«

Video 1
3.22.20 HELLINGER *zu den Pflegeeltern* Um was geht es?

PFLEGEVATER Wir haben zwei Pflegekinder, von denen eines auch hier ist, der Sascha. Die sind jetzt fast zehn Jahre bei uns in der Familie – wir haben keine eigenen Kinder –, und es gibt speziell mit dem älteren Pflegekind, dem Markus, große Schwierigkeiten. Er hat mehrere Suizidversuche in letzter Zeit gehabt, davon einen sehr aktiven. Er ist derzeit in psychiatrischer Behandlung in Göttingen. Es hat uns in der Familie sehr beschäftigt. Es sind sehr viele Probleme, auch ein Eheproblem zwischen Wiltrud und mir. Vieles ist ungeklärt. Wir fühlen uns belastet und wissen nicht recht, wo es herkommt, und was wir tun können.

HELLINGER Sind die Kinder vom gleichen Ehepaar oder von zwei verschiedenen?

PFLEGEVATER Die Mutter ist die gleiche für beide Jungs, aber es sind verschiedene Väter.

HELLINGER Wieso hat die Mutter die Kinder in Pflege gegeben?

PFLEGEVATER Soweit ich weiß, war sie nicht in der Lage und auch nicht willens, sich um die Kinder zu kümmern.

HELLINGER Was jetzt: nicht in der Lage oder nicht willens?

PFLEGEVATER Beides. Sie war immer unterwegs, soweit ich weiß, hat eine Zeit auf dem Rummel gearbeitet und in vielen Gaststätten. Da gibt es auch noch andere, ältere Geschwister, denen es ähnlich ergangen ist. Sascha ist der Jüngste.

HELLINGER Was ist mit den Vätern der Kinder?

PFLEGEVATER Der Vater von Markus, dem älteren, lebt in unserer Stadt, wünscht aber keinen Kontakt. Er hat sich damals, als er gebraucht wurde, nicht um ihn gekümmert. Der Vater von Sascha ist mit der Mutter verheiratet gewesen und hat auch eine Zeit mit ihr gelebt. Er war alkoholkrank und ist vor eineinhalb Jahren gestorben.

HELLINGER Okay, jetzt stellen wir mal auf: die Mutter von den Kindern, die beiden Kinder und die beiden Väter.

PFLEGEVATER Machen wir das zusammen?

HELLINGER Fang du mal an, und sie kann das dann auch machen.

Bild 1

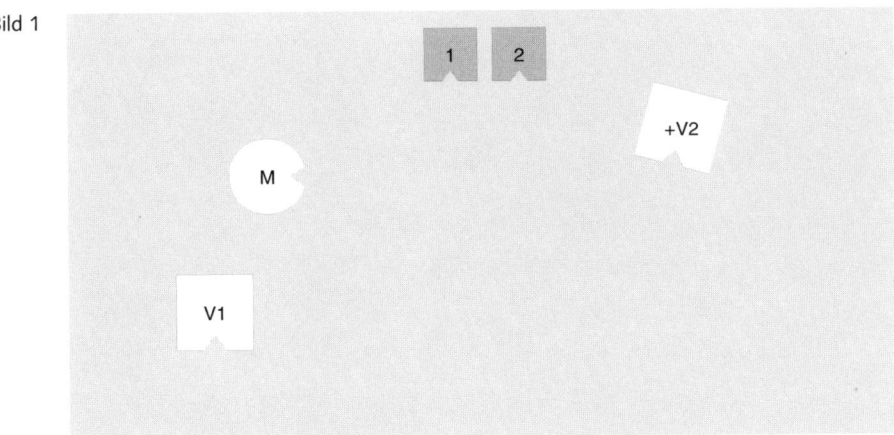

HELLINGER *zum Stellvertreter von Markus* Wie geht es dir?

1 MARKUS Ich fühle Wärme zu meinem Bruder. Den Vater meines Bruders nehme ich wahr. Meine eigenen Eltern nehme ich nicht wahr. Ansonsten fühle ich mich sehr nervös.

HELLINGER *zum Stellvertreter von Sascha* Bei dir?

2 SASCHA Meinen Bruder nehme ich auch als Wärme wahr, aber hauptsächlich ist mein Blick nach da draußen gerichtet. Von der Mutter kriege ich gar nichts mit, den Vater nehme ich eher als Behinderung wahr. Das ist weit und frei nach da draußen.

HELLINGER Wie geht es der Mutter?

M MUTTER Ich merke eine ganz tolle Verbindung zu meinem älteren Sohn, und hier vorne ist rundum ein ziemlich freier, fast leerer Raum, ein ganz dünner Faden, fast nichts.

HELLINGER *zum Vater von Markus* Bei dir?

V1 VATER VON MARKUS Ich bin mir noch nicht einig. Eigentlich fühle ich gar nichts richtig, aber ich kann nicht gehen, bevor nicht irgend etwas noch geklärt ist. Hinter mir, aber ich weiß nicht wo, ist es relativ neutral, aber irgend etwas saugt von hinten so ein bißchen.

HELLINGER *zum Vater von Sascha* Bei dir?

†V2 VATER VON SASCHA† Ich bin so ziemlich losgelöst, habe keine Beziehung zu irgend jemand. Ich möchte am liebsten in die Richtung, nach

M   Mutter
V1   Vater des älteren Kindes
1   Älteres Kind, Sohn (= Markus)
†V2   Vater des jüngeren Kindes, verstorben
2   Jüngeres Kind, Sohn (= Sascha)

vorne, spüre einen ganz starken Druck im Bauch und spüre, ich werde hier *(vom Sohn)* zurückgehalten.

Hellinger stellt die Pflegeeltern den Kindern gegenüber

Bild 2

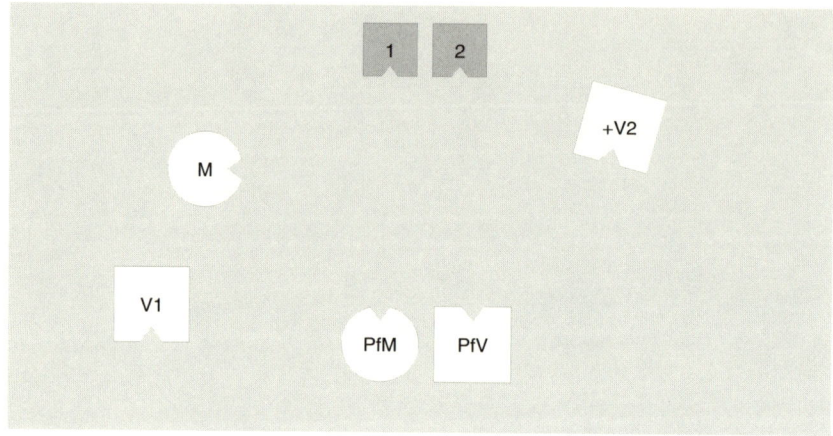

HELLINGER Was ist jetzt?

1 MARKUS Der leere Raum, der vorher da war, den ich auch so wahrgenommen habe, wird jetzt auf der rechten Seite ein klein wenig von meinem Vater eingeengt. Aber ich nehme ihn trotzdem nicht wahr. Ich habe eigentlich keinen Bezugspunkt vor mir

HELLINGER *zum jüngeren Sohn* Bei dir?

2 SASCHA Ich sehe jetzt die Pflegemutter, muß ihr auch ins Gesicht gukken, aber ich habe überhaupt keinen Kontakt. Ich erlebe es ein Stück wie eine Behinderung, aber auch wie einen Halt. Es hat was Gutes und auch was Unangenehmes.

PfV Pflegevater
PfM Pflegemutter

HELLINGER *zur Mutter* Jetzt stelle dich zwischen die beiden Söhne, nimm sie bei der Hand und führe sie hier vor die Pflegeeltern.

Bild 3

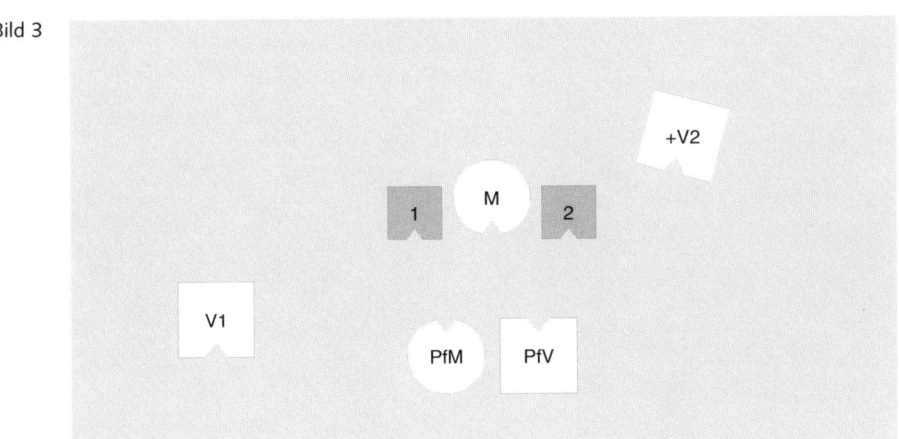

HELLINGER Jetzt schau sie an und sag ihnen: »Bitte.«

M MUTTER Bitte.

HELLINGER »Bitte.«

M MUTTER Bitte, bitte.

HELLINGER Wie ist das?

PfV PFLEGEVATER Gut.

PfM PFLEGEMUTTER Ich merke es als sehr drängend und es rührt mich ganz stark.

HELLINGER *zum älteren Sohn* Bei dir?

1 MARKUS Ich nehme jetzt meine Pflegeeltern wahr, aber die Beziehung, die vorher zu meinem Bruder da war, spüre ich nicht mehr. Ich spüre ansonsten auch keine starke Beziehung.

HELLINGER *zur Mutter* Wie ist es bei dir jetzt?

M MUTTER Als wäre ich überhaupt nicht da. Ich spüre auch die beiden hier neben mir nicht. Ich fühle mich emotionslos.

HELLINGER *zum jüngeren Sohn* Bei dir?

2 SASCHA So ähnlich geht es mir auch. Ich bekomme zwar etwas mehr Kontakt zu den Pflegeeltern, doch wie jemand ganz Fremdes. Aber hier, zur Mutter, das ist wie ein Stein.

HELLINGER *zur Mutter* Geh einen Schritt zurück.
zu den Brüdern Und ihr rückt zusammen.

Bild 4

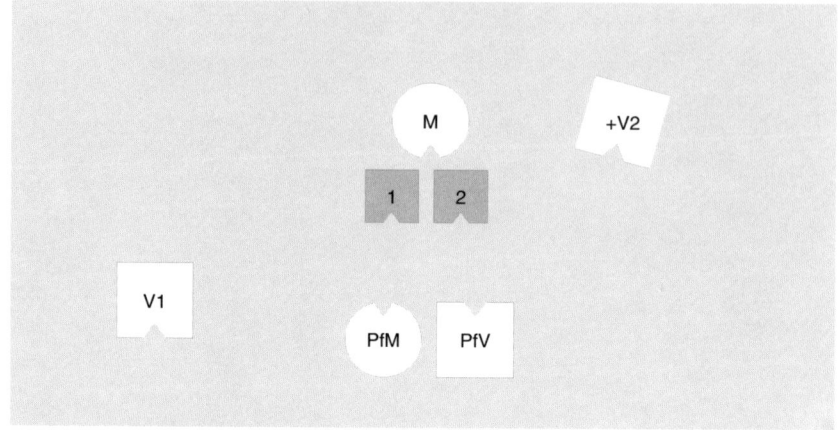

HELLINGER Wie ist es jetzt?

1 MARKUS Das ist unangenehm. Ich spüre die Anwesenheit meiner Mutter hinter mir, aber diese Anwesenheit ist für mich nicht gut. Das ist irgendwie bedrohlich.

2 SASCHA Das erlebe ich auch als etwas Bedrohliches. Die einzige Wärme ist jetzt wieder, wie vorhin, von der Pflegemutter, aber viel Kontakt habe ich da auch nicht.

Hellinger stellt die Mutter zwischen die Väter. Die beiden Brüder läßt er einen Schritt zurücktreten und sich gegenseitig bei der Hand halten.

Bild 5

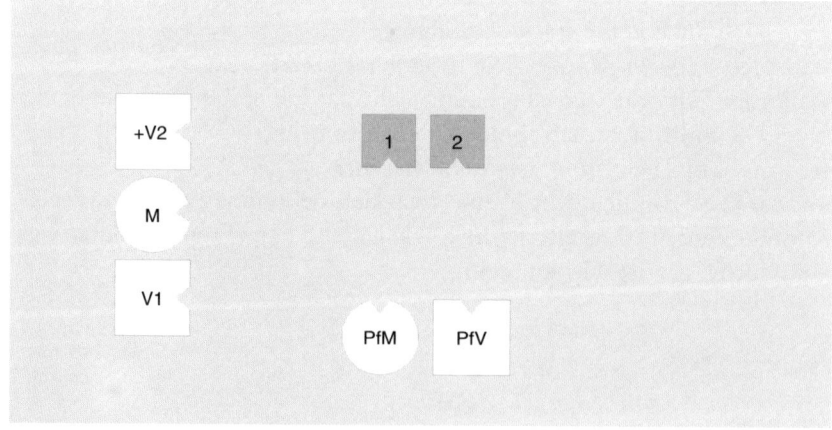

HELLINGER *zu den Brüdern* Wie ist das jetzt?

2 SASCHA Der Bruder ist schon gut, aber hier hält mich nicht viel. Der Blick geht immer wieder zwischen den beiden Pflegeeltern durch, da raus. Nur den Bruder habe ich jetzt.

1 MARKUS Ich spüre auch die Beziehung zu meinem Bruder Ansonsten spüre ich keine Beziehung. Ich spüre bloß, daß es abgeschlossener ist als vorhin. Die Situation ist besser als vorhin.

HELLINGER *zum Pflegevater* Wie alt sind die Kinder?

PFLEGEVATER Der Markus ist 19 und Sascha ist 16.

Hellinger stellt die Pflegeeltern an die Seite.

Bild 6

HELLINGER *zum älteren Sohn* Sag deinem Bruder: »Wir halten zusammen.«

1 MARKUS Wir halten zusammen.

HELLINGER *zum jüngeren Sohn* Sag das deinem Bruder auch.

2 SASCHA Wir halten zusammen.

Die beiden Brüder nicken sich zu.

HELLINGER Wie ist das?

1 MARKUS Angenehm, schön.

2 SASCHA Ich weiß nicht, ob das für mich ausreicht. Es ist schon gut, wenn ich ihn angucke. Vielleicht muß ich mich daran gewöhnen.

HELLINGER Sag ihm: »Halte mich am Leben.«

2 SASCHA Halte mich am Leben.

HELLINGER »Und ich halte dich.«

2 SASCHA Und ich halte dich.

HELLINGER *zu Markus* Sag es ihm auch.

1 MARKUS Halte mich am Leben, und ich halte dich.

HELLINGER Wie ist es jetzt?

2 SASCHA Da kriege ich mehr Kontakt zu ihm, dann möchte ich auch etwas näher an ihn ranrücken.

HELLINGER *zu Markus* Für dich jetzt?

1 MARKUS Dadurch ist es jetzt auch intensiver.

HELLINGER Das ist es, ihr habt nur euch zwei.

Beide Brüder nicken.

HELLINGER Geht mal voran.

Bild 7

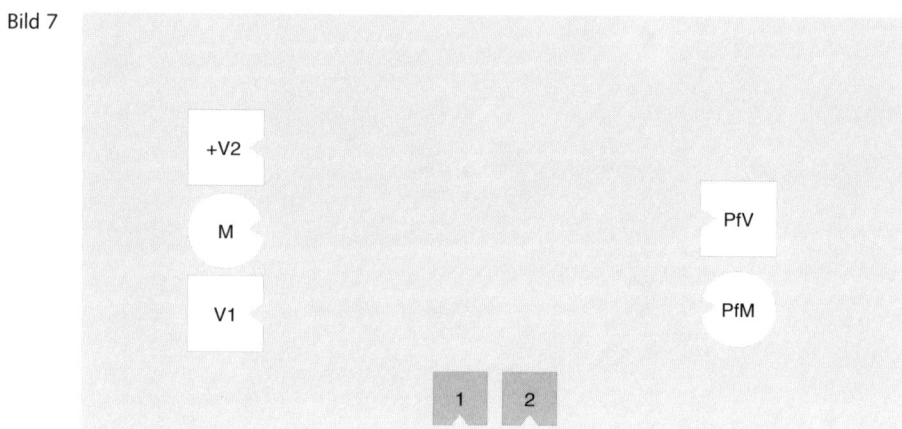

HELLINGER Wie ist es jetzt?

1 MARKUS Freier. Eben in der Situation war es bedrückend rechts und links. Also es ist besser. Ich gucke tatsächlich auf meinen Bruder, halte mich fest an ihm und halte ihn fest.

Hellinger schaut nach Sascha im Publikum und fragt ihn, ob er herkommen will. Sascha aber ist zu bewegt.

HELLINGER *zu Sascha im Publikum* Okay, aber schau es dir genau an. Das ist gut für euch beide. Zwei Brüder, die haben schon Kraft, wenn sie zusammenhalten.

zu den Pflegeeltern Ich glaube, das ist alles, was ihr machen konntet. Ihr habt alles getan, was ihr konntet. Okay, das war's dann.

Zusammenfassung

Die Bindung Markus und Sascha sind Brüder von verschiedenen Vätern und wurden von ihrer Mutter in Pflege gegeben. Der Vater von Markus verweigert den Kontakt zu ihm, der Vater von Sascha ist gestorben. Markus hat verschiedene Selbstmordversuche unternommen. Auch Sascha ist gefährdet. Beide finden weder bei ihren Eltern noch bei ihren Pflegeeltern den Halt, der sie am Leben hält.

Die Lösung Die Brüder sagen jeder zum anderen: »Wir halten zusammen. Halte mich am Leben, und ich halte dich.« Dann nehmen sie sich bei der Hand und gehen nach vorne.

Das Gemäße

Video 1
3.37.20

TEILNEHMERIN Ich habe eine Frage bezüglich der leiblichen Mütter. Ich habe das sehr unterschiedlich erlebt, ob sie Kontakt haben dürfen zu ihren Kindern oder nicht. Das ist für mich nicht verständlich. Einmal durfte die Mutter ihr Kind umarmen und hat es zu sich genommen und manchmal wurden die Mütter ganz weggeschickt und durften gar keinen Kontakt haben, obwohl sie den gerne gehabt hätten.

HELLINGER Ich finde da keine Regel. Einmal ist das eine richtig, einmal das andere. Man muß sich da einfühlen; sonst kann man nicht herausfinden, was gemäß ist, ob sich etwas Gutes aus dem Kontakt entwickelt oder nicht, und ob etwas abgeschlossen ist. Zum Beispiel konnte man bei der letzten Aufstellung ganz klar sehen, daß der Kontakt zur Mutter für die Kinder ganz schlimm war. Man sieht das aus der Aufstellung, ohne daß man Schuld zuweist. Es geht um die praktischen Verhaltensweisen anschließend.

Adoption und Pflege

Video 1
3.38.40

ANDERE TEILNEHMERIN Ich wollte fragen, ob grundsätzlich ein großer Unterschied in den Verbindungen besteht, die durch Adoption oder durch Pflegschaft entstehen?

HELLINGER Ja, es sind große Unterschiede. Wenn ein Kind zur Pflege gegeben wird, behalten sich die leiblichen Eltern das Recht vor, das wieder zurückzunehmen. Die Pflege ist also etwas Zeitliches, etwas Befristetes.

TEILNEHMERIN Was ja nicht immer eintritt, daß sie es zurücknehmen.

HELLINGER Was immer dann kommt, vom Anfang her ist es nicht so, daß sie das Kind weggeben für immer. Deswegen ist es viel leichter, wenn Kinder nur in Pflege gegeben werden, als wenn sie gleich zur Adoption freigegeben werden.

Thomas   Adoption durch den Stiefvater

HELLINGER *zu Thomas* Was war bei dir?

THOMAS Ich bin von meinem Stiefvater adoptiert worden, von meinem leiblichen Vater weggegeben, bei der Mutter geblieben und von meinem Stiefvater adoptiert worden.

HELLINGER So etwas gibt es auch. Wir schauen uns mal an, was das für Wirkungen hat. Setz dich mal neben mich.

HELLINGER Bist du verheiratet?

THOMAS Das ist das Problem. Nein.

HELLINGER Hast du Kinder?

THOMAS Nein.

HELLINGER Deine Mutter war also vorher mit deinem Vater verheiratet?

THOMAS Ja.

HELLINGER Und wie viele Kinder haben sie gemeinsam?

THOMAS Nur mich.

HELLINGER Nur dich, und dann hat sie wieder geheiratet. Hat sie mit dem Mann Kinder?

THOMAS Drei.

HELLINGER Und der hat dich dann adoptiert?

THOMAS Er hat mich adoptiert und danach ist mein Halbbruder geboren.

HELLINGER Was hat dein Vater dazu gesagt?

THOMAS Gar nichts, also ich weiß nicht. Er war weg.

HELLINGER Wohin?

THOMAS Er meldete sich nur zu meinem Geburtstag und zu Weihnachten bei mir. Sonst gab es keinen Kontakt.

HELLINGER Was sollte er auch, wenn ein anderer dich adoptiert?

THOMAS Mein leiblicher Vater sagte, ich sei da besser aufgehoben als bei ihm, weil mein Stiefvater besser für mich sorgen könne als er.

HELLINGER Konnte er?

THOMAS *seufzt* Ich bin geneigt zu sagen »ja«.

HELLINGER Das schauen wir mal an. Stelle jetzt auf: deinen Vater, deine Mutter, dich und den Stiefvater oder Adoptivvater.

Bild 1

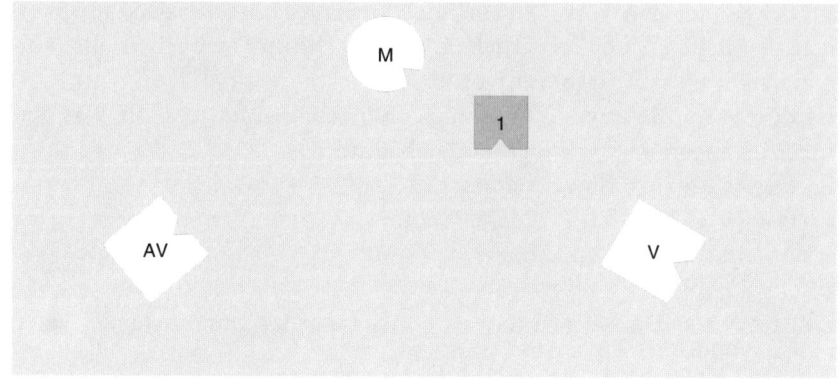

HELLINGER *zu Thomas* Wenn du dir das hier anschaust: Wer hat hier am wenigsten zu melden?

THOMAS Der Vater.

HELLINGER Nein, der Adoptivvater, ganz klar.

THOMAS *seufzt* Mir fällt nichts dazu ein.

HELLINGER Das sieht man hier. Die drei hier, das ist eine Achse. Der Adoptivvater ist der Außenseiter. Er ist zwar zugewandt, aber das sagt nichts.

HELLINGER *zum Vater, der die ganze Zeit schon den Kopf gedreht hat* Ich drehe dich gleich mal um. Du schaust eh schon die ganze Zeit nach dem Rechten hier.

Bild 2

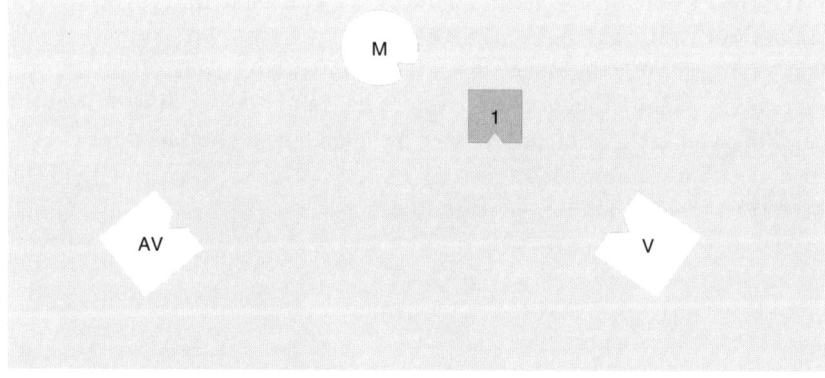

HELLINGER Wie geht es dir?

V VATER So besser, viel besser.

HELLINGER *zum Stellvertreter von Thomas* Bei dir?

V Vater
M Mutter
1 Einziges gemeinsames Kind, Sohn (= Thomas)
AV Adoptivvater, zweiter Mann der Mutter

1 ADOPTIVKIND Ja, das ist richtig so.

HELLINGER Natürlich ist das richtig so.

zur Mutter Und bei dir?

M MUTTER Hier ist es gut. Das ärgert mich, daß der zweite Mann wie eine Jammergestalt da steht.

HELLINGER Er ist verantwortlich, meint er.

M MUTTER Ja. Ein bißchen mehr Power wäre nicht schlecht.

HELLINGER *zum Stellvertreter von Thomas* Wir stellen dich gleich mal an den richtigen Platz.

Hellinger stellt ihn neben den Vater. Beide halten sich bei der Hand.

Bild 3

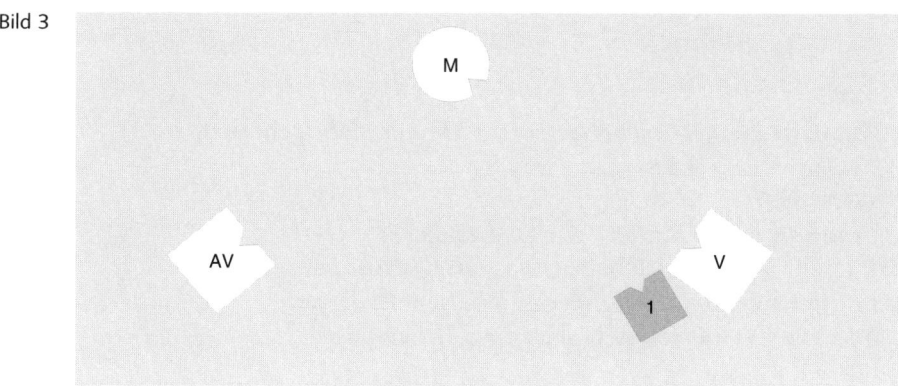

HELLINGER *zu Thomas* Na, was sagst du denn dazu?

THOMAS Ja, das sieht gut aus.

HELLINGER Wie geht es der Mutter?

M MUTTER Das ist zu einfach. Das ist nicht der Vater?

HELLINGER Das ist der Vater.

M MUTTER Das ist der Vater?

HELLINGER Der andere ist der Stiefvater, der adoptiert hat.

Hellinger stellt die Mutter und ihre drei anderen Kinder neben den zweiten Mann.

Bild 4

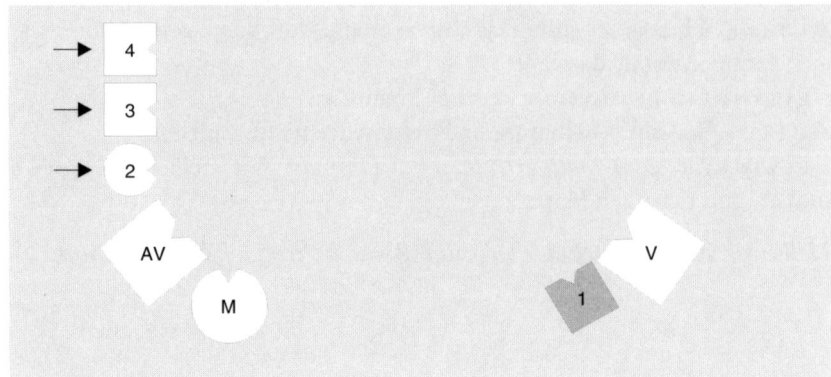

HELLINGER *zum Stellvertreter von Thomas* Wie geht es dir?
1 ADOPTIVKIND Prima.
V VATER Gut.
HELLINGER *zur Mutter* Wie geht es dir?
M MUTTER *lacht* Ja, ich habe etwas Großes zustande gebracht.
HELLINGER *zum Adoptivvater* Wie geht es dir jetzt?
AV ADOPTIVVATER Ich steh noch ein bißchen falsch.

Hellinger stellt das Bild um, so daß der Adoptivvater die andere Gruppe besser sehen kann.

Bild 5

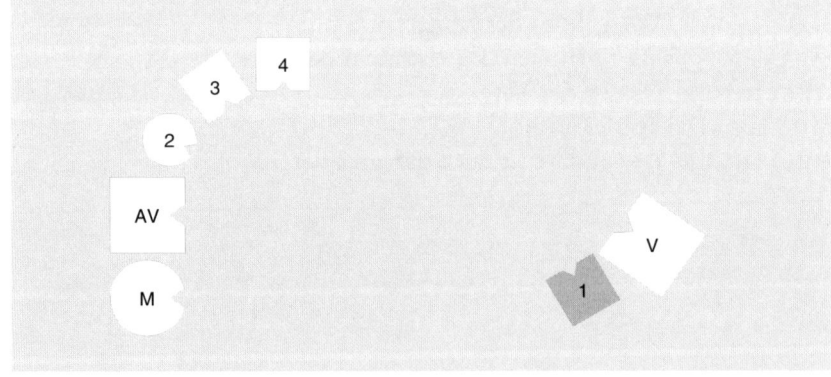

HELLINGER Wie ist es jetzt?
AV ADOPTIVVATER Gut.
HELLINGER Wie ist dein Gefühl da rüber zum adoptierten Kind?
AV ADOPTIVVATER Gut. Ich freue mich.
HELLINGER Sag ihm: »Ich ziehe mich wieder zurück.«

2 Zweites Kind, erstes aus der zweiten Ehe, Tochter
3 Drittes Kind, Sohn
4 Viertes Kind, Sohn

AV ADOPTIVVATER Ich ziehe mich wieder zurück.

HELLINGER »Und lasse dich bei deinem Vater.«

AV ADOPTIVVATER Und lasse dich bei deinem Vater.

HELLINGER *zum Stellvertreter von Thomas* Wie geht es dir da?

1 ADOPTIVKIND Ich werde ruhiger, sonst... Ich bin sehr aufgeregt. Hier, beim Vater, ist es toll.

HELLINGER Du wärst ihm an den Kragen gegangen.

Der Stellvertreter von Thomas nickt.

HELLINGER Es ist gefährlich, so etwas zu machen. So etwas macht man doch nicht, einen Jungen zu adoptieren, wo er einen Vater hat. *zu Thomas* Stellst du dich mal an deinen Platz.

Thomas stellt sich an seinen Platz, Vater und Sohn lachen sich an.

THOMAS Es ist alles so gekommen, wie es jetzt hier steht. Dennoch gründe ich keine eigene Familie, und das macht mich unglücklich.

HELLINGER Warte ein bißchen. Laß mal das ein bißchen auf dich wirken. Vielleicht kommt noch was zustande.

THOMAS Vielleicht *lacht.*

V VATER Ich hatte am Anfang das Gefühl, als Vater hatte ich keine Chance und jetzt stimmt es. Dieses Gefühl hat er vielleicht übernommen.

HELLINGER Genau.

Hellinger stellt Thomas mit dem Rücken vor seinen Vater und stellt eine Frau links neben ihn, als Stellvertreterin einer künftigen Frau. Diese hält ihn bei der Hand.

Bild 6

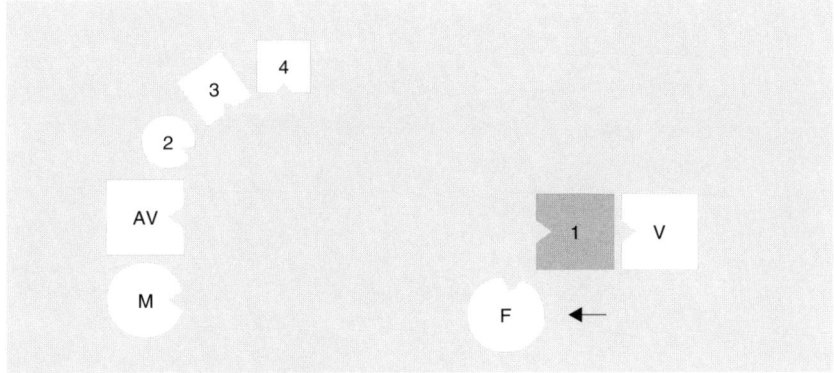

Allgemeines Lachen und Beifall.

HELLINGER Okay, das war's.

F   Zukünftige Frau

HELLINGER *zur Gruppe* Wenn ein zweiter Mann der Mutter ihr erstes Kind aus einer anderen Ehe adoptiert, dann werden erstens dem Vater seine Rechte genommen als Vater, zweitens wird er von seinen Pflichten entlassen, was ihn entwürdigt, und drittens wird dem Kind der Zugang zu seinem Vater verwehrt. Das ist in jeder Hinsicht schlimm. So ein Kind rächt sich oft sehr an dem Adoptivvater für die Anmaßung.

Also, wenn einer mit einer Frau, die vorher verheiratet war, glücklich sein will, dann nur nicht ihre Kinder adoptieren.

zu Annelie Scholz Kannst du das aus deiner Erfahrung bestätigen?

ANNELIE SCHOLZ Auf jeden Fall. Ja.

Zusammenfassung

Die Bindung *Thomas wurde vom zweiten Mann seiner Mutter adoptiert. Er traut sich nicht, die Verantwortung für eine Familie zu übernehmen aus Treue zum Vater.*

Die Ordnung *Thomas stellt sich neben seinen Vater. Der Adoptivvater sagt ihm: »Ich ziehe mich wieder zurück und lasse dich bei deinem Vater.« Dann lehnt Thomas sich an seinen Vater an und schaut auf eine Frau.*

Marlis   »Mama, ich mache das Beste daraus«

Video 1   HELLINGER *zu Marlis* Was ist bei dir?

3.50.55   MARLIS Ich bin von Geburt an adoptiert, mit einer Woche oder so. Ich habe beide Eltern gefunden. Ich habe drei Halbgeschwister, ich war das dritte Kind. Mein Vater hat nie geheiratet und hat auch keine anderen Kinder. Er wollte damals abtreiben, wir haben heute aber die beste Beziehung. Meine Mutter wollte damals auch abtreiben, aber man sieht ja, sie hat es nicht gemacht.

HELLINGER Wo waren die anderen Kinder her?

MARLIS Von anderen Männern.

HELLINGER Und dann hat sie eine Beziehung gehabt zu deinem Vater? Der Vater wollte, daß die Mutter abtreibt, aber das hat sie nicht gemacht und dich dann zur Adoption freigegeben. Was hat sie mit den anderen Kindern gemacht?

MARLIS Die hat sie behalten. Zwei sind bei der Oma aufgewachsen, damit sie arbeiten gehen konnte und das Jüngste, das nach mir kam, ist dann bei ihr aufgewachsen.

HELLINGER Dann bist du die einzige, die weggegeben wurde?

MARLIS Sie hatte kein Geld. Bis heute kämpft sie um ihre finanzielle Existenz. Sie hatte ständig wechselnde Beziehungen, alle Kinder sind von anderen Vätern.

HELLINGER Ich stell deine Mutter auf und dich, also eine Stellvertreterin für deine Mutter und dich.

Bild 1

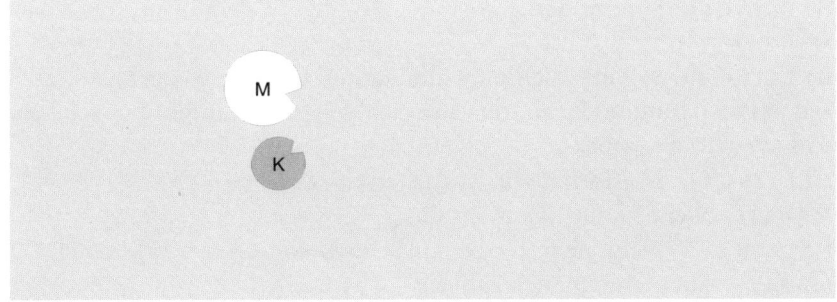

HELLINGER *zu Marlis* Schau die Mutter an. Wie redest du sie an?

MARLIS Innerlich sage ich Mama, sonst mit ihrem Vornamen, Lilo.

HELLINGER Sag: »Mama.« Schau sie an.

MARLIS Mama.

HELLINGER *zur Mutter* Schau rüber zu ihr.

MARLIS Mama.

HELLINGER »Wenn es sein m u ß , stimme ich zu.«

M   Mutter
K   Kind, Tochter (= Marlis)

MARLIS Wenn es s e i n muß, dann stimme ich zu.«

HELLINGER *zu Mutter und Tochter* Schaut euch an.

zu Marlis Wiederhole das: »Mama, wenn es sein m u ß , stimme ich zu.«

MARLIS Mama, wenn es s e i n muß, dann stimme ich zu.

HELLINGER »Mit Liebe.«

MARLIS Mit Liebe.

HELLINGER Das kommt aber noch nicht so richtig hoch. *Sie schüttelt den Kopf.* Wie ist es?

MARLIS Das Herz klopft, aber ich verstehe, warum sie mich weggeben mußte.

HELLINGER Nein, bleibe bei meinem Satz: »Wenn es sein m u ß , stimme ich zu.« Du hast nämlich anders betont als ich.

MARLIS Wenn es sein m u ß , dann stimme ich zu.

HELLINGER »Mit Liebe.«

MARLIS Mit Liebe.

HELLINGER Was ist bei der Mutter?

M MUTTER Es wird ein bißchen weicher in mir. Die Versteinerung läßt nach. Die Knie fangen an zu zittern und es wird leichter Ich habe Mühe, sie anzuschauen. Ich würde eigentlich lieber nach vorne schauen.

HELLINGER Nein, du wirst davon nicht entlastet. Schau sie an und sag ihr: »Es tut mir weh.«

M MUTTER Es tut mir weh.

HELLINGER »Und es hat mir weh getan.«

M MUTTER Es hat mir weh getan.

HELLINGER Stimmt der Satz?

M MUTTER Nein.

HELLINGER Sag ihr: »Ich mute dir zu, daß ich dich weggebe.«

M MUTTER Ich mute dir zu, daß ich dich weggebe. Ja, ich mute dir zu, daß ich dich weggebe.

HELLINGER *zu Marlis* Wie ist das jetzt?

MARLIS Nicht so gut. Wenn ihr das...

HELLINGER Nein, nein, bleibe nur beim Gefühl. Keine Erklärung.

MARLIS Aber ich bin auch ruhiger.

HELLINGER Sag ihr: »Ich mache das Beste daraus.«

MARLIS Ich mache das Beste daraus.

HELLINGER Wie ist es jetzt?

MARLIS Gut.

HELLINGER *Geh ein bißchen zurück.*

HELLINGER Sag ihr: »Ich mache das Beste daraus.«
MARLIS Ich mache das Beste daraus.

Hellinger dreht sie weg.

HELLINGER Wie ist es jetzt?
MARLIS Es ist in Ordnung.
HELLINGER Da laß ich es. Ist es gut für dich, wenn ich es so lasse?
MARLIS Ja.
HELLINGER Okay, das war's dann.

HELLINGER *zur Gruppe* Familien sind Schicksalsgemeinschaften, in denen alle am gemeinsamen Schicksal teilhaben und es mittragen. Manchmal muß ein Kind das auf diese Weise auf sich nehmen und mittragen.
zu Marlis Das wäre so bei dir. Wenn du dich nun innerlich aufrichtest, gewinnst du Kraft dadurch.

Zweiter Tag

HELLINGER *zur Gruppe* Ich hoffe, daß die Arbeit von gestern in euch gut nachgewirkt hat. In mir hat sie auch gut nachgewirkt. Es hat mich sehr bewegt, was gestern sichtbar wurde an Schicksalen und auch von der Energie und Kraft, die hinter solchen Schicksalen steht. Wie Leute das später meistern, war sehr bewegend für mich.

Katja   Der Rückzug

Video 2
0.00.05

Die folgende Aufstellung zeigt, daß ein Adoptivkind sich aus der Adoptivfamilie zurückziehen muß, wenn es in deren Schicksale auf gefährliche Weise verstrickt ist. Da diese Verstrickungen allen Beteiligten vorher unbewußt waren, kann das Adoptivkind dennoch den Adoptiveltern danken.

HELLINGER *zu Katja* Was ist bei dir?

KATJA Ich bin direkt nach der Geburt in ein Pflegeheim gekommen. Da war ich zwei Jahre. Dann wurde ich adoptiert, aber mehr als Ersatz für ein verstorbenes Kind. Da bin ich dann groß geworden. Mit 8 Jahren habe ich vom Nachbarsjungen erfahren, daß ich nicht zur Familie gehöre und daß das gar nicht meine Schwester ist. Es war sehr gravierend. Ich habe das gar nicht verstanden. Dann bin ich zur Mama gerannt und habe gefragt, was da ist. Dann hat sie gesagt, daß sie mich aus dem Heim geholt haben und adoptiert haben. Da bin ich dann groß geworden.

Ich hatte immer den Drang in mir, nach den leiblichen Eltern zu suchen, habe nach Unterlagen geguckt beim Vater, habe aber nie etwas gefunden. Erst als ich dann 18 war und die Genehmigung hatte, bin ich auf das Einwohnermeldeamt und habe Nachforschungen angestellt. Mit 19 habe ich meine Mutter gefunden. Ich habe sie angerufen und gefragt, ob sie sich an mein Geburtsdatum erinnert. Da war sie ganz erfreut: »Ja, bist du es, das ist ja schön! Und wie geht es dir denn?« Ich war ganz erstaunt und verwundert, daß sie so euphorisch ist. Dann habe ich gesagt, daß ich mich gerne mit ihr treffen möchte, weil ich ein paar Fragen an sie hätte. Ich habe mich dann auch mit ihr getroffen. Sie hat gesagt, daß mein Vater Ire war und als Amerikaner hier stationiert. Er sei damals nach Vietnam gegangen. Und ich hätte noch einen Bruder, der sei zwei Jahre älter, auch vom selben Vater und von ihr. Der sei in Amerika und würde Elektronik studieren. Das war alles so komisch, und ich habe gefragt: »Wieso ist der in Amerika?« Sie sagte, den hätte sie auch zur Adoption freigegeben.

Das hat alles für mich nicht gestimmt. Ich hatte sowieso viele Probleme, war auch in Therapie. Dann war ich auf der psychosomatischen Ambulanz wegen Suizidgefahr und habe da eine Frau kennengelernt, die meinen Bruder kannte, und die auch ein Verhältnis mit ihm hatte. Sie hat mich dann mit meinem biologischen Bruder zusammengebracht. Der wohnte nur drei Kilometer von mir entfernt. Da habe ich mir gesagt: Das gibt es nicht, die lügt mich da an. Sie hat mich dann auf der Station angerufen, und da habe ich gesagt – ich war so entrüstet – : »Was soll denn das, warum lügst du mich an?« »Ja mei,« hat sie gesagt, »das mußt du verstehen, ich wollte damals mit dir von der Neckarbrücke springen, als ich mit dir schwanger war.« Da hatte ich so eine Wut, daß ich sagte: »Dann wärst du halt gesprungen. Was soll denn das, mir jetzt so etwas zu erzählen, mir so einen Grund zu nennen?« Und dann habe ich aufgelegt.

HELLINGER Ich will dir was erzählen zur Orientierung. Wenn so etwas passiert, daß Eltern sich nicht kümmern, und das Kind trifft sie dann, dann nehmen die Eltern das manchmal zum Anlaß, sich von ihrer Schuld befreit zu fühlen.

Ich hatte mal einen jungen Mann in einer Gruppe, der kannte seinen Vater nicht, denn der hatte sich entzogen. Dann wurde der Vater ausfindig gemacht, und Vater und Sohn haben sich verabredet auf einem Bahnhof in Genf. Der Vater war Franzose, der Junge war Schweizer. Ich habe mit ihm vorher geübt, wie er seinem Vater begegnen kann. Ich habe ihm gesagt: »Du darfst ihm nicht die Schuld abnehmen, nur keine Schuld abnehmen.« Und dann habe ich ein paar Übungen mit ihm gemacht.

Er hat mir dann erzählt, wie es war. Vater und Sohn haben sich auf dem Bahnhof sofort erkannt. Der Vater sagte: »Jetzt ist es gut.« – Und der Sohn sagte: »Für mich.«

HELLINGER Okay, ich stelle auf: deine Adoptiveltern und...

KATJA Ich habe in dieser Familie noch drei Geschwister.

HELLINGER Waren das leibliche Kinder?

KATJA Das waren leibliche Kinder. Wir waren zu viert. Ich war das einzige adoptierte.

HELLINGER Und das gestorbene Kind war das wievielte?

KATJA Das war auch ein Pflegekind, das später adoptiert wurde. Das war die Annerosa.

HELLINGER Also, da war ein Pflegekind, drei leibliche, und du kamst noch dazu. Okay, ich stelle die Adoptivfamilie auf, nur die Adoptivfamilie. Das tote Kind lassen wir noch aus.

Bild 1

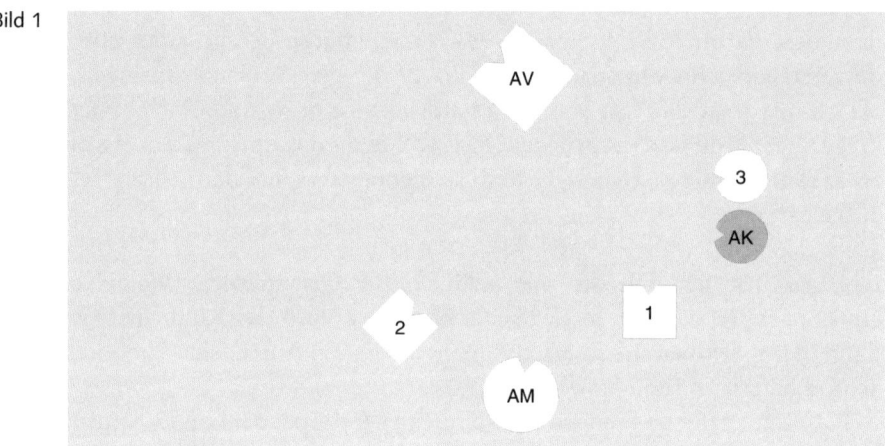

HELLINGER *zur Stellvertreterin von Katja* Ich muß dich gleich rausnehmen. Das ist ja ganz gefährlich.

AV Adoptivvater
AM Adoptivmutter
  1 Erstes Kind, Sohn
  2 Zweites Kind, Sohn
  3 Drittes Kind, Tochter
AK Adoptivkind, Tochter (= Katja)

Hellinger stellt sie der Familie gegenüber.

Bild 2

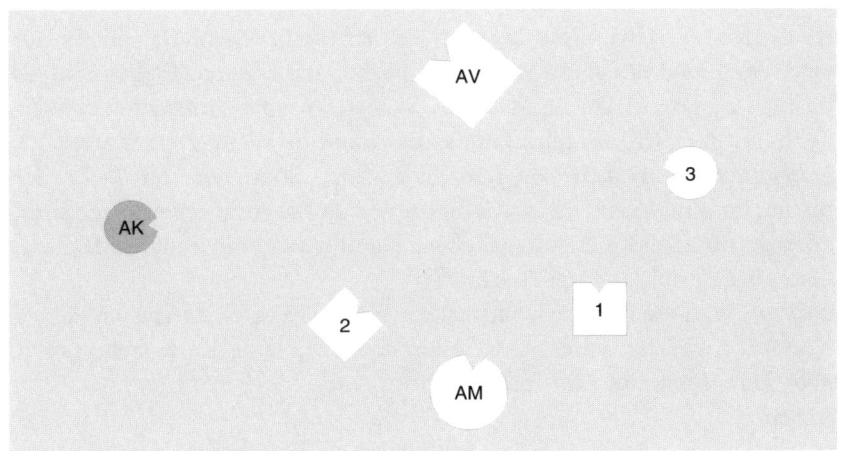

HELLINGER *zur Stellvertreterin von Katja* Was war?

AK ADOPTIVKIND Ich hatte in den Boden versinken wollen. Ich habe angefangen zu zittern und mich bedroht zu fühlen *atmet hörbar aus.* Jetzt kann ich erst mal ein bißchen durchatmen.

HELLINGER *zu Katja* Das ist ja eine schreckliche Familie. Ich meine von der Dynamik her. Die ist ganz gefährlich.

KATJA So ist auch mein Empfinden.

HELLINGER Du wirst da drin für etwas benutzt, was mit dir gar nichts zu tun hat.

KATJA Ja, ich bin da auch irgendwo dieser Ersatz für das Pflegekind, das verstorben ist.

HELLINGER Da ist noch etwas anderes, da müssen noch andere Sachen in der Familie passiert sein oder in der Ursprungsfamilie der Mutter oder des Vaters.

KATJA Mein Adoptivvater hat mit ansehen müssen, wie seine Mutter erschossen wurde, und war als Flüchtling unterwegs. Meine Adoptivmutter wurde mit 14 Jahren aus dem Haus geschmissen, mit 50 Pfennig in der Hand.

HELLINGER Genau, da läuft ganz Schlimmes ab. Und wen vertrittst du da drin?

KATJA Das weiß ich nicht.

HELLINGER Vielleicht seine Mutter.

KATJA Das kann sein, obwohl ich von ihm die meiste Ablehnung bekomme. Er ist auch brutal. Er hat mich laufend zusammengeschlagen.

Sie seufzt. Hinterher, wenn ich aus der Nase geblutet habe, hat er dann gesagt: Ich liebe dich doch.

HELLINGER Also, dieses System will ich nicht lösen. Da gibt es nur einen Weg, und der heißt: raus. Da gibt es keine andere Möglichkeit, als da raus zu gehen. Du mußt dieses System in jeder Hinsicht verlassen, auch nachträglich, bis hin, daß du die Adoption rückgängig machst. *Katja nickt.* Laß dich von jemand anders adoptieren. *Sie lacht.* Ich meine, im guten Sinn. Ich weiß nicht, wie da die rechtlichen Wege sind, aber du mußt das ganz abschließen. Da gibt es keine andere Möglichkeit, als daß du das ganz abschließt.

KATJA Ja, diese Phantasie hatte ich schon oft. Zur Zeit habe ich keinen Kontakt mehr. Ich habe zum Geburtstag zwar eine Karte bekommen, aber kein Telefonat und nichts. Ich möchte nichts mehr damit zu tun haben.

HELLINGER Also, das wäre es: richtig, auch rechtlich, die Adoption rückgängig zu machen. Und wenn das geht, daß du von einem anderen adoptiert wirst, wäre das eine Möglichkeit.

KATJA Ja, das wäre schön.

HELLINGER Weißt du da schon jemand?

KATJA *lacht* Jaaa, das kommt schon. Da muß ich halt fragen.

HELLINGER Okay.

zur Stellvertreterin von Katja Ich mache das jetzt, indem ich dich umdrehe.

Bild 3

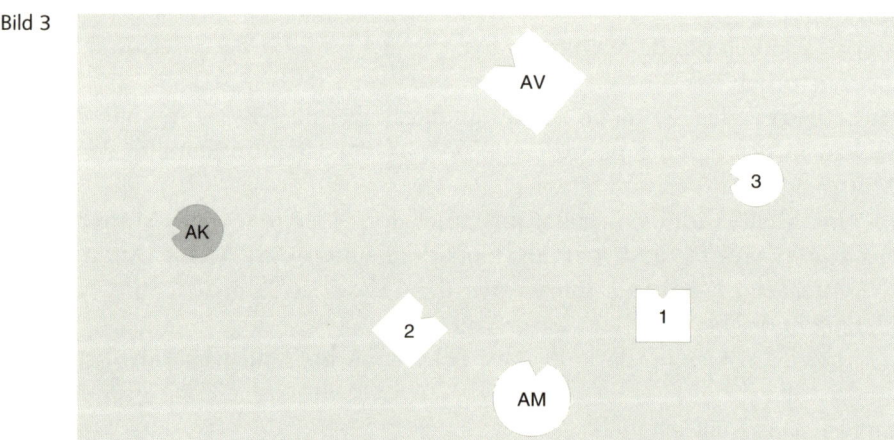

AK ADOPTIVKIND *atmet erleichtert aus* Ja, das ist gut.

HELLINGER Ja, so wird es sein, so wird das gemacht.

zu Katja Da gibt es jetzt noch eine wichtige Person. Du könntest dich mit ihr verbünden. Mit wem?

KATJA Dem Bruder.

HELLINGER Klar. Ist der älter oder jünger?

KATJA Der ist zweieinhalb Jahre älter.

Hellinger wählt einen Stellvertreter für den Bruder und stellt ihn rechts neben die Stellvertreterin von Katja. Beide lachen sich an und legen den Arm umeinander.

Bild 4

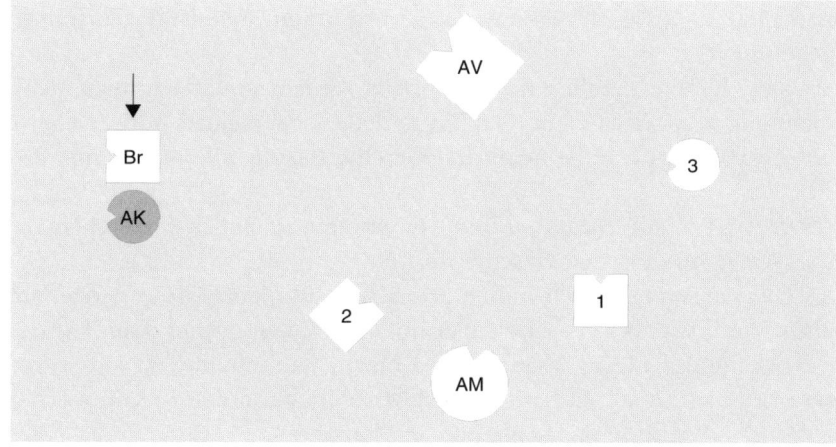

HELLINGER *als er die beiden sich anlachen sieht* Ein schönes Bild. *zum Bruder* Wie geht es dir dabei?

Br BRUDER Gut.

HELLINGER *zu Katja* Das ist die Lösung. Ich lasse es dabei. Das ist die einfache, klare Lösung. Okay, das war's dann schon.

Br Bruder

Moses   »Haltet mich bitte, daß ich bleibe«

Video 2
0.15.35 HELLINGER *zu Moses* Ich arbeite mal mit dir. Was ist bei dir?

MOSES Zuerst möchte ich sagen, daß ich mit meiner Mutter hier bin. Die sitzt da drüben, und ich möchte fragen, ob sie hier teilnehmen kann.

HELLINGER Natürlich. Ist das deine leibliche Mutter oder deine Adoptivmutter?

MOSES Meine Adoptivmutter.

HELLINGER Was ist passiert mit der Adoption? Wie ist das zustande gekommen?

MOSES Ich bin ziemlich früh adoptiert worden, so daß ich mich nicht mehr daran erinnern kann, und bin zeitlebens bei meinen Adoptiveltern aufgewachsen. Ich habe noch drei Geschwister, die alle jünger sind als ich.

HELLINGER *zur Adoptivmutter* Es kommt ein bißchen durcheinander. Wie ist das mit den Geschwistern?

ADOPTIVMUTTER Wir haben den Moses adoptiert, als er 3 Monate alt war. Ich war bereits schwanger mit dem Valentin, und dann kamen die Lena und die Lisa. Aber er war auch ein Wunschkind.

HELLINGER Also, du hast drei leibliche Kinder, und er ist adoptiert. *zu Moses* Weißt du etwas über deine Eltern?

MOSES Kennen tue ich sie nicht. Ich hab ein bißchen was erzählt bekommen: daß mein Vater beim Militär gewesen ist, und meine Mutter eine junge Südländerin war. Das habe ich von meinen Eltern erfahren. Viel mehr hat man ihnen offensichtlich auch nicht gesagt, und mehr weiß ich auch nicht.

HELLINGER *zur Adoptivmutter* Was weißt du?

ADOPTIVMUTTER Die Mutter war damals 19 und war mit einem deutschen Mann verheiratet, der älter war als sie, der für ein Jahr nach Amerika stationiert wurde und beim Militär, so wie man mir damals sagte, ein ziemlich hohes Tier gewesen sei. Als dieser Mann wiederkam, war seine Frau schwanger. Er hat sie knallhart vor die Entscheidung gestellt: entweder du gibst dieses Kind zur Adoption frei, oder ich lasse mich scheiden. Ich denke, sie hatte damals in diesem Alter keine Wahl. Sie hat es sich sicher nicht leicht gemacht. Wer der wirkliche Vater des Moses ist, darüber wissen wir nichts.

HELLINGER Hat die Ehe dann gehalten?

ADOPTIVMUTTER Das wissen wir auch nicht.

HELLINGER Natürlich nicht, kann sie ja gar nicht. *zur Gruppe* Was kann zwischen dem Paar noch sein nach so etwas? Das ist völlig unvorstellbar.

zu Moses Okay, du hast gesehen wie eine Aufstellung geht. Willst du es selber machen?

MOSES Ja.

HELLINGER Okay, mach mal.

Bild 1

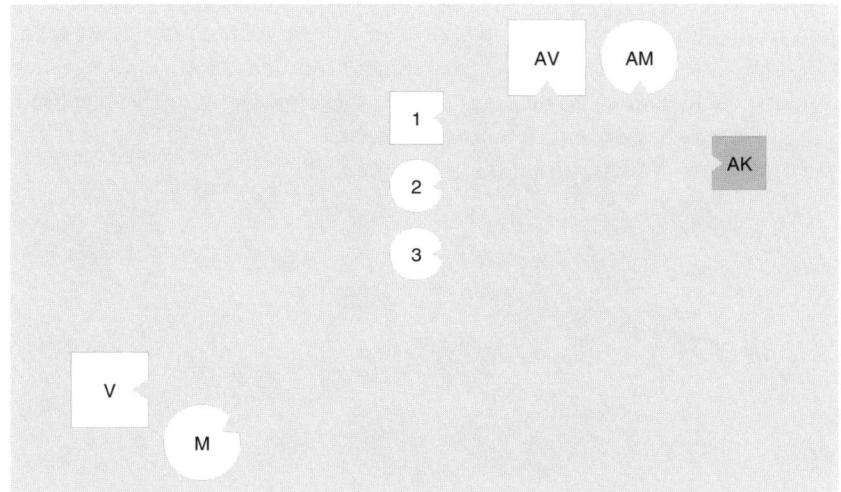

HELLINGER *während Moses aufstellt, zur Adoptivmutter* Zählt er sich als den ersten?

ADOPTIVMUTTER Ja, er zählt sich als den ersten.

HELLINGER Ist er aber nicht. Ich habe gemerkt, daß er falsch zählt. *zum Stellvertreter von Moses* Wie geht es dir?

AK ADOPTIVKIND Jetzt fühle ich mich etwas eingebundener. Vorhin, als ich vor den Adoptiveltern stand, hatte ich das Gefühl, ich schau den beiden zu. Ich hatte eine starke Hinbewegung zum Adoptivvater, hatte aber das Gefühl, der interessiert sich nicht richtig für mich. Die Adoptivmutter wirkt ein bißchen abwesend. Ich war mehr mit meinem Adoptivvater verbunden. Mit meinen Geschwistern fühle ich mich nicht verbunden.

HELLINGER Wie geht es der Adoptivmutter?

AM STELLVERTRETERIN DER ADOPTIVMUTTER Mir geht es schlecht. Ich habe ganz starkes Herzklopfen. Die linke Körperhälfte ist ganz auf-

V   Vater
M   Mutter
AV   Adoptivvater
AM   Adoptivmutter
1   Erstes Kind, Sohn
2   Zweites Kind, Tochter
3   Drittes Kind, Tochter
AK   Adoptivkind, Sohn (= Moses)

geregt. Der Blick geht nach draußen. Ich nehme meinen Mann nicht wahr. Ich nehme meine Kinder nicht wahr. Ich nehme nur den Adoptivsohn ein bißchen wahr.

HELLINGER Wie geht es dem Mann?

AV ADOPTIVVATER Mir geht es nicht schlecht. Ich spüre den Kontakt zu den leiblichen Kindern gut, auch zu dem Adoptivsohn, aber es ist schade, daß sie nicht dichter zusammenkommen. Ich spüre einen Widerspruch, aber es ist nicht schlecht insgesamt. Der Kontakt zur Frau könnte etwas besser sein. Ich sehe sie nicht.

HELLINGER Wechselt mal die Positionen.

Bild 2

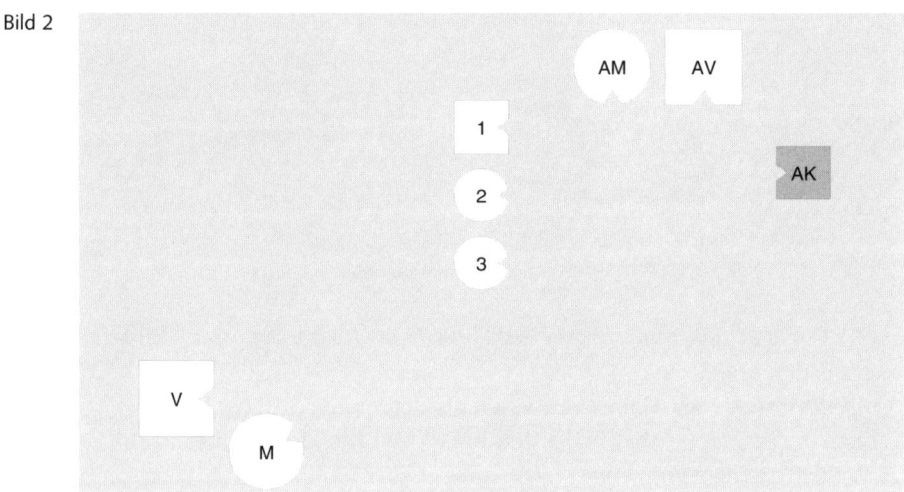

HELLINGER Wie ist das?

AM STELLVERTRETERIN DER ADOPTIVMUTTER Das ist besser. Jetzt ist der Druck auf der Brust weg.

AV ADOPTIVVATER Gut.

HELLINGER *zum leiblichen Sohn* Was ist bei dir?

1 ERSTES KIND Ich habe einen guten Faden zu den Eltern, besonders zum Vater. Da ist sehr viel Wärme auf dieser Seite. Von den Schwestern merke ich nicht sehr viel. Mein Blick ist auf den Adoptivsohn fixiert. Ich weiß aber nicht, ob ich ihm den Vorwurf mache, oder er mir. Aber da ist Spannung drinnen.

HELLINGER Sag ihm: »Ich bin der erste.«

1 ERSTES KIND Ich bin der erste.

HELLINGER »Hier bist du der Kleine.«

1 ERSTES KIND Hier bist du der Kleine.

HELLINGER *zum Adoptivkind* Wie ist das?

AK ADOPTIVKIND Ja, da kann ich mit leben.

HELLINGER *zur Gruppe* Die haben falsch gezählt. Die leiblichen Kinder kommen zuerst, denn das adoptierte Kind hat ja andere Eltern und hat dort seinen Platz. Es kann nicht in einer Adoptivfamilie den ersten Platz einnehmen. Es schließt an, die Adoptivkinder schließen an die leiblichen Kinder an. Das hab ich jetzt hier in Ordnung gebracht.

zu Moses Was sagst du dazu?

MOSES An diese Möglichkeit hab ich überhaupt nicht gedacht.

HELLINGER Das ist wichtig. Wenn du deinen richtigen Platz einnimmst, dann gewinnst du deine Geschwister für dich.

HELLINGER *zum zweiten Kind* Was ist bei dir?

2 ZWEITES KIND Als die Eltern andersherum standen, habe ich sie gar nicht wahrgenommen. Ich war nur fixiert auf diesen Adoptivbruder und bin auch jetzt noch auf ihn fixiert. Jetzt spüre ich die Eltern wenigstens, aber meine Geschwister nicht.

3 DRITTES KIND Ich merke zwar, daß meine Schwester neben mir steht, aber ich habe das Bedürfnis, nach rechts ins Leere zu kippen. Ich stelle mir das vor wie einen Sprung in einen schönen Sommersee.

HELLINGER *zur Stellvertreterin der Adoptivmutter* Hier ist etwas im Busch. Das werden wir noch herausfinden.

Hellinger stellt nun alle Kinder in den Bannkreis des Vaters.

Bild 3

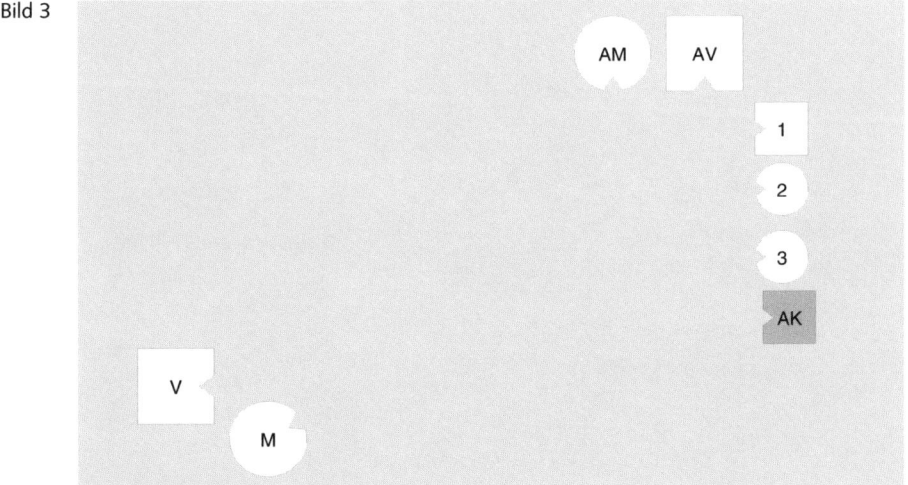

HELLINGER *zum Stellvertreter von Moses* Wie geht es dir jetzt?

AK ADOPTIVKIND Ja, das ist gut, sehr gut.

HELLINGER Ja, das ist der rechte Platz.

1 ERSTES KIND Sehr gut.

2 ZWEITES KIND Viel besser.

3 DRITTES KIND Auch angenehm.

HELLINGER *zum Adoptivvater* Was ist bei dir jetzt?

AV ADOPTIVVATER Es ist noch besser als vorher, daß die da alle in einer Reihe sind.

AM STELLVERTRETERIN DER ADOPTIVMUTTER Bei mir wird es links wieder eng, seit dieser Wechsel war. Vorher war es besser.

HELLINGER Ja, da ist was.

zur Adoptivmutter Was ist in deiner Herkunftsfamilie passiert?

ADOPTIVMUTTER In meiner Herkunftsfamilie? Ich bin ein uneheliches Kind. Mein Vater war Musiker, hat aber mit meiner Mutter zusammengelebt. Sie haben zusammen ein Haus gebaut. Ich war ein richtiges Wunschkind und habe meinen Vater sehr geliebt. Ich habe ein sehr schwieriges Verhältnis zu meiner Mutter gehabt, für sie zu Unrecht. Sonst fällt mir nichts dazu ein.

HELLINGER War dein Vater verheiratet?

ADOPTIVMUTTER Nein.

HELLINGER Vorher?

ADOPTIVMUTTER Nein.

HELLINGER War die Mutter vorher verheiratet?

ADOPTIVMUTTER Die Mutter war vorher verheiratet. Der Mann ist im Krieg gefallen. Und da gibt es einen Bruder, der neun Jahre älter ist als ich.

HELLINGER Okay, das ist es jetzt. Wir brauchen jetzt die Mutter, ihren ersten Mann, den Bruder und deinen Vater.

Bild 4

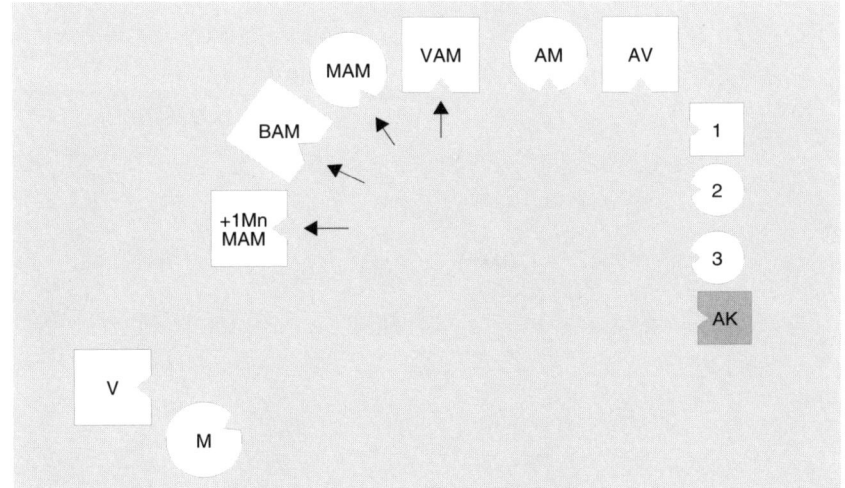

HELLINGER *zur Stellvertreterin der Adoptivmutter* Was ist verändert?

AM STELLVERTRETERIN DER ADOPTIVMUTTER Als der Vater kam, habe ich Herzklopfen gekriegt.

HELLINGER Angenehm oder unangenehm?

AM STELLVERTRETERIN DER ADOPTIVMUTTER Unangenehm.

HELLINGER Unangenehmes Herzklopfen.

AM STELLVERTRETERIN DER ADOPTIVMUTTER Ich schwitz jetzt auch.

VAM   Vater der Adoptivmutter
MAM   Mutter der Adoptivmutter
†1Mn Erster Mann der Mutter der Adoptivmutter, im Krieg gefallen
MAM
BAM   Bruder der Adoptivmutter, vom ersten Mann ihrer Mutter

HELLINGER zum Vater der Adoptivmutter Ich stelle dich mal zurück.

Hellinger stellt ihn zurück und läßt die anderen aufrücken.

Bild 5

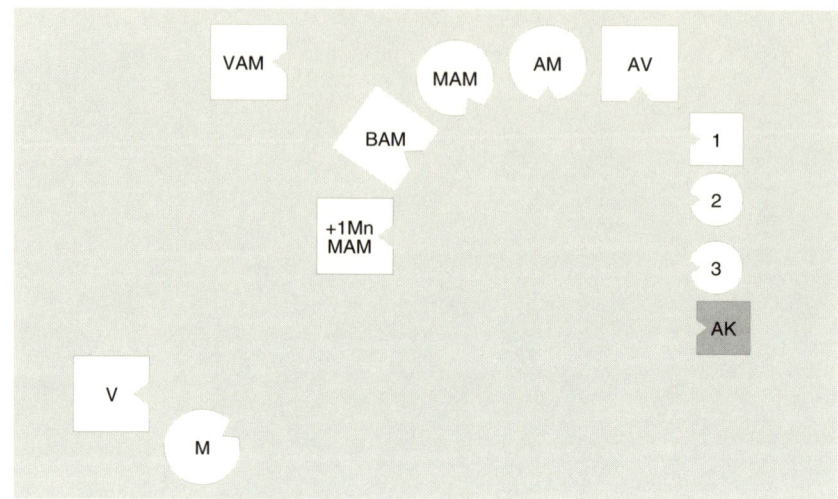

HELLINGER *zur Stellvertreterin der Adoptivmutter* Was ist jetzt?

AM STELLVERTRETERIN DER ADOPTIVMUTTER Es ist gut.

HELLINGER *zur Adoptivmutter* Hast du noch andere Geschwister außer dem Bruder?

ADOPTIVMUTTER Nein, niemand.

HELLINGER Wen vertrittst du, systemisch gesehen?

ADOPTIVMUTTER Ich verstehe die Frage nicht.

HELLINGER Von der Systemdynamik her ist es so, daß gewisse Personen von anderen vertreten werden. Wen mußt du in diesem System vertreten?

ADOPTIVMUTTER Meinen Vater. Ich habe ihn immer gegen meine Mutter verteidigen müssen. Sie hat sehr oft in meinem Beisein schlecht über ihn gesprochen.

HELLINGER Nein, du vertrittst den gefallenen ersten Mann. Darum bist du gefährdet. Und wer vertritt für dich den gefallenen ersten Mann?

ADOPTIVMUTTER Ich weiß es nicht.

HELLINGER *zeigt auf den Adoptivsohn* Er, das adoptierte Kind.

Hellinger stellt nun den Vater links neben den gefallenen ersten Mann und die anderen in der Reihenfolge daneben.

Bild 6

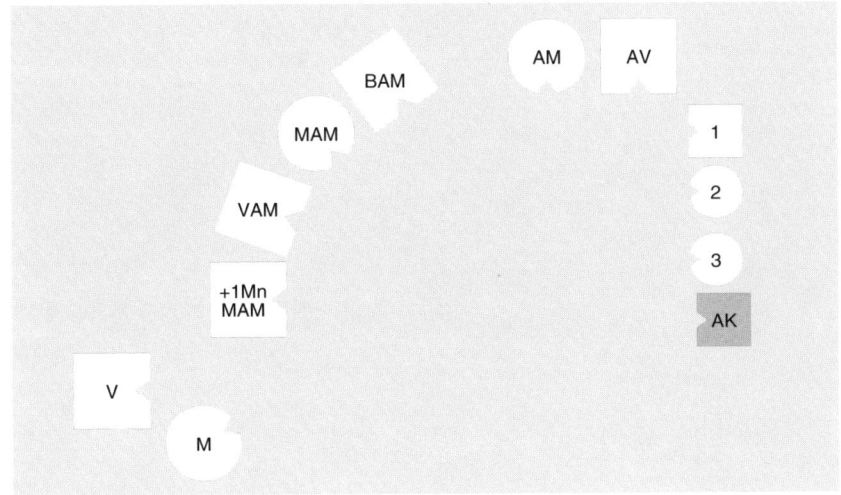

HELLINGER Wie ist das?

BAM BRUDER DER ADOPTIVMUTTER Gut. Auf jeden Fall besser als vorher.

MAM MUTTER DER ADOPTIVMUTTER Mir geht es auch besser. Ich hatte vorher einen Druck im Hals und mir war ein bißchen schwindelig.

VAM VATER DER ADOPTIVMUTTER Mir geht es hier auch gut.

ERSTER MANN DER MUTTER DER ADOPTIVMUTTER† Ja, es ist in Ordnung.

HELLINGER *zur Stellvertreterin der Adoptivmutter* Bei dir jetzt?

AM STELLVERTRETERIN DER ADOPTIVMUTTER Vorher, als die Mutter so dicht stand, fühlte ich sehr viel Energie, aber ich war nur nach draußen orientiert. Ich habe alles nicht so mitbekommen.

HELLINGER Da draußen steht er. *Zeigt auf den verstorbenen ersten Mann.*

Hellinger stellt den verstorbenen ersten Mann in die Blickrichtung der Stellvertreterin der Adoptivmutter.

Bild 7

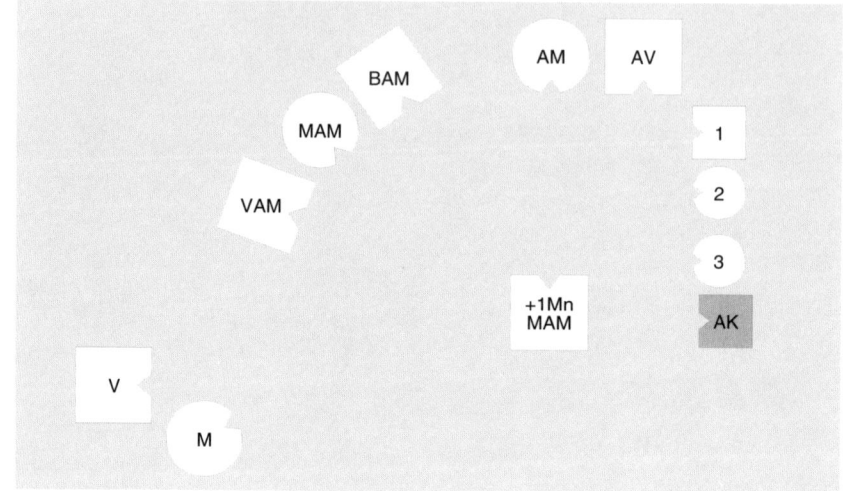

zur Stellvertreterin der Adoptivmutter Das ist er, auf den du fixiert bist. Mit dem bist du identifiziert.

AM STELLVERTRETERIN DER ADOPTIVMUTTER Und seit die anderen hier rechts rübergegangen sind, habe ich Luft, jetzt habe ich Raum.

*Hellinger stellt den verstorbenen ersten Mann wieder zurück und rückt
die Familie enger zusammen. Dann stellt er die Adoptivmutter selbst ins
Bild.*

Bild 8

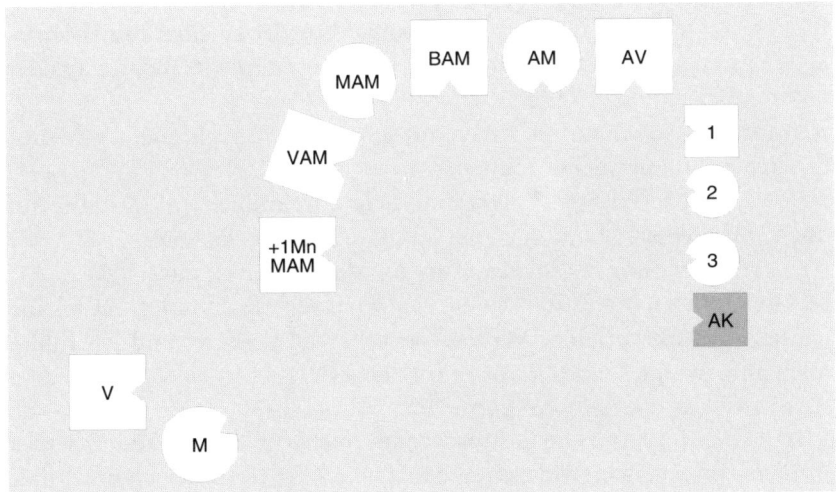

HELLINGER *zur Mutter der Adoptivmutter* Nimm die Tochter bei der
Hand, gehe mit ihr zum ersten Mann und verneige dich mit ihr vor ihm.

Bild 9

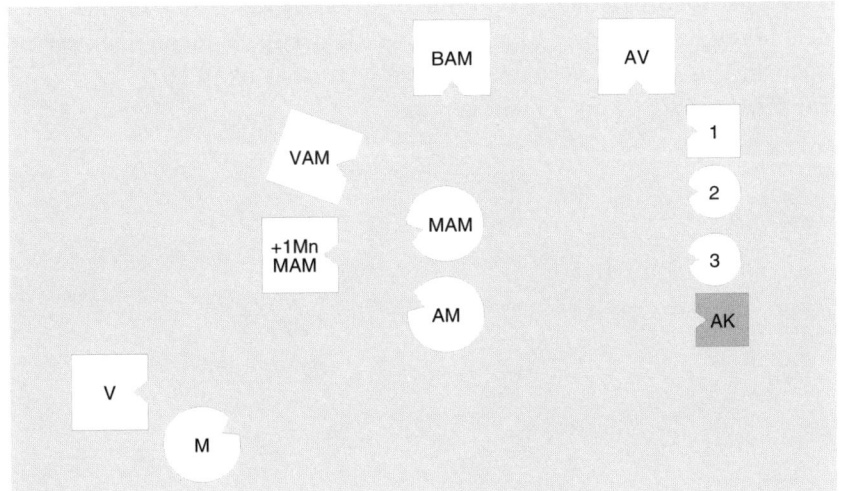

HELLINGER *zur Mutter der Adoptivmutter* Sage ihm: »Ich habe dich
geliebt.«
MAM MUTTER DER ADOPTIVMUTTER Ich habe dich geliebt.
HELLINGER »Und ich habe dich sehr vermißt.«
MAM MUTTER DER ADOPTIVMUTTER Und ich habe dich sehr vermißt.

HELLINGER »Ich lasse dich jetzt in Frieden.«

MAM MUTTER DER ADOPTIVMUTTER Ich lasse dich jetzt in Frieden.

HELLINGER »Das ist jetzt mein Mann.«

MAM MUTTER DER ADOPTIVMUTTER Das ist jetzt mein Mann.

HELLINGER »Und das ist meine Tochter aus der zweiten Beziehung.«

MAM MUTTER DER ADOPTIVMUTTER Und das ist meine Tochter aus der zweiten Beziehung.

HELLINGER »Schau freundlich auf uns alle: auf mich, meinen Mann, unseren Sohn und meine Tochter.«

MAM MUTTER DER ADOPTIVMUTTER Schau freundlich auf uns alle, auf mich, auf meinen Mann, unseren Sohn und unsere Tochter.

HELLINGER *zum verstorbenen ersten Mann* Wie ist das?

†1Mn ERSTER MANN DER MUTTER DER ADOPTIVMUTTER† Das kann
MAM ich jetzt gut akzeptieren. Vorher war sehr viel Energie, und ich fühlte mich aufgewühlt. Und jetzt ist es friedlicher.

HELLINGER *zur Adoptivmutter* Was ist bei dir?

AM ADOPTIVMUTTER Die Aufforderung, mich vor diesem Vater meines Bruders zu verneigen, widerstrebte mir sehr. Aber jetzt, wo ich höre, daß es ihm gut damit geht, wenn die Frau ihn läßt, kann ich mir vorstellen, das nachvollziehen zu können. Es geht mir besser, gut.

HELLINGER Nein, nein.

AM ADOPTIVMUTTER Ich wollte nie etwas über den Vater meines Bruders hören, weil ich Angst hatte, das würde der Liebe meiner Mutter zu meinem Vater etwas wegnehmen. Aber jetzt ist es okay.

zur Gruppe Sie ist noch nicht gerettet.

Hellinger stellt sie neben den verstorbenen Mann und die Mutter wieder zurück an ihren Platz.

Bild 10

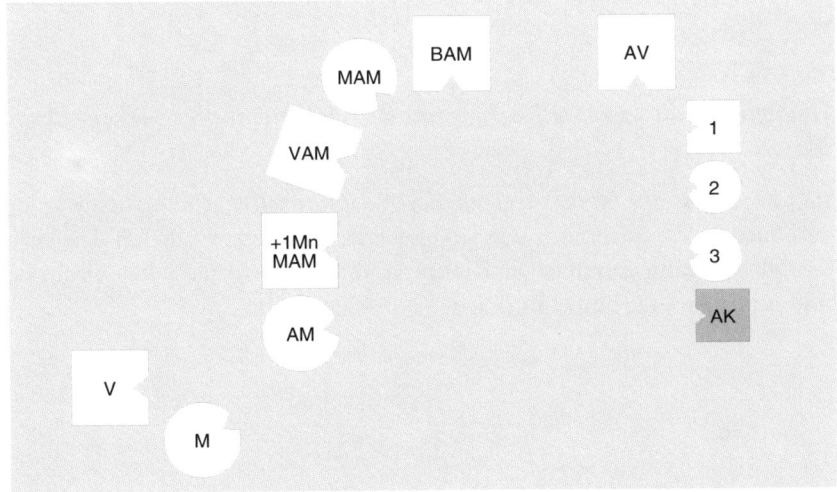

HELLINGER *zur Adoptivmutter* Fühle dich ein. Geh weg von deinen Phantasien und fühle dich ein, wie das ist, wenn du neben ihm stehst. Oder ich mache es noch drastischer.

Hellinger stellt den verstorbenen Mann abgewandt und die Adoptivmutter hinter ihn.

Bild 11

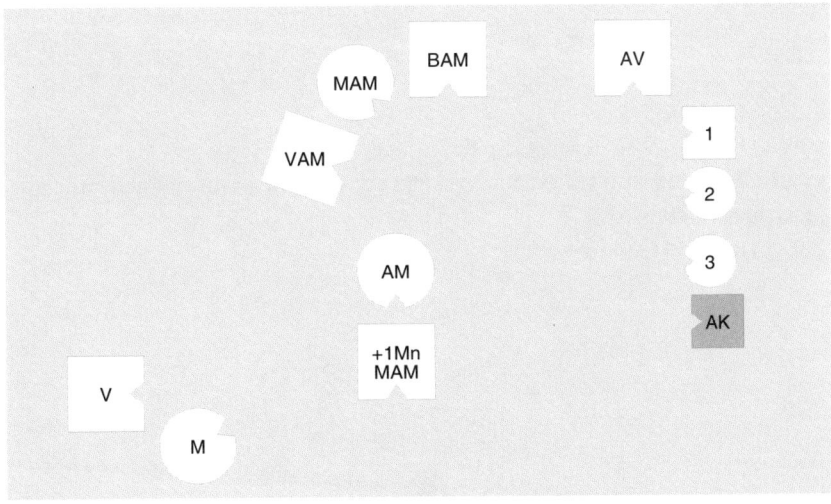

HELLINGER *zur Adoptivmutter* Wie ist das?
AM ADOPTIVMUTTER Ich würde mich gerne hinter ihm verstecken.

HELLINGER Setz dich hin, ich muß die Stellvertreterin nehmen.

zur Gruppe Sie kann sich selber nicht einfühlen. Ich muß ihr das vorführen.

Hellinger stellt die Stellvertreterin der Adoptivmutter neben ihren Mann.

HELLINGER *zur Stellvertreterin der Adoptivmutter* Fühle dich wieder ein, auch in die Situation, wie sie hier war. Und jetzt stelle ich den verstorbenen Mann genau in die Richtung, in die du vorher gehen wolltest, und du gehst jetzt hinter ihn.

Bild 12

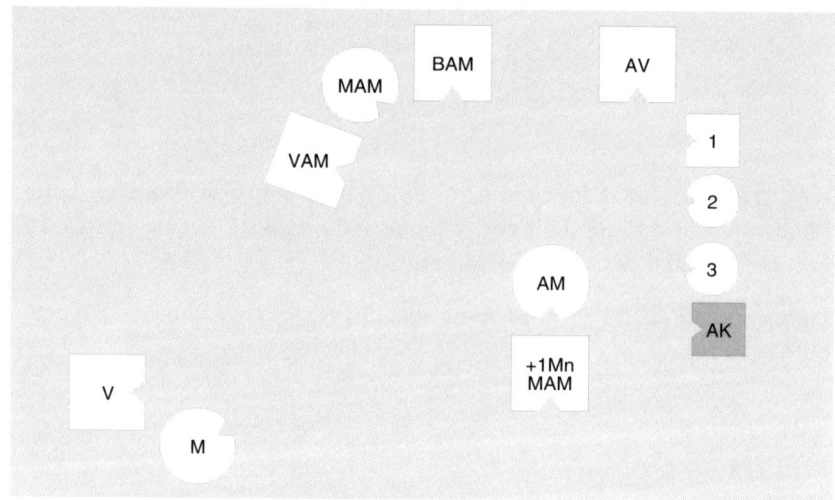

HELLINGER Wie geht es dir da?

AM STELLVERTRETERIN DER ADOPTIVMUTTER Gut. Es geht mir gut. Ja *atmet hörbar aus.*
HELLINGER Genau.

Hellinger stellt sie wieder zurück neben ihren Mann und stellt den Stell-
vertreter von Moses hinter den verstorbenen ersten Mann.

Bild 13

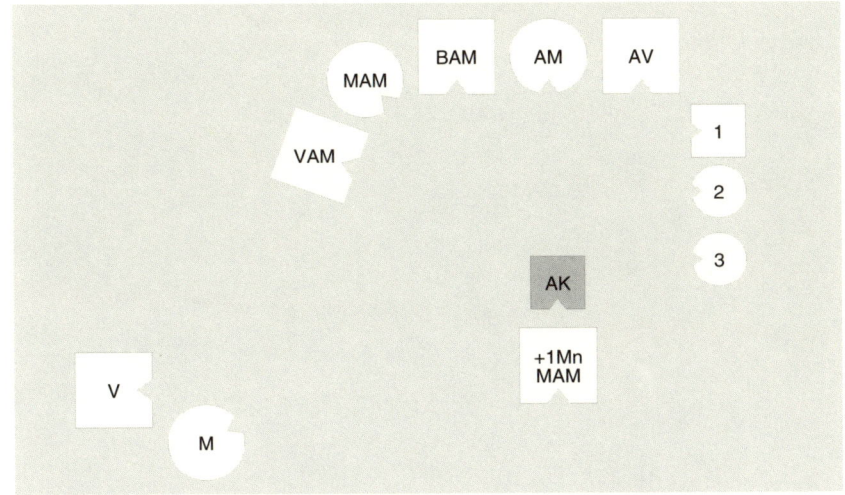

HELLINGER *zum Stellvertreter von Moses* Wie geht es dir da?

AK ADOPTIVKIND Oh, ich bin etwas konfus. Die Hände werden schlagartig feucht. Ich bin aufgeregt, Herzklopfen *atmet hörbar aus.*

HELLINGER *zur Stellvertreterin der Adoptivmutter* Wie geht es dir,
wenn er da steht, besser oder schlechter?

AM STELLVERTRETERIN DER ADOPTIVMUTTER Eigentlich geht es
mir hier jetzt auch gut.

HELLINGER *zur Adoptivmutter* Das ist die Dynamik, die ich vorher
beschrieben habe. Du bist selbstmordgefährdet, und er wird es für dich
tun, wenn wir keine Lösung finden.

ADOPTIVMUTTER Ich bin nicht selbstmordgefährdet *sie lacht.*

HELLINGER Brauchst du auch nicht, er macht es ja für dich.

zur Gruppe Also, hier ist die Dynamik hinter der Adoption eine gefährliche für das Kind. Doch sie ist unbewußt, natürlich.

Hellinger stellt den verstorbenen ersten Mann und den Stellvertreter von Moses wieder zurück an ihre Plätze. Dann stellt er Moses selbst in das Bild.

Bild 14

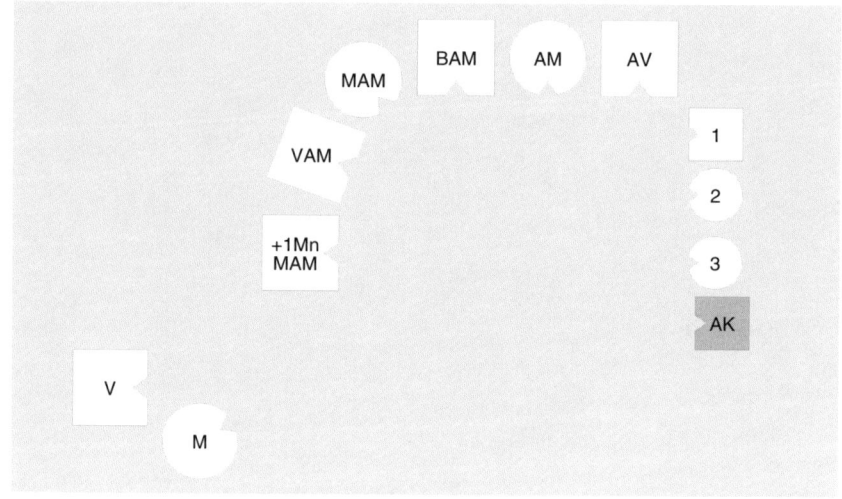

HELLINGER Was ist bei der Mutter?

M   MUTTER Mich geht das hier nichts an. Ich möchte am liebsten hier nach rechts rüber abhauen. Hier zum Mann spüre ich eine ganz große Gefahr. Das hier vorne ist nicht so bedrohlich wie das hier neben mir. Ich möchte hier weg.

V   VATER Am Anfang habe ich nur sie wahrgenommen. Da ist einfach eine Liebe, und ich merke, zwischen ihr und mir da ist eine Wand. Erst als der Sohn als der letzte von denen da eingereiht wurde, habe ich angefangen, auch ihn wahrzunehmen. Als er da hinter den verstorbenen Mann trat, wollte ich handeln, aber es ging nicht. Das Wichtigste ist jetzt, über die Frau, der Sohn.

HELLINGER *zu Moses* Wie geht es dir?

MOSES Ich nehme sie wahr, die beiden Eltern, fühle mich aber trotzdem nach hier gezogen, hier nach rechts.

HELLINGER Das ist auch okay. Ich führe dich vor den Adoptivvater.

Bild 15

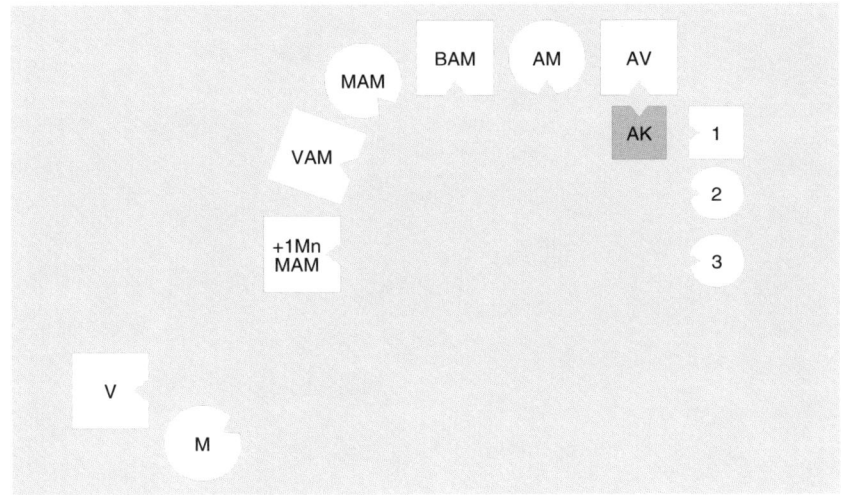

HELLINGER *zu Moses* Schau ihn an und sag ihm: »Halte mich fest, bitte.«
MOSES Halte mich fest, bitte.
HELLINGER »Dir vertraue ich, daß du mich hältst.«
MOSES Dir vertraue ich, daß du mich hältst.
HELLINGER *zum Adoptivvater* Halte ihn.

Der Adoptivvater legt die Arme um ihn und beide umarmen sich fest.

HELLINGER *nach einer Weile zu Moses* Wie geht es dir da?
MOSES Es ging mir gut. Ich fühle mich auch ein Stück weit geborgen.
HELLINGER Schau ihn an und sag: »Danke.«
MOSES Danke.

HELLINGER Jetzt stell dich neben deine Geschwister.

Bild 16

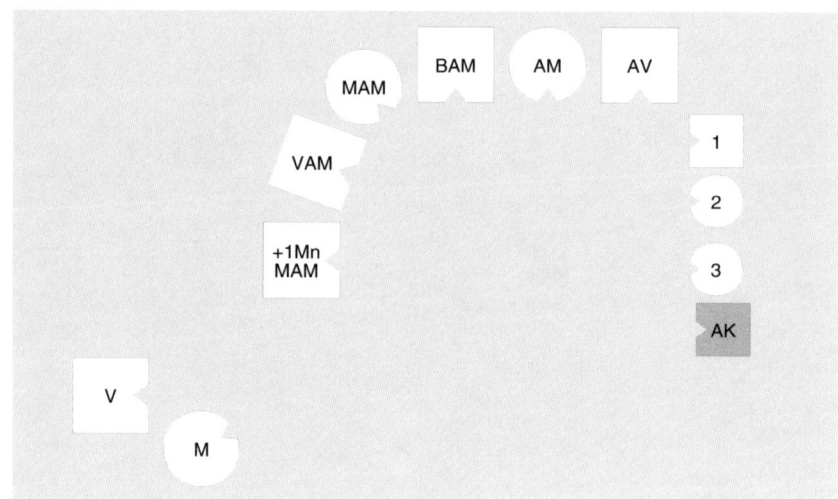

HELLINGER *zur Gruppe* Er hat auch eine verräterische Kleidung. Ja, das ist eine verräterische Kleidung.

zu Moses Schwarz ist der Tod. Schau die Geschwister an. Sag ihnen: »Haltet mich, bitte.«

MOSES Haltet mich, bitte.

HELLINGER »Daß ich bleibe.«

MOSES Daß ich bleibe.

1 ERSTES KIND Es ist gut.

2 ZWEITES KIND Es ist schön, daß du da bist.

3 DRITTES KIND Es ist gut. Er fehlte mir, als er da drüben war.

HELLINGER *zu Moses* Die Kleine ist besonders zu dir hingezogen

zum dritten Kind Leg den Arm um ihn.

zu Moses Sag ihnen: »Ich nehm's von euch.«

MOSES Ich nehm's von euch.

HELLINGER »Mit Liebe.«

MOSES Mit Liebe.

HELLINGER Okay, das war's dann.

Zusammenfassung

Die Verstrickung *Die Adoptivmutter von Moses vertritt für ihre Mutter deren ersten Mann, der im Krieg fiel. Sie will ihm nachfolgen und ist gefährdet. Doch an ihrer Stelle will das Adoptivkind gehen. Die Adoptivmutter hatte später noch drei leibliche Kinder. Moses verhält sich zu ihnen, als sei er der erste.*

Die Ordnung *Das älteste leibliche Kind sagt zu Moses: »Ich bin der erste. Hier bist du der Kleine.«*
Alle Kinder werden in den Bannkreis des Adoptivvaters gestellt. Moses sagt ihm: »Halte mich fest, bitte. Dir vertraue ich, daß du mich hältst.«
Der Adoptivvater legt die Arme um ihn und hält ihn fest. Moses sagt ihm: »Danke.«
Dann sagt er den anderen Kindern: »Haltet mich bitte, daß ich bleibe. Ich nehme es von euch mit Liebe.«

Gefährliche Adoptionen

Video 2 0.15.35 HELLINGER Wenn ich eine Aufstellung erlebe wie diese hier, dann frage ich mich: Wie wäre die richtige Vorgangsweise von Ämtern, wenn es zu einer Adoption kommt, eine hilfreiche? Da wäre sicherlich eine hilfreiche Vorbereitung, daß man schaut: Welche Funktion wird dieses Kind in dieser Familie haben? Muß es jemand vertreten, oder muß es stellvertretend für einen gehen? Dann sieht man, ob das Kind dort sicher ist.

zeigt auf Katja Bei ihrer Familie hätte man unbedingt nachschauen müssen. Es war ja gefährlich für das Kind.

zeigt auf Moses Und bei ihm auch muß man nachschauen, wie das ist.

ANNELIE SCHOLZ Ich hab schon mal von einem Fall gehört, wo das Adoptivkind das tote leibliche Kind vertreten muß und sogar den gleichen Namen bekommen hat von den Adoptiveltern.

HELLINGER Ich habe schon von mehreren solchen Fällen gehört. Das ist schlimm.

zu Katja Bei dir war es das Pflegekind, das du vertreten solltest. Das ist nicht ganz so schlimm. Immerhin spielt das auch eine Rolle.

zu Katja und Moses Aber wir haben eine Lösung gefunden. Wenn es ans Licht kommt, kann man es gut machen.

zur Adoptivmutter von Moses Aber für dich ist es noch nicht gelöst.

ADOPTIVMUTTER VON MOSES Nein.

HELLINGER Ja, genau. Du bist noch nicht bereit. Ich kann da nichts machen. Aber laß das Bild jetzt wirken. Für Moses ist es jetzt gut. Aber für dich ist es noch nicht gut. Das muß es noch werden. Ich meine, jetzt ganz abgesehen davon, daß du natürlich sehr viel für ihn getan hast. Das muß man natürlich würdigen. Man darf das nicht einfach auf das reduzieren, das wäre völlig ungerecht. Du hast ihn ja auch hierher gebracht, damit es ihm gut geht.

Die Adoptivmutter und Moses schauen sich an und lachen.

HELLINGER Ja, genau. Also, das möchte ich schon hier auch würdigen. Dann fällt es dir leichter, das andere zu tun noch für dich.

Armin   »Unter euch bin ich der Gast«

Video 2
0.44.00 HELLINGER *zu Armin* Ich mach mit dir weiter. Ja, was ist?

ARMIN Ich bin auch Adoptivkind. Ich wurde 1961 von meiner damals 15jährigen Mutter geboren. Den Umständen entsprechend konnte sie mich nicht verpflegen und hat mich erst in ein Pflegeheim gegeben und dann zur Adoption freigegeben.

HELLINGER Was war denn mit ihren Eltern?

ARMIN Ich verstehe deine Frage nicht. Ich sagte gerade, meine Mutter hat mich geboren und zur Adoption freigegeben. Mein richtiger Vater hat sie damals, als sie schwanger war, mit dem Hund vom Hof gejagt, und meine Adoptiveltern haben mich...

HELLINGER Nein, nein, deine Mutter hat ja Eltern.

ARMIN Ah, ja. Die Eltern haben sie leider nicht aufgefangen.

HELLINGER Weißt du was darüber?

ARMIN Ich habe mit 23 Jahren meine richtige Mutter in den Staaten ausfindig gemacht. Mit 12 Jahren bin ich mit meinen Adoptiveltern bei einem Spaziergang an einem Haus vorbeigegangen. Da haben wir geklingelt, und meine Adoptiveltern haben gesagt: Das ist dein Vater.

HELLINGER Sie haben das gut gemacht. Sie haben ihn dir wenigstens gezeigt.

ARMIN Ja. Ab meinem 5. Lebensjahr wußte ich auch, daß ich adoptiert bin.

HELLINGER *als er sieht, daß Armin bewegt ist* Was ist? Was ist gerade?

ARMIN Das ist soweit die Story.

HELLINGER Das ist eine schwere Geschichte.

ARMIN Ich muß dazu sagen, daß meine Adoptiveltern, nachdem sie mich adoptiert hatten, zwei eigene Kinder bekommen haben, und daß ich dementsprechend über war. Also, ich bin halt mit finanziellen Mitteln großgezogen worden, und das war's. Ich habe keine Anerkennung und überhaupt keine Somatik bekommen.

HELLINGER Aber wenn ich dich anschaue, ist aus dir was geworden.

ARMIN Eigenarbeit.

HELLINGER Ja genau. *Lachen und Beifall im Publikum.* So ist das manchmal. So ein Schicksal gibt manchmal auch besondere Kraft. Bist du verheiratet?

ARMIN Nein, um Gottes willen! *Lachen im Publikum.*

HELLINGER *zur Gruppe* Er spricht wie sein Vater.

zu Armin Hast du das verstanden, was ich gesagt habe?

ARMIN Indirekt schon, ja.

HELLINGER Du übernimmst seine Haltung gegenüber Frauen.

ARMIN Mein richtiger Vater hat sich dem Alkohol verschrieben. Er ist heute 52. Ich hab ihn 1991 nach zehn Jahren noch mal besucht und war ziemlich erschrocken. Ich kann ihn nicht annehmen, so wie er ist. Er hat seinen Verstand mehr oder weniger vertrunken, und es ist schwierig, damit umzugehen, denn ich trage seine Gene.

HELLINGER Was man ablehnt, wird man.

ARMIN Bei mir kommt dazu, daß meine Mutter in den Staaten lebt. Sie hatte zuerst einen Amerikaner geheiratet, wurde nach ein paar Jahren geschieden und ist jetzt mit Ray, meinem Stiefvater, verheiratet. Der findet die Verbindung zu meiner Mutter nicht so toll. 1990 hatte ich sie für sechs Wochen noch mal besucht, und seitdem ist da Fini. In der Ehe ist noch eine Halbschwester entstanden. Vielleicht ist die für die Aufstellung wichtig.

HELLINGER Ich fange an mit deinem Vater, deiner Mutter, ihren Eltern und dir.

Bild 1

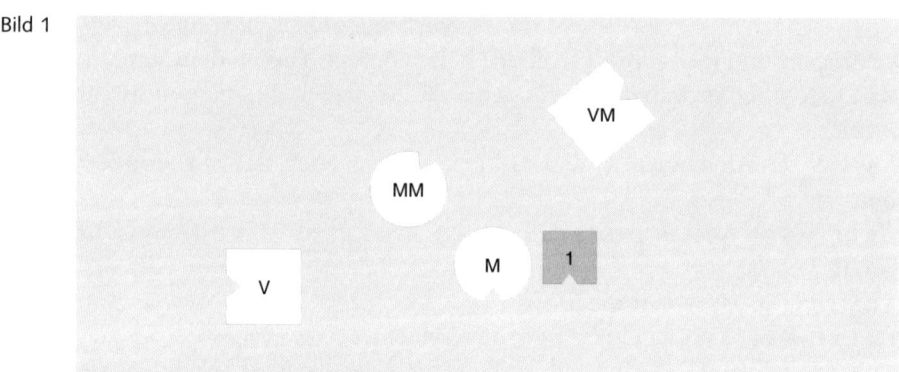

HELLINGER Was ist in der Herkunftsfamilie deiner Mutter passiert?

ARMIN Soviel ich weiß, ist sie ein Nachkömmling. Die nächstältere Schwester ist 16 Jahre älter als sie. Mehr weiß ich darüber nicht. Und daß meine Mutter irgendwie in einem Reihenhaus gewohnt hat, und der Bruder von meiner Mutter auch, und daß sie 7 Monate tot in der Wohnung gelegen hat, und keiner hat sich gekümmert. Also, völliges Chaos.

HELLINGER Wer hat 7 Monate tot in der Wohnung gelegen?

ARMIN Meine Oma, das wurde mir erzählt.

V   Vater
M   Mutter
1   Erstes Kind, Sohn (= Armin)
VM Vater der Mutter
MM Mutter der Mutter

HELLINGER Also, die Ehe zwischen den Eltern deiner Mutter ist völlig auseinander.

ARMIN Ich weiß nichts darüber, ich blicke auch hier nicht durch.

HELLINGER Wie geht es denn der Großmutter?

MM MUTTER DER MUTTER Ganz schlecht. Die rechte Seite ist heiß und ganz schwer und schmerzhaft. Nach links will ich eigentlich gehen, da geht auch der Blick weg. Ich muß auch schwer atmen. Das ist ganz belastend hier.

HELLINGER Dem Großvater?

VM VATER DER MUTTER Ich stehe hier versteinert, betreten, sehr seltsam. Hinter mir ist es warm, rechts ist es warm, aber ich gehöre nicht dazu.

HELLINGER Wie geht es der Mutter?

M MUTTER Zuerst war ich allein. Ich habe gar nichts gefühlt. Als mein Sohn dazukam, ging es mir gut. Ich finde, es ist immer noch schön mit ihm. Von rechts spüre ich ein bißchen Wärme.

HELLINGER *zur Mutter* Dreh dich mal um.

zur Großmutter Und du gehst, wohin du gehen möchtest.

zum Großvater Und du gehst auch, wohin du gehen möchtest.

Bild 2

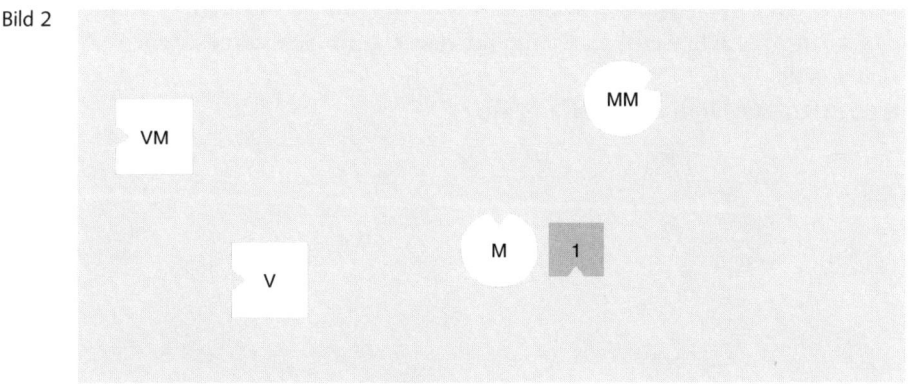

HELLINGER *zur Mutter* Was ist jetzt?

M MUTTER Mir ist eigentlich nur wichtig, daß der Sohn bei mir bleibt. Sonst ist mir egal, was da jetzt passiert ist.

HELLINGER *zum Sohn* Was ist bei dir?

1 STELLVERTRETER VON ARMIN Ich fühle mich dadurch, daß die beiden Großeltern weggegangen sind, isoliert. Ich habe vorher die Beziehung zu meiner Mutter gespürt, aber ich habe auch Beziehung zu den Großeltern gespürt. Ich habe ein angenehmes Gefühl im Rücken gehabt. Die Beziehung zur Mutter ist immer noch da, aber das Gefühl im Rükken fehlt.

HELLINGER Dreh dich um.

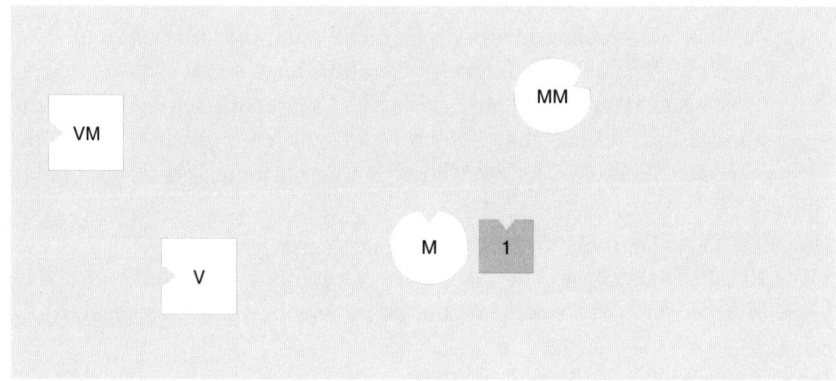

HELLINGER Was ist jetzt?

1 STELLVERTRETER VON ARMIN Es ist besser. Ich kann die Familie mehr wahrnehmen. Ich nehme meine Großmutter wahr, ich spüre die Beziehung zu meiner Mutter. Zum Vater nicht so sehr.

HELLINGER *zur Großmutter* Was ist bei dir jetzt?

MM MUTTER DER MUTTER Es ist immer noch ein ganz schlechtes Gefühl. Ich muß weg. Es ist ein Kribbeln überall von hinten, ich halte das nicht aus. Ich weiß, es ist irgend etwas ganz Schlimmes. Ich muß sicher weg.

HELLINGER Dreh dich mal um jetzt.

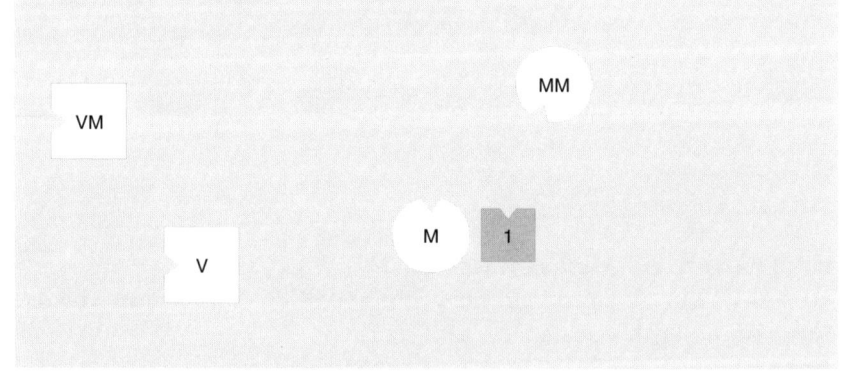

MM MUTTER DER MUTTER *seufzt* Das Kribbeln ist immer noch da. Da ist irgend etwas Schlimmes, ich weiß nicht was. Da ist irgend etwas mit Schuld. Aber ich weiß nicht, ob ich das bin oder irgend jemand anderer Irgend etwas ist ganz... *seufzt.*

Hellinger stellt den Stellvertreter von Armin vor die Großmutter.

ARMIN Mir ist gerade eingefallen, daß mir damals, als ich 23 Jahre war und meine Mutter kennengelernt habe, meine Mutter gesagt hat, sie hätte gerade erfahren daß der, von dem sie immer dachte, daß er ihr Vater sei, gar nicht der Vater war, sondern der Bruder von dem.

HELLINGER Das ist es. Darum geht der weg.

Hellinger stellt den Stellvertreter von Armin wieder zurück an seinen Platz.

MM MUTTER DER MUTTER Jetzt ist es besser. Ich habe das gehört, und es wurde sofort schlagartig besser. Ich hatte vorher, als mein Mann vor mir stand, das Gefühl, es steht mir überhaupt nicht zu, hier zu stehen. Ich muß hier raus.

HELLINGER *zur Mutter, als sie ihm ein Zeichen gibt, daß sie sich wieder umdrehen möchte* Ja, ich drehe dich wieder um, und den Sohn auch.

zur Großmutter Da war etwas ungeklärt hier, und ich wollte das klären. Jetzt wende ich mich wieder denen zu.

Bild 5

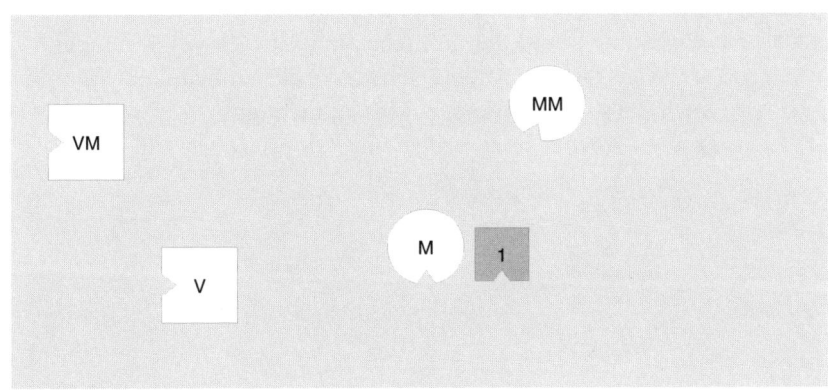

HELLINGER Wie geht es dem Vater?

V VATER Ich stehe noch nicht richtig. Ich spüre eine Anziehung nach hinten. Ich möchte mich umdrehen.

HELLINGER Ja, tu.

Bild 6

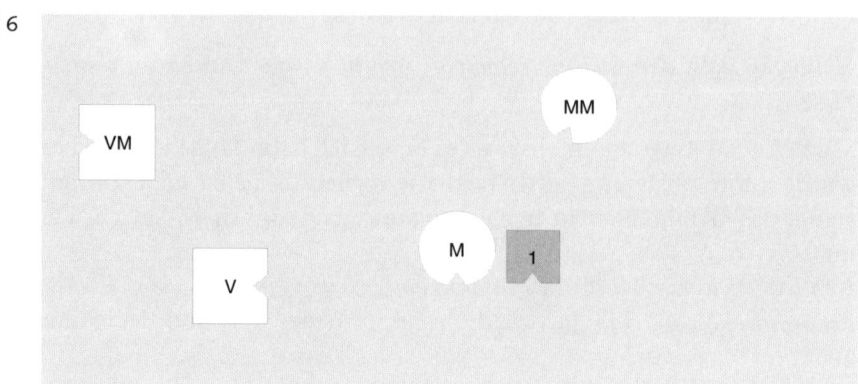

M MUTTER Er ist mir fremd.

HELLINGER Freundlich guckst du da nicht.

M MUTTER Er ist mir fremd. Ich brauche ihn nicht, ich will ihn nicht.

V VATER Das ist jetzt wieder anders. Ich merke eine unheimliche Energie. Mir wird auch heiß in den Händen. Das ist nicht gut.

HELLINGER *zu Armin* Jetzt stelle deine Adoptiveltern auf.

Bild 7

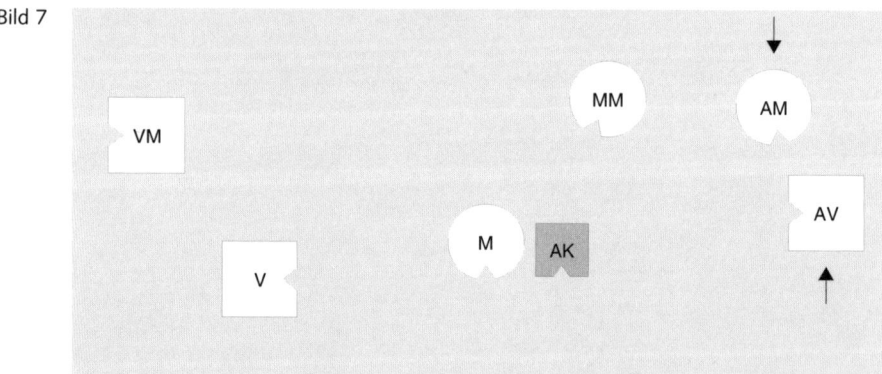

HELLINGER *zum Stellvertreter von Armin* Was ist jetzt bei dir?

AK ADOPTIVKIND Ich fühle mich nicht gut hier. Ich habe vorher noch die Beziehung zu meiner Mutter gefühlt, als mein Vater sich umgedreht hat – schon weniger –, und jetzt merke ich von beiden Seiten etwas, das mich bedroht, mich ängstigt. Ich fühle mich hier nicht sicher

HELLINGER Wie geht es dem Adoptivvater?

AV Adoptivvater
AM Adoptivmutter
AK Adoptivkind (= Armin)

AV ADOPTIVVATER Ich habe, kaum stand ich hier, eine wahnsinnige Auf-
regung hier drinnen in der Brust gespürt. Ein ganz seltsames Gefühl. Es
ist nicht so wie Lampenfieber. Ganz aufgewühlt.

HELLINGER *zur Adoptivmutter* Bei dir?

AM ADOPTIVMUTTER Meine rechte Seite ist ganz heiß, irgendwie als hätte ich hier einen Schlag gekriegt.

HELLINGER *zum Stellvertreter von Armin* Jetzt stell ich dich neben
den Adoptivvater.

Bild 8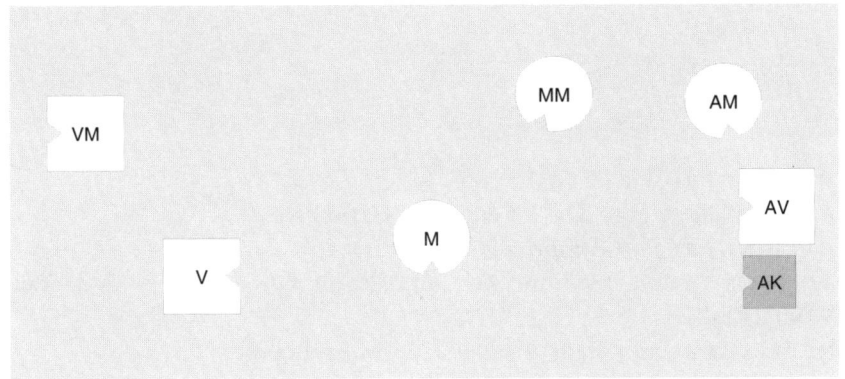

HELLINGER Wie ist das?

AK ADOPTIVKIND Viel besser. Ich spüre ganz deutlich die Beziehung zu
meinem Adoptivvater. Und das mit meiner Mutter und meinem Vater
scheint auch gelöster zu sein.

AV ADOPTIVVATER Es hat ganz plötzlich nachgelassen. Es ist noch nicht
weg, aber es ist viel besser geworden. Es ist kaum noch zu spüren. In
dem Moment, wo er da rüber kam.

HELLINGER *zur Adoptivmutter* Bei dir?

AM ADOPTIVMUTTER Ich schaue mit sehr viel Wohlwollen auf die beiden
Männer hier. Der Druck von der rechten Seite ist unheimlich stark, so
daß ich das Gefühl habe, hier nach links wegzugehen. Es ist immer noch
so, als hätte mich jemand hierher geschlagen.

HELLINGER Stell dich mal hier dazwischen.

Bild 9

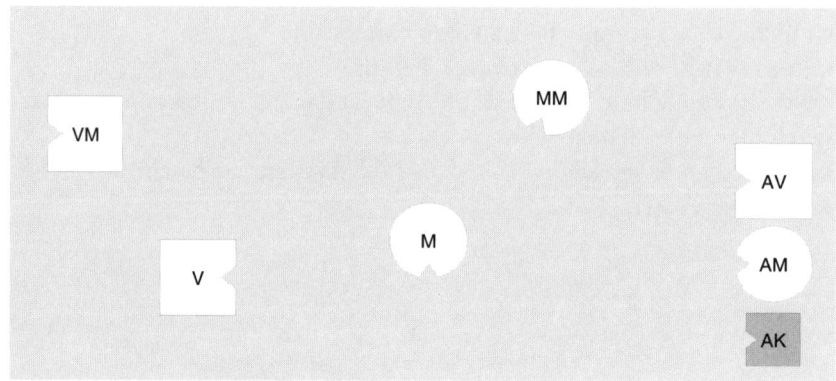

HELLINGER Wie ist das?

AM ADOPTIVMUTTER Das ist ein gutes Gefühl so.

HELLINGER *zum Adoptivvater* Bei dir?

AV ADOPTIVVATER Es fühlt sich an, als ob wir komplett sind. Viel Wohlgefühl.

HELLINGER *zum Stellvertreter von Armin* Bei dir?

AK ADOPTIVKIND Ich muß jetzt auf meine Eltern gucken und habe das Gefühl, sie machen mir einen Vorwurf. Ich fühle mich in meiner Adoptivfamilie nicht integriert. Ich fühle mich hier am Rande stehend. Ich habe jetzt den Vorwurf von meinen leiblichen Eltern.

Hellinger stellt ihn den Adoptiveltern gegenüber

Bild 10

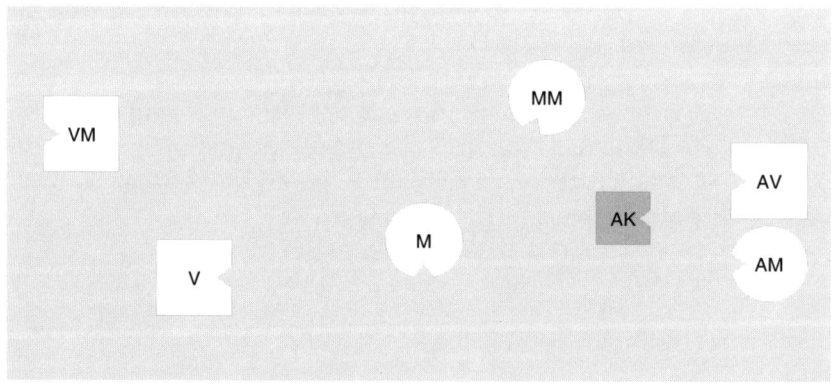

HELLINGER Wie ist es jetzt?

AK ADOPTIVKIND Das ist besser.

HELLINGER *zu Armin* Deine Adoptiveltern hatten zwei leibliche Kinder? Jungen oder Mädchen?

ARMIN Beides, eine Schwester und einen Bruder.

HELLINGER Wer ist älter?

ARMIN Sie sind beide jünger als ich. Erst kommt meine Schwester, dann mein Bruder.

HELLINGER Hast du dich als den ersten gezählt?

ARMIN Ich bin der Älteste *lacht.*

HELLINGER Aber nicht der erste.

Hellinger wählt Stellvertreter für die Schwester und den Bruder und stellt sie mit dem Adoptivkind den Eltern gegenüber

Bild 11

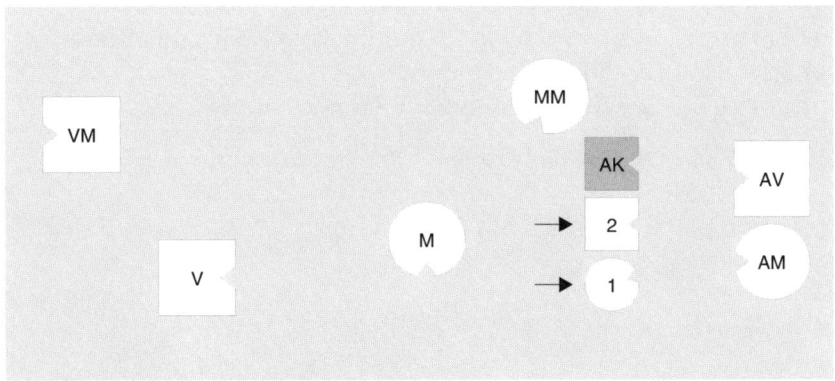

HELLINGER Wie ist es jetzt?

AM ADOPTIVMUTTER Es ist sehr viel Wärme in der Familie, und ich bin stolz. Es ist gut so.

AV ADOPTIVVATER Es wird immer besser, dieses Komplettheitsgefühl, dieses Wohlgefühl. Ich sehe auch keinen Unterschied zwischen den dreien.

HELLINGER *zur Tochter* Bei dir?

1 ERSTES KIND Ja, wir gehören zusammen, und der Rest *(die Herkunftsfamilie von Armin)* ist unwichtig.

2 ZWEITES KIND Ich fühle mich hier sehr gut aufgehoben.

AK ADOPTIVKIND Ich fühle auch sehr viel Liebe. Ich fühle mich geborgen hier und habe auch das Gefühl, daß das zusammengehört.

1 Erstes leibliches Kind der Adoptiveltern, Tochter
2 Zweites leibliches Kind der Adoptiveltern, Sohn

Hellinger stellt nun Armin selbst an seinen Platz.

HELLINGER *zu Armin* Sag deiner Schwester und deinem Bruder: »Unter euch bin ich der letzte.«

ARMIN Unter euch bin ich der letzte.

HELLINGER Wie ist das?

ARMIN Ja, stimmt.

HELLINGER Wie ist das für die Schwester?

1 ERSTES KIND Okay.

2 ZWEITES KIND Das ist gut.

HELLINGER *zu Armin* Sag ihnen: »Unter euch bin ich der Gast.«

ARMIN Unter euch bin ich der Gast.

HELLINGER Sag es mal ein bißchen freundlich.

ARMIN Es stimmt mich traurig. – Unter euch bin ich der Gast.

HELLINGER »Unter euch bin ich nur der Gast.« Sag es mal ganz lieb.

ARMIN Unter euch bin ich nur der Gast.

HELLINGER *zur Gruppe* Er schafft das noch nicht richtig.

Hellinger stellt ihn so, daß er seine leiblichen Eltern sehen kann.

Bild 12

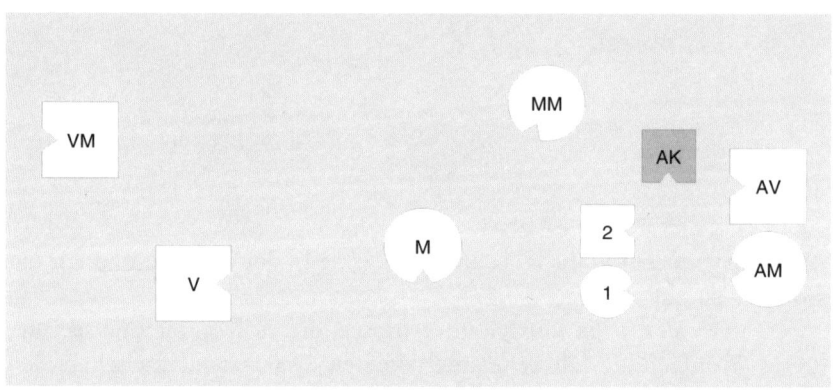

HELLINGER *zu Armin* Sag deinen Geschwistern: »Das hier sind meine Eltern.«

ARMIN Das hier sind meine Eltern.

HELLINGER »Bei denen bin ich der Große.«

ARMIN Bei denen bin ich der Große.

HELLINGER »Und bei euch bin ich der Gast.«

ARMIN Und bei euch bin ich der Gast.

HELLINGER »Und ich bin froh, daß ich bei euch der Gast sein darf.«

ARMIN Und ich bin froh, daß ich bei euch der Gast sein darf.

HELLINGER Wie ist es jetzt?

ARMIN Etwas besser.

HELLINGER Wie sagt man manchmal: klein, aber oho.

ARMIN *lacht* Ja.

HELLINGER Das ist die Ordnung. Spürst du es jetzt?

ARMIN *etwas trotzig* Ja.

HELLINGER *zur Gruppe* Er kämpft immer noch um seine Position.

ARMIN Aber es ist okay.

HELLINGER Ich mach es mal ein bißchen anders.

Hellinger stellt ihn neben den Adoptivvater und die anderen Kinder den Eltern gegenüber.

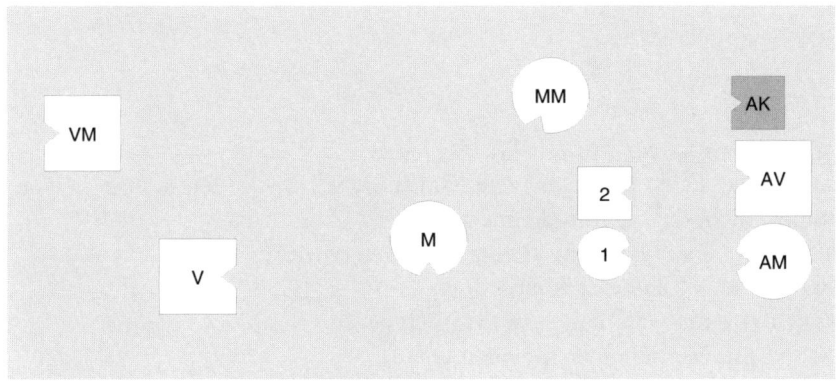

HELLINGER *zu Armin* Wie ist es jetzt?

ARMIN Besser als da.

HELLINGER Eben. Das dort ist die klare Familie, und der Adoptivvater ist dir zugewandt. War das so?

ARMIN Ja.

Hellinger stellt jetzt die leiblichen Eltern nebeneinander und die Mutter der Mutter näher zu ihnen. Den Mann der Großmutter läßt er sich setzen, da er für dieses System keine Rolle spielt.

Bild 14

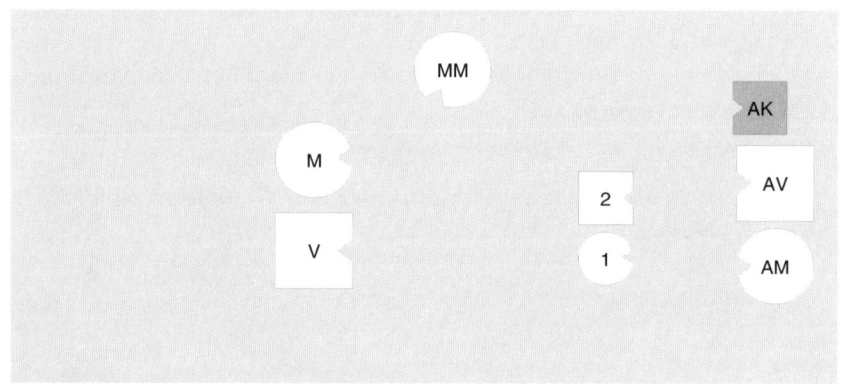

HELLINGER *zur Mutter* Was ist jetzt?

M   MUTTER Es ist gut. Das erste Mal fühle ich mich hier richtig. Es versöhnt mich, daß es ihm da gut geht.

HELLINGER Sag ihm: »Ich lasse dich jetzt dort.«

M   MUTTER Ich lasse dich jetzt dort.

HELLINGER »Sie haben es für mich getan.«

M   MUTTER Sie haben es für mich getan.

HELLINGER »Du darfst dort deinen Platz behalten.«

M   MUTTER Du darfst dort deinen Platz behalten.

HELLINGER »Aber mein Herz schlägt auch für dich.«

M   MUTTER Aber mein Herz schlägt auch für dich.

HELLINGER *zu Armin* Wie ist das?

ARMIN Ja, es ist okay.

HELLINGER *zur Mutter* Jetzt sag den Adoptiveltern: »Ich lasse ihn bei euch.«

M   MUTTER Ich lasse ihn bei euch.

HELLINGER »Und ich achte und würdige, was ihr für ihn getan habt.«

M   MUTTER Und ich achte und würdige, was ihr für ihn getan habt.

HELLINGER »Ich lasse ihn bei euch.«

M   MUTTER Ich lasse ihn bei euch.

HELLINGER »Dort ist jetzt sein Platz.«

M   MUTTER Dort ist jetzt sein Platz.

HELLINGER »Und danke für alles.«

M   MUTTER Und danke für alles.

HELLINGER *zum Adoptivvater* Wie ist das?

AV   ADOPTIVVATER Das tut sehr gut.

AM ADOPTIVMUTTER Es ist sehr gelöst, die beiden dort zu sehen und das Lächeln und freundliche Hierherschauen. Das ist für mich das Wichtigste.

HELLINGER Was ist beim Vater?

V VATER Ich hab auch ein sehr gutes Gefühl, meinen Sohn dort drüben zu sehen. Mir geht es gut damit.

M MUTTER Es versöhnt mich auch mit ihm.

V VATER Ich spüre jetzt auch eine Beziehung erneut zu meiner Frau. Als wir anders standen, hätte ich mich am liebsten entfernt, ganz weit weg.

HELLINGER Ich bin mir nicht sicher, ob das nicht das Richtige ist. Wende dich um und gehe ein paar Schritte vorwärts.

Bild 15

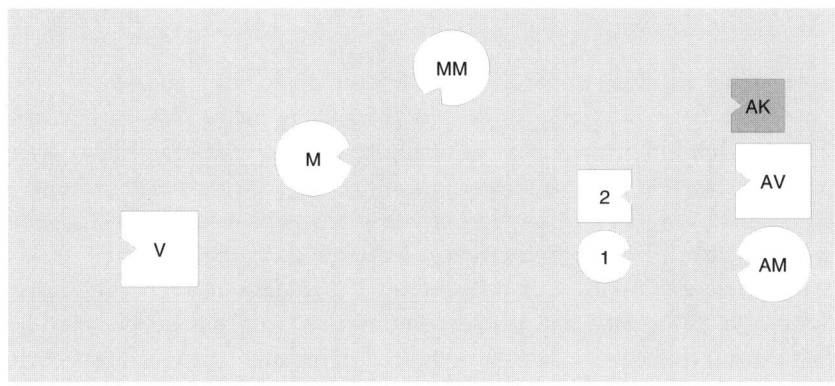

HELLINGER Wie ist das?

V VATER Jetzt muß ich erst mal spüren. Das weiß ich noch nicht so genau. Doch, ich habe mich da wohler gefühlt.

HELLINGER Aber es steht dir nicht zu.

V VATER Schade. Jetzt fühle ich mich wieder isolierter, völlig außen.

HELLINGER *zur Gruppe* Das wäre eine vordergründige Schuldentlastung gewesen. Er hat die Frau weggejagt vom Hof. Da kann er nicht einfach neben der Frau stehen. Das ist verspielt.

Hellinger führt ihn noch ein paar Schritte weiter weg.

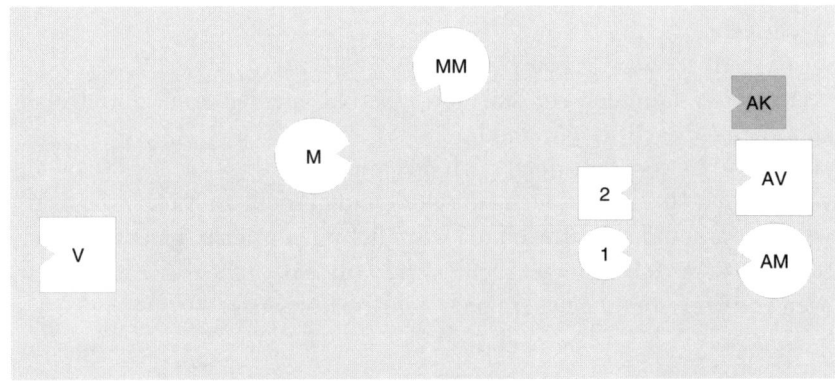

HELLINGER »Geh in die Kneipe.« Ich meine, ich sage das so.
zu Armin Das wäre, was für deinen Vater übrig bleibt. Was ist bei dir?
ARMIN Ich bin nur traurig, daß mein Adoptivvater so traurig ist. *(Der Stellvertreter des Adoptivvaters hat einige Tage zuvor einen Adoptiv-sohn durch eine Überdosis Heroin verloren.)* Ansonsten fühle ich mich relativ neutral. Es ist schon etwas geordneter als vorher.
HELLINGER Entlaß deinen Vater jetzt aus dem Herzen mit seiner Schuld, so daß er sie trägt. Und du nimmst das Gute, das Leben, aber die Schuld läßt du bei ihm. So innerlich, und richte dich aufdabei. Innerlich aufrichten. Genau.
nach einer Weile Stelle dir vor, du schaust Frauen jetzt etwas freundli-cher an. *Armin lacht.* Ja? Da laß ich's? *Armin nickt.* Okay, das war's.
ARMIN Danke.

Zusammenfassung

Die Verstrickungen *Armins Mutter ist ein untergeschobenes Kind und war bei seiner Geburt erst 15 Jahre alt. Sie wurde von seinem Vater mit dem Hund vom Hof gejagt.*
Armins Adoptiveltern hatten später noch zwei leibliche Kinder Zu ihnen verhält sich Armin, als sei er der erste.

Die Lösung *Armin sagt den Kindern seiner Adoptiveltern: »Unter euch bin ich der letzte.« Dann zeigt er auf seine Eltern und sagt: »Das sind meine Eltern. Bei denen bin ich der Große. Bei euch bin ich der Gast. Ich bin froh, daß ich bei euch der Gast sein darf.«*
Seine Mutter sagt ihm: »Ich lasse dich jetzt dort. Sie haben es für mich getan. Du darfst dort deinen Platz behalten. Aber mein Herz schlägt auch für dich.«
Sie sagt den Adoptiveltern: »Ich achte und würdige, was ihr für ihn getan habt. Ich lasse ihn bei euch. Dort ist jetzt sein Platz. Und danke für alles.«
Vom Vater nimmt Armin das Leben. Dann entläßt er ihn aus seinem Herzen und richtet sich innerlich auf.

Sarah   Der Schmerz

Video 2
1.16.15 *Die folgende Aufstellung zeigt, welche Folgen es hat, wenn ein Paar meint, es könne über Kinder und deren Schicksale verfügen wie über Sachen. Zum Beispiel, indem es sich vorstellt, es sei gut, zuerst ein Kind zu adoptieren, und dann leibliche Kinder zu haben.*

HELLINGER *zur Adoptivmutter von Sarah* Um was geht es hier?
ADOPTIVMUTTER Die Sarah ist die Älteste von 4 Kindern, unser Adoptivkind. Bis jetzt dachte ich auch, sie sei am ersten Platz, es kommen dann noch leibliche drei Mädchen. Seit gut einem Jahr ist eine ganz massive Sehnsucht aufgebrochen, die sie auch aussprechen kann: Wo komme ich her? Wo sind meine Wurzeln? Wer ist meine Mutter? Wir haben gemerkt, daß wir beide nicht recht damit umgehen können. Bei mir ist die Frage: Was habe ich falsch gemacht? Diese Fragen wurden aber ganz weit zurückgedrängt, ich kann das aber so stehen lassen. Jetzt merke ich, ich kann ihr gar nicht helfen bei ihrer Suche nach dem Platz.
HELLINGER Was sind die Umstände der Adoption?
ADOPTIVMUTTER Uns hat man gesagt, sie wurde von einer 17-jährigen Muslima geboren in Jakarta, und es wäre dort üblich, daß junge Frauen aus dem ländlichen Raum in Großstädte gehen, dort ihre Kinder bekommen, sie gleich zur Adoption freigeben und dann in die Familien zurückkehren. Sie wurde von der Hebamme ins Heim gegeben, war zwei Monate im Heim, drei Monate im Krankenhaus mit Paratyphus und wieder zwei Monate im Heim. Wir sind nach Indonesien geflogen und haben sie mit sieben Monaten aus dem Kinderheim geholt.
HELLINGER Wer hat denn das vermittelt?
ADOPTIVMUTTER Das war eine private Sache über die Gerichte und über den Kontakt zu einem Kinderheim. Wir haben ursprünglich über Terre des Hommes versucht zu adoptieren. Die aber haben gesagt, sie wollen nicht, daß ein Kind als erstes Kind in eine Familie kommt, und wollen gerne, daß schon Geschwister da sind. Wir haben gesagt, wir wollen als erstes ein Kind adoptieren, weil es keine Notlösung sein soll. Wir haben uns vorgestellt: Zwei leibliche und zwei Adoptivkinder und wollten mit einem Adoptivkind anfangen, weil es keine Ersatzlösung sein sollte. Wir waren gerade ein halbes Jahr verheiratet, und die Eltern und Schwiegereltern haben gesagt, probiert es doch noch eine Weile, so schnell geht das nicht. Wir haben gesagt: Nein, damit hat das gar nichts zu tun. Und weil ein Freund von uns bei der Liebenzeller Mission war

kamen wir auf Indonesien, haben dann von den Gerichten aus Jakarta die erforderlichen Unterlagen bekommen, was sie brauchen, habennach deutschem Recht das abgeklärt, sind runtergeflogen, haben die indonesische Adoption vollzogen und sind mit ihr zusammen wieder zurückgeflogen.

HELLINGER Warum ist sie nicht in Indonesien adoptiert worden?

ADOPTIVMUTTER Sie denken wohl von indonesischen Eltern?

HELLINGER Ja, wenn das dort so üblich ist, muß es doch auch Gelegenheiten geben.

ADOPTIVMUTTER Das kann ich nicht beantworten, sie war eines der ältesten Kinder in dem Heim. Die meisten wurden zwischen null und zwei Monaten zur Adoption abgegeben. Durch ihre Krankheit war sie relativ lange in diesem Kinderheim.

HELLINGER *zu Sarah* Was sagst denn du dazu?

SARAH Ja, es ist recht schwer. Das Ganze hat mich ziemlich belastet, auch körperlich. Mir ist die ganze Zeit auch schwindelig. Jetzt arbeite ich im Kindergarten und mache mein soziales Jahr. Das ist ziemlich hart. Es ist mir davor noch gar nicht so bewußt gewesen, und da werde ich jetzt die ganze Zeit damit konfrontiert.

HELLINGER Jirina Prekop hat mir eine Geschichte erzählt von einer Frau, die ein Mädchen aus Indien adoptiert hatte. Als sie gemerkt hat, daß man das nicht so einfach machen kann, wollte sie mit dem Kind in Indien die Mutter suchen. Sie aber hat gesagt: Das mache ich selbst. Sie ist alleine hingefahren und hat ihre Mutter gefunden. Die Mutter war hocherfreut. Sie wollte nämlich das Kind gar nicht weggeben. Sie hat es zu den Schwestern der Mutter Teresa in Pflege gegeben, weil ihr Mann gestorben war, und die haben es zur Adoption weggegeben, ohne daß die Mutter das wußte. Das sind die Irrwege der Liebe.

ADOPTIVMUTTER Was wir an offiziellen Papieren haben, ist eine Abgabeurkunde, die unterschrieben ist mit Amina, das sei ein Vorname von einem Mädchen. Das hat ihr der Indonesischlehrer gesagt .

HELLINGER Nein, nein, das bringt hier nichts. Wir brauchen nicht die Details. Hier geht es um das Umfeld von Ordnungen.

zu Sarah Kannst du schon die Heimatsprache? Sie schüttelt den Kopf. Die mußt du aber lernen.

SARAH Ich versuche es gerade, aber es ist ziemlich schwierig.

HELLINGER Etwas schwieriger, als wenn du es früh gelernt hättest. Immerhin, du hast den Klang noch im Ohr. Sicher hast du den noch im Ohr.

zur Adoptivmutter Also, sie muß zurück nach Indonesien, das ist ganz klar. Wie immer. Das ist ihre Heimat.

HELLINGER *zu Sarah* Was sagst du denn dazu?

SARAH Ich habe es schon vor, aber mir geht es gerade körperlich echt nicht gut. Aber wenn es mir dann wieder besser geht, dann würde ich auf jeden Fall mal gerne hinfliegen. Am liebsten dann auch mit meiner Mutter.

HELLINGER *zur Adoptivmutter* Das war jetzt ein Angebot an dich. Hast du es gehört?

ADOPTIVMUTTER *lacht* Ja.

HELLINGER Ja, okay, gut.

ADOPTIVMUTTER Aber wir haben Bekannte, die haben indische Kinder. Als sie dann mal dort in dem Land waren, hat das indische Mädchen gesagt, sie hat sich noch nie so deutsch gefühlt, wie in Indien. Also, mir kommt das jetzt ein bißchen arg schnell vor: Flieg du wieder in dein Land, und dann weißt du, wer du bist.

HELLINGER Das kommt davon, wenn man meine Worte sofort ernst nimmt.

ADOPTIVMUTTER Ich bin sehr autoritätsgläubig.

HELLINGER Ich hab dir ein Bild gegeben. Was richtig ist, wird sich herausstellen. Aber ohne Erfahrung, ohne daß sie das erfährt, ist das Richtige nicht festzustellen.

ADOPTIVMUTTER Wir haben mit der Frau Eberspächer zusammen schon die Familienaufstellung gemacht: mein Mann und ich und Sarah. Uns ist dieser Gedanke überhaupt nicht fremd. Ich kann mir auch vorstellen, daß sie beruflich so etwas wählt, daß sie dort arbeiten könnte. Also, das erschreckt mich nicht. Was mir so angst macht, ist, sie überhaupt nicht auffangen zu können, wenn sie in ein Loch fällt.

HELLINGER *zu Sarah* Okay, stell mal auf jetzt: deine Mutter und dich.

SARAH Meine Adoptivmutter und mich?

HELLINGER Nein, deine richtige Mutter und dich.

Bild 1

HELLINGER *zu den Stellvertretern* Ich sage nichts. Ich überlasse euch eurer Bewegung, wie sie sich ergibt.

Beide bleiben auf ihren Plätzen. Die Mutter schwankt hin und her, kann sich aber nicht bewegen. Das Kind schaut zu ihr hinüber, bewegt sich aber auch nicht.

HELLINGER *nach einer Weile zu den Stellvertretern* Okay, es genügt. Ihr könnt euch wieder setzen.

zur Adoptivmutter Die Lösung ist: Du machst die Mutter ausfindig und lädst sie ein nach Deutschland. Ja? *Sie nickt.* Das ist die Lösung.

ADOPTIVMUTTER Aber wie soll ich sie finden?

HELLINGER Was hab ich gesagt?

ADOPTIVMUTTER Ja, es wird sich finden.

HELLINGER Du machst die Mutter ausfindig, habe ich gesagt, und lädst sie ein nach Deutschland. Okay?

zu Sarah Für dich okay?

SARAH Für mich ist es ziemlich schwierig. Zu meiner Adoptivmutter ist die Beziehung nicht da, weil ich nicht kann. Ich schaue sie nicht an, ich schaue immer weg. Ich kann nicht auf sie zukommen. Ich bin allgemein beziehungsunfähig.

ADOPTIVMUTTER Sie kann mich schlecht anschauen, so meint sie, also es ist nichts da.

HELLINGER Ja, schon, in gewisser Weise.

M Mutter
AK Adoptivkind, Tochter (= Sarah)

Hellinger ruft die Stellvertreterin der Mutter nochmals herbei, stellt sie auf, läßt Sarah sich mit dem Rücken an sie anlehnen und stellt die Adoptivmutter ihnen gegenüber.

Bild 2

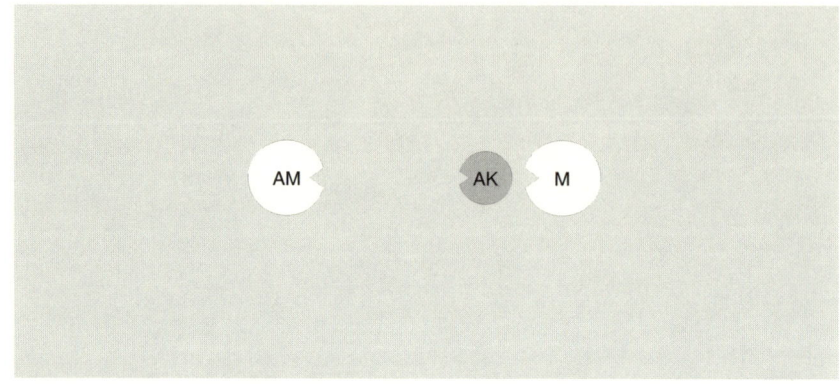

HELLINGER *zu Sarah*   Schau sie mal an.

Sarah schlägt die Hände vors Gesicht und weint. Die Mutter legt die Hände an ihre Arme und hält sie fest.

HELLINGER *zur Adoptivmutter*   Laß die Augen auf. Schau sie an.

Sarah weint und schluchzt und schaut dazwischen immer wieder kurz zur Adoptivmutter.

M   Mutter
AM   Adoptivmutter
AK   Adoptivkind, Tochter (= Sarah)

Nach einer Weile führt Hellinger die Mutter mit Sarah näher zur Adoptivmutter. Die Mutter und die Adoptivmutter umarmen Sarah fest und innig. Sarah weint und kämpft mit sich zwischen Hinbewegung und Wegbewegung.

Bild 3

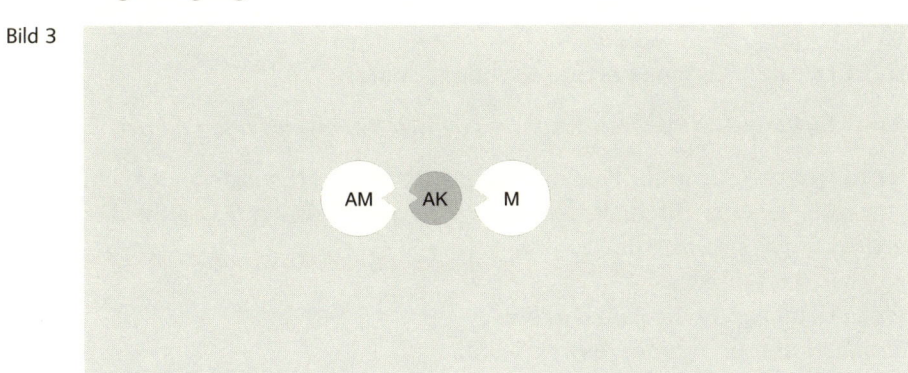

HELLINGER *nach einer Weile zu Sarah* Einfach tief ein- und ausatmen, damit der Schmerz abfließen kann – und die Liebe.
wieder nach einer Weile zur Adoptivmutter, als sie nach ihrem Taschentuch sucht Nein, nein, festhalten. Der Rotz macht nichts aus. Nur keine Unterbrechungen!

Die Adoptivmutter und Sarah lachen. Dann umarmen sie sich wieder fest.

HELLINGER *nach einiger Zeit, als die Mutter und die Adoptivmutter die Umarmung lockern wollen* Nein, nein, das ist noch lange nicht fertig.
nach einiger Zeit zu Sarah Wie redest du die Adoptivmutter an? Mit Mami? *Sie nickt.* Okay, sag: »Mami.« Schau ihr in die Augen. Sag einfach: »Liebe Mami.«

Sarah wehrt sich und winkt ab. Dann schlägt sie wieder die Hände vor ihr Gesicht und schluchzt.

HELLINGER *zur Mutter und Adoptivmutter* Festhalten, mit Liebe festhalten. Das Kind ist voller Schmerz.

Sarah schluchzt und möchte schreien.

HELLINGER *zu Sarah* Laut. Schrei ruhig laut. Das macht nichts. Schrei ruhig laut. Laß den Schmerz raus, ganz laut. Das ist ein ganz tiefer Schmerz.

Sarah schluchzt und schlägt wieder die Hände vor ihr Gesicht.

HELLINGER *nach einiger Zeit zu Sarah* Ich laß es da jetzt so. Es braucht noch Zeit in deiner Seele. Einverstanden? Schau mich an. Kannst du mich anschauen?
SARAH Ja.
HELLINGER Ich bin ja nicht so schlimm, oder?

Sarah lacht und lehnt ihren Kopf an Hellinger. Sie weint noch immer.

HELLINGER *zu Sarah* Paß auf, *zeigt auf die Adoptivmutter,* sie sucht eine gute Lösung für dich. Sie sucht eine gute Lösung. Hast du das gemerkt, daß sie das will?
SARAH Ja, schon.
HELLINGER Sag ihr danke dafür.
Sarah schaut die Adoptivmutter an Danke.

Hellinger wendet sich mit ihr der Stellvertreterin der Mutter zu. Sarah lacht die Mutter an.

HELLINGER Vielleicht kommt sie. Sag ihr: »Komm bitte.«
SARAH Komm bitte.
HELLINGER Vielleicht wird doch noch alles gut. Okay?
sarah Ja.
HELLINGER Da laß ich es dann. Gut, das war's.

Großeltern und Verwandte

Video 2
1.37.20 TEILNEHMERIN Sie haben mehrfach auf die Eltern der Mutter verwiesen, wenn sich die Mutter selbst nicht um ihr Kind kümmern kann. Aber man könnte doch auch nach den Eltern des Vaters fragen?

HELLINGER Ja, das gilt im gleichen Sinne auch für die Eltern des Vaters. Doch da ich es hier nur mit der Mutter zu tun hatte, die nicht sorgen konnte, habe ich nur nach ihren Eltern gefragt.

Für mich gilt: Wenn die Mutter oder der Vater eines Kindes ihr Kind nicht selber pflegen und aufziehen können, dann treten an ihre Stelle in erster Linie die Großeltern. Das würde natürlich auch für die staatlichen Stellen gelten, die Adoptionen vermitteln, daß sie zuerst fragen: Wer ist denn sonst noch in der Familie da, der das Kind aufnehmen könnte, und daß die zuerst gefragt werden, ob sie das Kind zu sich nehmen und für es sorgen. Bei den Großeltern wäre das Kind in der Regel am besten aufgehoben. Wenn die Großeltern nicht zur Verfügung stehen, dann sollte man als nächstes nach Onkeln und Tanten fragen, den Geschwistern des Vaters und der Mutter.

Erst wenn von diesen niemand zur Verfügung steht, ist es gerechtfertigt, nach Adoptiveltern zu suchen.

Die Neugier

Video 2
1.39.00 TEILNEHMERIN Es ist ja aus einigen Arbeiten deutlich geworden, daß destruktive Familienbeziehungen aus der Eltern- oder Großelterngeneration sich in der Gegenwart auswirken. Sie haben zum einen gesagt, daß es wichtig ist, so etwas deutlich zu machen und offenzulegen, damit derjenige damit auch umgehen kann. Sie haben es »Licht-Reinbringen« genannt. Dann haben Sie andererseits gesagt, daß es manchmal auch nötig ist, die Suche zu beenden und die Fragen zu beenden. Für mich bleibt da die Frage offen: Wie kann das, was ich jetzt als Widerspruch empfinde, zu einer konstruktiven Lösung für den Betroffenen führen?

HELLINGER Man braucht sich nur zu fragen: Was wird ihm helfen? Dann hat man die Antwort.

Eines ist dabei ganz wichtig, daß man auf die Neugier verzichtet. Es wird in Psychotherapien viel zuerst zuviel geforscht, völlig unnötigerweise. Manchmal ist es notwendig, daß man etwas ans Licht bringt, vor allem ausgeschlossene Personen bringt man ans Licht. Aber bei Fragen von persönlicher Schuld braucht man nicht nachzuforschen. Wozu?

TEILNEHMERIN Wenn sie in der Gegenwart aber offensichtlich noch wirksam sind, zum Beispiel in neuen Beziehungen und in der Beziehung zu den eigenen Kindern?

HELLINGER Manchmal wirken sie, weil man meint, sie wirken. Wir haben auch Beispiele gehabt, daß einer in schwierigen Situationen auch ganz kraftvoll aufgewachsen ist. Wenn man davon ausgeht, es muß noch etwas gelöst werden, bevor der Mensch frei wird, dann werden die Lösungen nach außen verlagert und die eigene Seele wird geschwächt. Als Therapeut schaue ich zuerst auf des anderen Seele. Bei ihm habe ich auf seine Seele geschaut und nicht mehr gemacht als notwendig war Ich habe gesehen, daß er stark ist. Ich gehe mit der Seele, soweit es notwendig ist, und dann ist Schluß. Das ist, glaube ich, das Hilfreiche für ihn. Dann bleibt er in seiner Würde und in seiner Kraft. Sonst nistet sich der Therapeut in fremde Seelen ein, und das wäre schlimm.

Olaf   »Ich bleibe«

Video 2
1.41.25 HELLINGER *zu den Adoptiveltern von Olaf* Dann arbeite ich jetzt mal mit euch. Um was geht es da?

ADOPTIVVATER Wir sind Adoptiveltern und sind mit unserem Sohn da, der aber nicht auf die Bühne möchte. Unser Problem ist, daß wir das Gefühl haben, daß er innerhalb unserer Familie noch nicht den richtigen Platz gefunden hat. Das zweite Problem ist, daß er einen schweren Unfall hatte und fast gestorben ist. Über seine Mutter, auf deren Suche wir uns vor kurzem gemacht haben, haben wir jetzt vor 14 Tagen erfahren, daß sie durch einen Unfalltod vor zwei Jahren umgekommen ist. Es macht uns Sorge, daß wir ihn nicht halten können.

HELLINGER Habt ihr eigene Kinder?

ADOPTIVVATER Wir haben dann noch zwei eigene Kinder bekommen, zwei Mädchen.

HELLINGER Ich stelle zuerst die Herkunftsfamilie des Adoptivkindes auf: seine Mutter, seinen Vater und ihn. Dann schauen wir weiter. In welchem Alter habt ihr ihn adoptiert?

ADOPTIVVATER Mit acht Tagen direkt aus der Klinik. Die Mutter war allein. Es waren wohl schwierige Verhältnisse. Der Vater ist bis heute nicht bekannt, auch dem Jugendamt und den Großeltern nicht.

ADOPTIVMUTTER Die Mutter war erst 15, als sie ihn geboren hat. Ihr Vater hat sie nach drei Tagen aus der Klinik geholt, hat sie also einfach abgeholt. Wir wollten mit dem Herrn vom Jugendamt noch mal zur Mutter gehen und fragen, ob sie ihn wirklich hergeben will, doch dann war die Mutter schon verschwunden.

HELLINGER Wie ist die Mutter ums Leben gekommen?

ADOPTIVVATER Unfalltod, Autounfall. Unser Adoptivsohn hat an Weihnachten einen Motorradunfall gehabt.

HELLINGER Und was ist mit den Großeltern mütterlicherseits? Wißt ihr da etwas?

ADOPTIVVATER Wir haben uns bisher sehr um einen Kontakt bemüht, haben ihn aber nicht herstellen können. Wir wissen auch nicht, ob sie noch leben.

ADOPTIVMUTTER Ich habe vor zwei Tagen erst den Namen des neuen Mannes der Mutter herausgebracht. Es existiert ein Halbbruder, der 11 Jahre alt ist. Aber ich hab noch nicht Kontakt herstellen können.

HELLINGER Okay, ich fang mal an mit den dreien, wie ich gesagt habe: mit der leiblichen Mutter, dem leiblichen Vater und ihm.

Bild 1

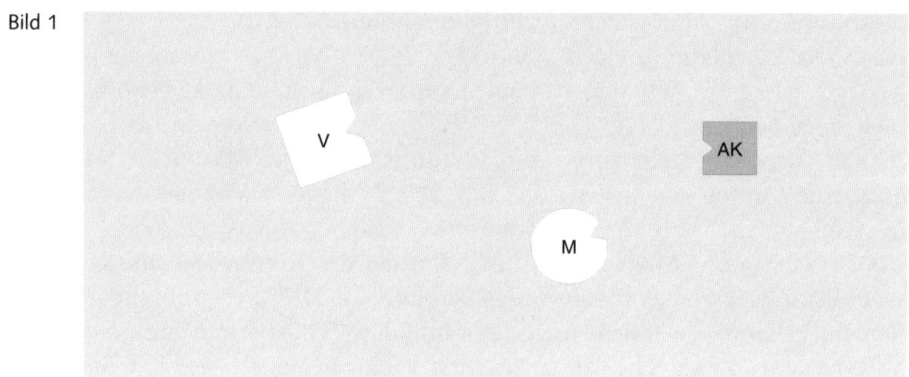

V   Vater
M   Mutter
AK   Adoptivkind, Sohn (= Olaf)

HELLINGER *zum Adoptivvater, als er aufgestellt hat* Jetzt stelle noch den Vater der Mutter auf.

Bild 2

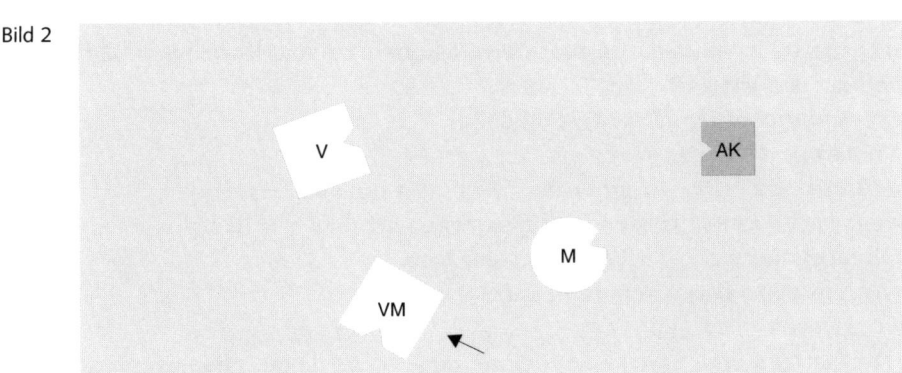

HELLINGER *zur Adoptivmutter* Stimmst du mit dieser Aufstellung überein?
ADOPTIVMUTTER Ich würde den Vater verändern.
HELLINGER Tu mal, also den Vater der Mutter.

Bild 3

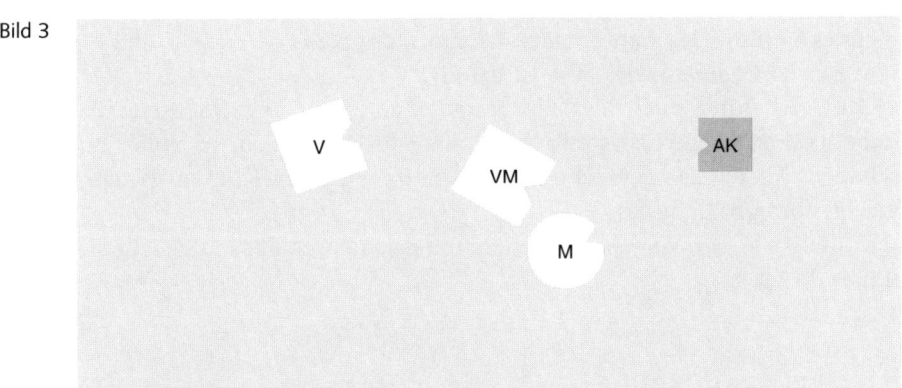

HELLINGER *zu den Adoptiveltern* Es ist dramatischer, wie sie es aufgestellt hat.
HELLINGER Was ist bei der Mutter?
M MUTTER Ich hab total weiche Knie, die zittern mir ganz stark, schon die ganze Zeit. Nach dort, vorne rechts, ist es schön, es ist sehr licht. Den Sohn nehme ich zur Kenntnis, aber er behindert mich auch nicht.

VM Vater der Mutter

HELLINGER Was ist beim Großvater?

VM VATER DER MUTTER Ich sehe nur sie. Sie ist mir zu nah dran. Ich muß zurück.

HELLINGER *zu den Adoptiveltern* Ich hab ein merkwürdiges Bild: daß der der Vater ist.

zur Adoptivmutter Was sagst du dazu?

ADOPTIVMUTTER *seufzt* Ja, ich...

HELLINGER *zum Adoptivvater* Was sagst du dazu?

ADOPTIVVATER Unsere Phantasie war, nachdem wir nichts wußten: Ob möglicherweise der Großvater der Vater ist?

HELLINGER Das war eure Phantasie auch?

ADOPTIVVATER Ja.

HELLINGER *zu Annelie Scholz, als diese nickt* Diese Phantasie hast du auch gehabt?

ANNELIE SCHOLZ Als ich das gesehen habe, habe ich das auch gleich gedacht.

HELLINGER *zum Stellvertreter von Olaf* Wie geht es dir?

AK ADOPTIVKIND Ich kann eigentlich nur die Mutter und ihren Vater wahrnehmen und habe, wenn ich da rübersehe, ein unruhiges, beklemmendes Gefühl. Den Vater nehme ich gar nicht wahr.

HELLINGER *zum Vater* Was ist bei dir?

V VATER Ich fühle mich hier wie festgemauert oder angewachsen. Ich habe ganz schwere und steife Arme und das Verlangen, da rüber zu schauen. Als ich das gemacht habe, da hatte ich einen Kloß im Bauch, warm, aber groß und fest.

HELLINGER *zur Mutter* Dreh dich um, geh aus der Tür und mache sie hinter dir zu.

Bild 4

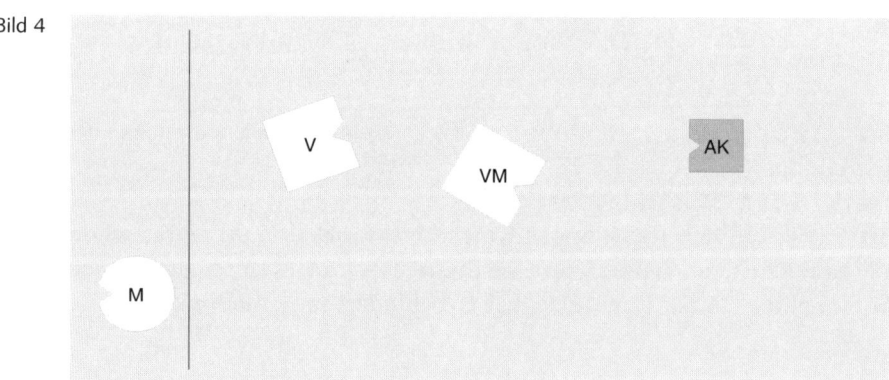

HELLINGER *zum Vater der Mutter* Was ist jetzt? Ist es besser oder schlechter?

VM VATER DER MUTTER Besser. Es ist leichter, ich fühle mich befreiter.

HELLINGER *zum Stellvertreter von Olaf* Bei dir?

AK ADOPTIVKIND Mir geht es auch besser. Ich nehme jetzt auch beide wahr, den Großvater und den Vater. Das ungute Gefühl, das von da kam, ist nicht mehr da.

Hellinger ruft die Mutter wieder herein und stellt sie zurück an ihren Platz.

Bild 5

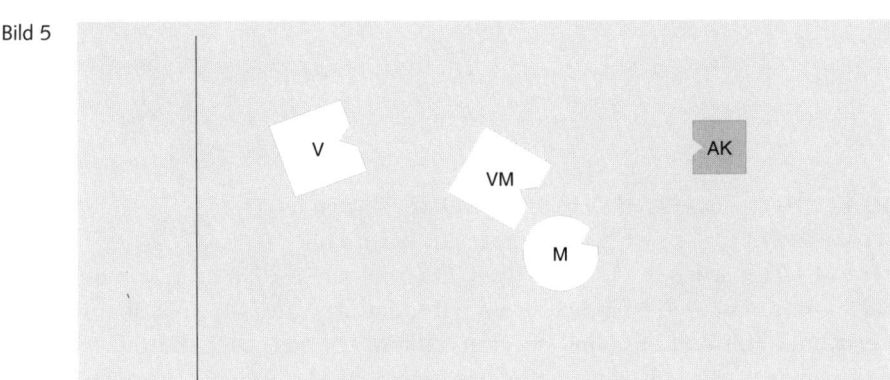

HELLINGER *zur Mutter* Wie ist es dir draußen gegangen, besser oder schlechter?

M MUTTER Gar nichts, gar nichts.

HELLINGER *zum Vater der Mutter* Geh du mal raus.

Bild 6

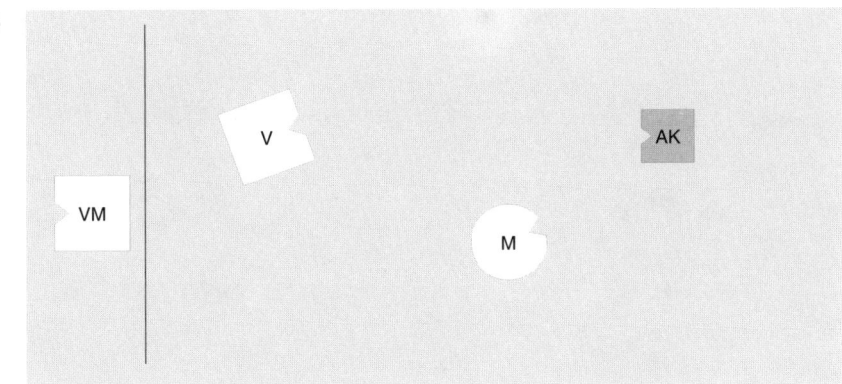

HELLINGER *zur Mutter* Was ist jetzt?

M MUTTER Jetzt werde ich ruhiger, wesentlich ruhiger. Das Zittern ist noch ein bißchen da, aber es ist Ruhe eingekehrt.

HELLINGER *zum Stellvertreter von Olaf* Bei dir?

AK ADOPTIVKIND Ich fühle mich wieder unruhig, seit sie da ist.

HELLINGER *zur Mutter* Geh noch mal raus.

Bild 7

HELLINGER *zum Stellvertreter von Olaf* Was ist jetzt?

AK ADOPTIVKIND Es ist besser, besser auf jeden Fall.

HELLINGER *zu den Adoptiveltern* Ob nun diese Phantasie stimmt oder nicht, das, was ihr beschrieben habt, daß ihr Vater sie einfach aus der Klinik holt und das Kind dort zurückläßt, hat eigentlich die gleiche Konsequenz, nämlich, daß die beiden eine Schuld abtragen, entweder gemeinsam oder der eine für den anderen.

Hellinger ruft die Mutter und ihren Vater herein und stellt sie in den Blick des Kindes.

Bild 8

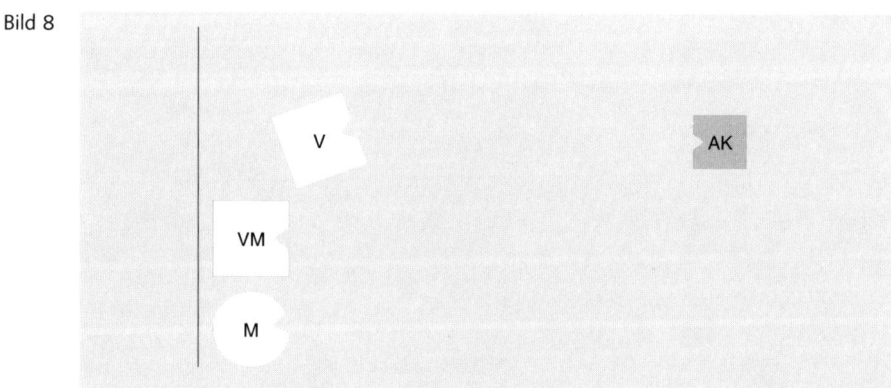

HELLINGER *zum Stellvertreter von Olaf* Sag ihnen: »Ich laß euch ziehen.«

AK ADOPTIVKIND Ich lasse euch ziehen.

HELLINGER »Was immer war zwischen euch, es geht mich nichts an.«

AK ADOPTIVKIND Was immer war zwischen euch, es geht mich nichts an.

HELLINGER »Ich halte mich da raus.«

AK ADOPTIVKIND Ich halte mich da raus.

HELLINGER »Ich lasse euch ziehen und wende mich ab.«

AK ADOPTIVKIND Ich lasse euch ziehen und wende mich ab.

Hellinger stellt die Adoptiveltern hinter das Adoptivkind und wendet es ihnen zu.

HELLINGER *zum Stellvertreter von Olaf* Wie ist das?

AK ADOPTIVKIND Gut, auf jeden Fall. Sehr schön.

HELLINGER Sag ihnen: »Haltet mich, daß ich bleibe.«

AK ADOPTIVKIND Haltet mich, daß ich bleibe.

AV Adoptivvater
AM Adoptivmutter

Die Adoptiveltern gehen auf ihn zu und halten ihn fest, lange und innig.

Bild 10

HELLINGER zur Mutter, während die Adoptiveltern das Kind umarmen Wie ist das jetzt für die Mutter?
M   MUTTER Das berührt mich nicht.
HELLINGER Genau.
zur Mutter und zum Vater der Mutter Jetzt dreht euch wieder um, beide, und wendet euch ab.

Bild 11

HELLINGER *zum Vater der Mutter* Was war bei dir?
VM   VATER DER MUTTER Ich war erleichtert, als ich seine Worte hörte.
Jetzt fühle ich mich nicht mehr so gut wie vorhin, als ich ihn anschauen
konnte. Irgend etwas wird jetzt wieder unangenehm.
HELLINGER Frieden kommt dort. *Zeigt nach draußen.*

HELLINGER *zum Stellvertreter von Olaf* Jetzt stelle dich neben die Adoptiveltern.

Bild 12

HELLINGER Schau sie an und sag ihnen: »Ich bleibe.«

AK ADOPTIVKIND Ich bleibe. Ich bleibe.

HELLINGER Okay, das war's.

zu den Adoptiveltern Gut so?

Beide nicken.

HELLINGER *zur Gruppe* Die Dynamik, die hier eine Rolle spielt, ist zuerst die des stellvertretenden Sterbens. Wenn ich die Situation hier anschaue, dann ist mein Bild, daß der Großvater der eigentlich Verantwortliche ist für das, was dem Kind angetan wurde. Er hat die meiste Verantwortung, weil er auch die größte Kraft und die meisten Möglichkeiten hatte. Die Phantasie, daß er der Vater sein könnte, lasse ich dabei völlig aus dem Spiel. Einfach dadurch, daß er die Tochter da rauszieht und seine Autorität zur Geltung bringt, ist er der Eigentliche, der das Kind im Stich läßt. Ich kann mir als Folge nichts anderes vorstellen, als daß seine Seele darauf in der Weise reagiert, daß sie sich des Todes schuldig spricht.

Was aber dann häufig in Familien passiert, ist, daß jemand, der weniger Kraft hat, also ein Kind, es stellvertretend für den Starken tut, also daß hier die Mutter stellvertretend für ihren Vater stirbt. Aus den Reaktionen konnte man ja sehen: Wenn der eine von den beiden starb – das Rausgehen heißt ja sterben –, ging es dem anderen besser.

Beim Sohn aber wäre die Tendenz nicht »stellvertretend sterben«, sondern »nachfolgen«, der Mutter nachfolgen in den Tod. Die Lösung für ihn wäre, daß er die Schuld und das Schicksal und die Verantwortung und die Folgen eigenen Tuns dort läßt, wo sie hingehören. Er müßte sie also bei seiner Mutter lassen und bei seinem Großvater. Das ist auch eine Art der Würdigung. Er läßt sie ziehen mit Liebe, also ohne jeden Vorwurf, weil ihn das nichts angeht. Deswegen war wichtig, daß er sagt: »Das geht mich nichts an.« Er bleibt in der Rolle des Kindes. Dann, weil die Adoptiveltern hinter ihm stehen, kann er sich umdrehen und abwenden. Sonst könnte er das nicht; sonst wäre er wirklich in jeder Hinsicht gefährdet. Aber so konnte er es da lassen, konnte sich umdrehen und sich euch zuwenden, und ihr könnt ihn jetzt halten. Er kann bleiben, weil er bei euch die Stütze hat. Das ist hier die Dynamik. Ich habe es noch einmal erklärt. Ich habe es auch ihm erklärt, er sitzt ja unten. Hoffentlich hat er es gut gehört.

Zusammenfassung

Die Verstrickung Olafs Mutter war bei seiner Geburt 15 Jahre alt. Sie wurde von ihrem Vater aus der Klinik geholt und ließ ihr Kind dort einfach zurück. Sie starb bei einem Autounfall. Es besteht der Verdacht, daß ihr Vater auch Olafs Vater ist. Olaf hatte einen schweren Motorradunfall, ohne daß er vom Schicksal seiner Mutter wußte.

Die Lösung Das Adoptivkind sagt seiner Mutter und ihrem Vater: »Ich lasse euch ziehen. Was immer war zwischen euch, es geht mich nichts an. Ich halte mich da raus. Ich lasse euch ziehen und wende mich ab.« Dann wendet es sich seinen Adoptiveltern zu und sagt: »Haltet mich, daß ich bleibe.« Sie umarmen es und halten es fest. Das Adoptivkind sagt ihnen: »Ich bleibe.«

Karl   »Danke«

Video 2
2.01.10 HELLINGER *zu Karl* Was ist bei dir?

KARL Ich bin adoptiert, bin mit einem halben Jahr zu meinen Adoptiveltern gekommen und war davor im Säuglingsheim. Über meine leiblichen Eltern weiß ich bis jetzt gar nichts. Meine Adoptiveltern hatten keine eigenen Kinder, weil es von meinem Adoptivvater aus nicht ging, das waren biologische Gründe. Sie haben noch ein Mädchen adoptiert, also meine Schwester, die zwei Jahre jünger ist und von anderen Eltern stammt.

HELLINGER Wie alt bist du?

KARL Ich bin 25.

HELLINGER Wie geht es dir?

KARL Sehr unterschiedlich.

HELLINGER Bist du stark?

KARL Ich weiß nicht.

HELLINGER Du bist stark.

KARL Ja?

HELLINGER Bist du. Ist etwas unerledigt für dich?

KARL Das Verhältnis zu meinen Adoptiveltern ist schwierig. Ich weiß nicht, ob ich das jetzt in der Kürze hier darstellen kann, weil ich natürlich auch sehr nervös bin hier oben.

HELLINGER Nein, es ist schwierig. Machst du ihnen Vorwürfe?

KARL Ich glaube, ja.

HELLINGER Und wer verdient die Vorwürfe?

KARL Mein Vater?

HELLINGER Welcher?

KARL Mein Adoptivvater.

HELLINGER Nein, der andere natürlich. Und?

KARL Mir ist eigentlich erst vor kurzer Zeit bewußt geworden, daß es meine leiblichen Eltern gibt. Von meinen Adoptiveltern ist mir, solange ich mich zurückerinnern kann, immer gesagt worden, daß ich adoptiert bin. Deshalb war das für mich nicht im Vordergrund. Das ist eigentlich erst in der letzten Zeit für mich wieder bewußt geworden.

HELLINGER Es ist eine häufige Dynamik, daß das Kind seinen leiblichen Eltern innerlich den Vorwurf macht, daß sie es weggegeben haben. Und wer badet es aus?

KARL Naja, die Adoptiveltern.

HELLINGER Die das gut gemacht haben. Das ist eigentlich ungerecht.

KARL Sicher.

HELLINGER Okay, stell jetzt mal auf: deine leiblichen Eltern, deine Adoptiveltern und dich.

Bild 1

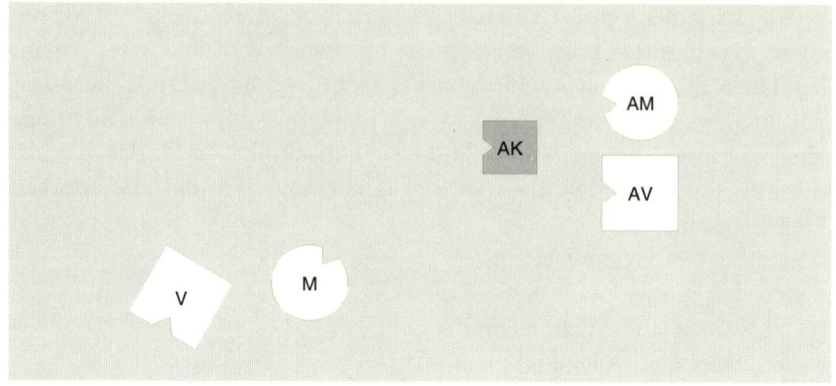

HELLINGER *zu Karl* Wenn du dir das anschaust, was ist die Lösung?
KARL Ich weiß es nicht.
HELLINGER Stelle sie mal auf, die Lösung. Du darfst jetzt Therapeut sein für dich selber.

Karl geht zu den Adoptiveltern, um sie anders zu stellen.

HELLINGER Nein, es ist nur eine Bewegung.

V Vater
M Mutter
AV Adoptivvater
AM Adoptivmutter
AK Adoptivkind, Sohn (= Karl)

Karl lacht und wendet seinen Stellvertreter den Adoptiveltern zu. Alle lachen und klatschen.

Bild 2

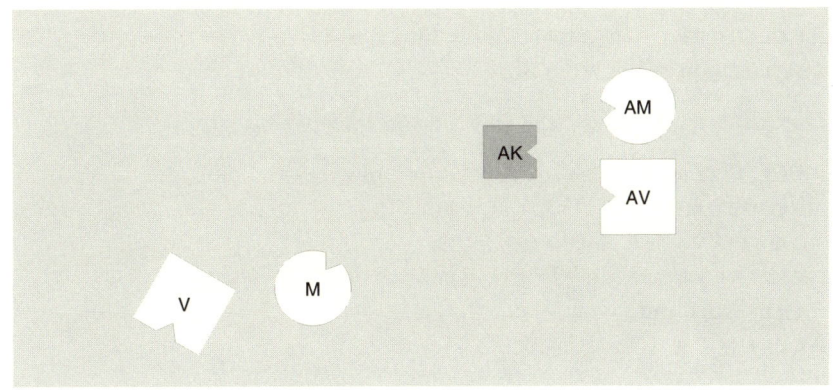

HELLINGER Genau, das ist die Lösung.

Die Adoptivmutter nickt heftig.

KARL Ganz schön einfach.
HELLINGER Und selbst herausgefunden.
KARL Auch das *lacht.*
HELLINGER *zum Stellvertreter von Karl* Wie geht's dir?
AK ADOPTIVKIND Es ist ein bißchen schwer, ich möchte ein bißchen zurück.
HELLINGER Tu.

Bild 3

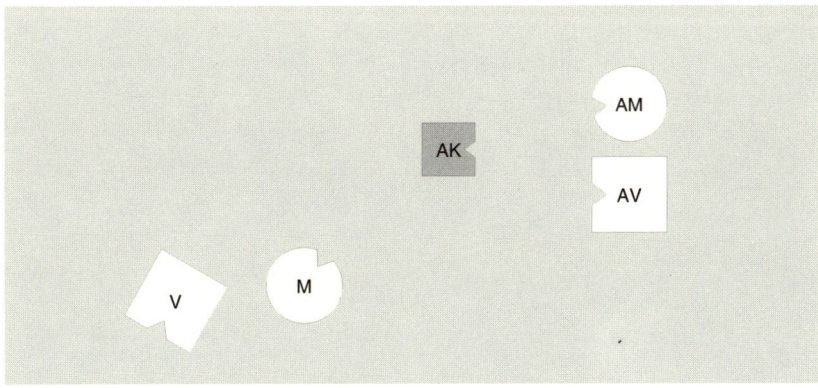

AK ADOPTIVKIND So ist es besser.
HELLINGER *zu Karl* Jetzt stelle du dich an deinen Platz.
als Karl an seinem Platz steht Jetzt verneige dich tief vor ihnen, ganz tief.

HELLINGER *nach einer Weile* Jetzt richte dich auf und sag ihnen: »Danke.«

KARL Danke.

HELLINGER »Ich gebe euch die Ehre.«

KARL Ich gebe euch die Ehre.

Die Adoptiveltern schauen sich an und nicken sich zu.

HELLINGER Wie geht es der Adoptivmutter?

AM ADOPTIVMUTTER Gut. Ganz gut.

AV ADOPTIVVATER Genauso. Gut.

HELLINGER *zu Karl* Und wie geht es dir?

KARL Auch gut.

HELLINGER Okay, das war's.

Irene   Die Sorge

Video 2

2.13.05 HELLINGER *zu Irene* Was ist bei dir?

IRENE Ich bin seit acht Jahren mit einem behinderten Adoptivsohn und einem Mündel allein, also geschieden, und hatte schon im Alter von sechs, sieben Jahren den festen Wunsch, Kinder zu adoptieren. Warum, konnte ich mir nicht erklären.

HELLINGER Was heißt »Mündel«?

IRENE Ich bin Vormund, denn als wir das zweite Kind zu uns genommen haben, kam es nicht mehr zur Adoption, weil dann klar war, daß wir uns trennen werden. Ich bin aus der ehemaligen DDR. Dort hat das Jugendamt wegen der Scheidung einer Adoption durch mich nicht mehr zugestimmt.

HELLINGER Heißt das, du hast es dann in Pflege?

IRENE Das ist eine Art Pflege, unterscheidet sich aber von einer Dauerpflege. Beim Pflegekind haben die Eltern ja Zugriff und können es sehen. Das haben sie hier nicht, da ich Vormund bin. Die Mutter weiß das nicht. Sie denkt, das Kind ist adoptiert.

HELLINGER Aber es lebt bei dir?

IRENE Ja.

HELLINGER Schon mit sechs Jahren wolltest du ein Kind adoptieren?

IRENE Ja, und ich hab dann einen Mann geheiratet, von dem ich nicht wußte, daß er zeugungsunfähig ist.

HELLINGER Was ist in deiner Herkunftsfamilie passiert? Da muß doch etwas passiert sein, wenn du diesen Drang hast.

IRENE Ich hab mich schon als kleines Kind gefühlt, als wäre ich adoptiert, irgendwie nicht dazugehörig. Es gab eine Sache, die ich jetzt erst vor kurzem erfahren habe, daß die Schwester meines Vaters ihr erstes Kind, das sie minderjährig bekommen hat, weggegeben hat. Dieses Kind ist jetzt aufgetaucht, also erwachsen, und hat seine Mutter gesucht und gefunden. Der Sohn dieser Tante, den sie dann in der zweiten Beziehung hatte, hat eine intensive Beziehung zu mir aufgebaut. Der hat mich mißbraucht. Dann gab es noch zwei Selbstmorde in der Familie.

HELLINGER Ich bleibe bei der einen Sache und erzähle dir eine kleine Geschichte.

Da war eine Frau, die sagte, sie habe zwei Töchter, die beide magersüchtig sind. Dann habe ich sie gefragt: Was ist denn passiert? Sie sagte: Meine Mutter wurde pflegebedürftig und hat mich gebeten, daß sie in meine Familie darf und ich sie pflege. Ich habe das aus Rücksicht auf meinen Mann abgelehnt und sie in ein Altersheim gebracht. In der gleichen Woche wurde eine der beiden Töchter magersüchtig, hat schwarze

Kleider angezogen und ging einmal in der Woche in Altersheime, um alte Leute zu pflegen. Doch niemand hat kapiert, auch sie selber nicht, wieso. So sind die Kinder. Doch das war der Zusammenhang. Ist das nicht ein schöner Zusammenhang?

IRENE Es kommt immer darauf an, aus welchem Blickwinkel man das sieht.

HELLINGER Ich sehe ihn aus dem Blick auf dein Herz.

IRENE Dann ist es gut.

HELLINGER Genau, es ist gut. Das ist eine Verstrickung, aus der nur Gutes gekommen ist. Nicht, daß es leicht ist, aber es ist Gutes daraus gekommen. Es ist ein besonderes Glück, nämlich Glück der Seele. Weißt du, was Glück der Seele ist?

IRENE Wenn ich mit dem zufrieden bin, was ich habe.

HELLINGER Nein, nein, das Glück der Seele ist etwas viel Größeres. Ich erkläre, was das Glück der Seele ist.

Es gibt zweierlei Glück, und zu dem zweierlei Glück ist mir vor kurzem ein Sinnspruch eingefallen, den erzähle ich dir jetzt.

> Das vom Ich gesuchte Glück läuft uns leicht davon.
> Wir wachsen, wenn es geht.
> Das Glück der Seele kommt und bleibt.
> Es wächst mit uns.

Einverstanden?

IRENE Ja, bin ich.

HELLINGER Wenn ich dich anschaue, hast du alles, was du brauchst.

IRENE Manchmal denke ich das jetzt auch.

HELLINGER Ich habe ein ganz warmes Gefühl für dich und große Achtung.

IRENE Wahrscheinlich wußte ich lange überhaupt nicht, was ich eigentlich suche.

HELLINGER Kann ich es so lassen?

IRENE Ja.

HELLINGER Okay, das war's dann.

Adoptivkind, das sich umgebracht hat
»Ich gehe«

Video 2

2.20.20 HELLINGER *zu den Adoptiveltern* Um was geht es?

ADOPTIVVATER Wir sind hier, weil wir unseren Adoptivsohn angemeldet hatten für eine Aufstellung. Der ist vor einer Woche an Heroin gestorben. Jetzt sind wir trotzdem hergekommen, weil wir in großer Not sind.

HELLINGER Wann habt ihr ihn adoptiert?

ADOPTIVVATER Mit einem Jahr, vor 26 Jahren.

HELLINGER Und was war mit seinen Eltern?

ADOPTIVVATER Die Mutter hatte drei Kinder mit einem deutschen Mann und noch ein Kind von einem anderen deutschen Mann, mit dem sie nicht verheiratet war. Dann hatte sie von einem türkischen Mann diesen Jungen bekommen. Der Deutsche, mit dem sie zusammenlebte, wollte den türkischen Jungen nicht haben und hat sie gezwungen, ihn herzugeben. Er war ein Jahr lang im Kinderheim, und dann hat die Adoptionsstelle sie gezwungen, ihn zur Adoption freizugeben. Während dieser Zeit hat der türkische Vater die ganze Zeit versucht, den Jungen zu bekommen, doch das ist verhindert worden. Er hat ihn dann die ganzen 26 Jahre gesucht, ist aber nicht rangekommen. Wir wußten davon gar nichts. Vor zwei Monaten habe ich diesen Sohn mit der leiblichen Mutter und dem Vater zusammengebracht. Er war wieder trocken vom Heroin, und es war eine wunderbare Zusammenkunft zwischen ihm und der türkischen Familie. Es war ein großes Fest. Man hat ihn gefeiert. Er war auf einmal der Älteste, da waren noch weitere fünf Kinder vom Vater. Ja, dann ist er wieder rückfällig geworden und hat dann zuviel Heroin genommen.

HELLINGER Ich stelle auf: seine Mutter, seinen Vater und ihn, nur drei Personen. Damit fange ich an.

HELLINGER *zum Adoptivvater* Mach mal.

Bild 1

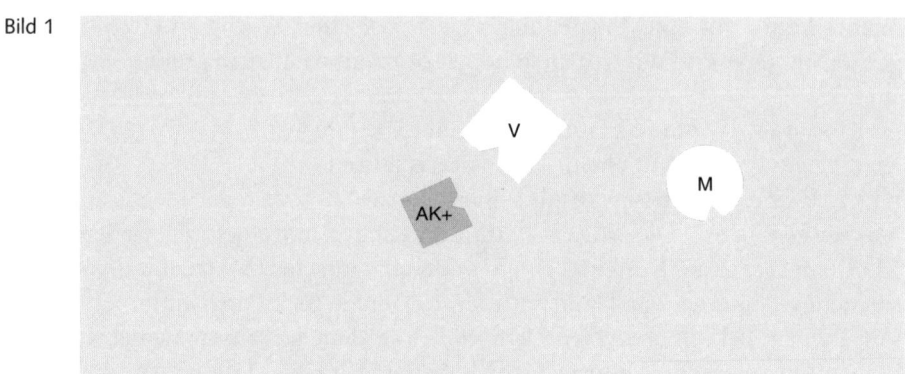

HELLINGER *zum Adoptivkind* Was ist?
AK† ADOPTIVKIND† Ich fühle mich stark und habe Mitleid mit dem Vater.
HELLINGER *zum Adoptivvater* Ich will dir was sagen von der Aufstellung her. Die Geschichte, daß der türkische Vater ihn gesucht hat, stimmt nicht.
ADOPTIVVATER Die stimmt nicht?
HELLINGER Nein.
ADOPTIVVATER Er sieht ihm total ähnlich.
HELLINGER Schon, daß er sein Vater ist, aber daß er ihn gesucht hat, diese Geschichte stimmt nicht.
zur Adoptivmutter Was sagst denn du dazu?
ADOPTIVMUTTER Er hat es uns versichert, hat viel davon erzählt. Ich habe gestern den Vater zum ersten Mal gesehen.
HELLINGER Die Aufstellung zeigt, daß es nicht stimmt. Er ist schwach, und der Sohn ist stark.
Wie geht es dem Vater?
V VATER Schlecht. Ich kann meinem Sohn nicht in die Augen schauen und möchte im Erdboden verschwinden.
HELLINGER Genau.

V Vater
M Mutter
AK† Adoptivkind, Sohn, hat sich umgebracht

zu den Adoptiveltern Er will sterben.
zum Vater Geh mal da aus der Tür und mach sie hinter dir zu.

Bild 2

HELLINGER *zum Adoptivkind* Was ist jetzt?

AK† ADOPTIVKIND† Im Moment ist es etwas besser, aber jetzt fehlt mir auch ein Blickkontakt. Es lief mir ein ganz kalter Schauer über den Rükken, als er rausging. Ich fühle mich orientierungslos im Moment.

HELLINGER Ja, schon.

Hellinger ruft den Vater wieder herein, stellt ihn zurück an seinen Platz und schickt den Adoptivsohn hinaus.

Bild 3

HELLINGER *zum Vater* Wie ist es dir draußen gegangen?

V VATER Besser, erleichtert.

HELLINGER Und wie geht es dir jetzt, wenn er draußen ist?

V VATER Auch besser.

HELLINGER Genau.

zur Gruppe Da haben wir die Dynamik.

Hellinger ruft den Adoptivsohn wieder herein.

Bild 4

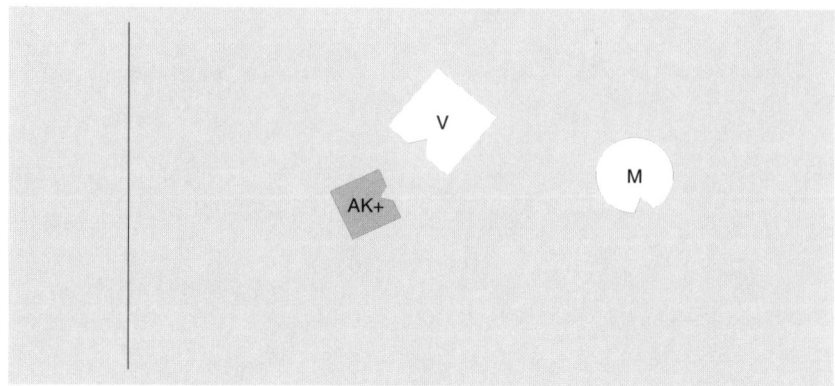

HELLINGER *zum Adoptivsohn* Wie ist es dir draußen gegangen?
AK† ADOPTIVKIND† Schlecht, ganz schlecht. Es fing alles zu zittern an.
HELLINGER *zeigt auf den Vater* Ihm ging es besser, als du weg warst.
zu den Adoptiveltern Also, es spricht alles gegen diese Geschichte.

Hellinger stellt nun die Adoptiveltern ins Bild.

HELLINGER Was war bei der Mutter die ganze Zeit?
M MUTTER Ich habe damit nichts zu tun. Es ist etwas warm und schwer
im Rücken. Es zieht mich aber zur Tür raus, also der Blick geht dahin.
HELLINGER Genau. Die Mutter will auch weg, müßte eigentlich.

*Er führt sie einige Schritte nach vorne. Dann stellt er auch den Vater
abgewandt weiter weg.*

Bild 5

AM Adoptivmutter

HELLINGER *zum Adoptivsohn* Was ist jetzt?

AK† ADOPTIVKIND† Es fällt mir schwer, die Adoptiveltern anzuschauen. Ich habe nur die Augen des Vaters im Kopf. Ich sehe nur die.

HELLINGER Sag ihnen: »Ich gehe.«

AK† ADOPTIVKIND† Ich gehe.

HELLINGER »Was immer ihr für mich getan habt.«

AK† ADOPTIVKIND† Ich gehe, was immer ihr für mich getan habt.

HELLINGER »Es war groß.«

AK† ADOPTIVKIND† Es war groß.

HELLINGER »Doch ich gehe.«

AK† ADOPTIVKIND† Doch ich gehe.

HELLINGER »Ihr dürft mich jetzt in Frieden lassen.«

AK† ADOPTIVKIND† Ihr dürft mich jetzt in Frieden lassen.

HELLINGER »Und ich lasse euch in Frieden.«

AK† ADOPTIVKIND† Und ich lasse euch in Frieden.

HELLINGER »Ich gehe dorthin, wohin ich gehöre.«

AK† ADOPTIVKIND† Ich gehe dorthin, wohin ich gehöre.

HELLINGER »Ihr seid von mir aus frei.«

AK† ADOPTIVKIND† Ihr seid von mir aus frei.

HELLINGER *zum Adoptivvater* Wie ist das?

ADOPTIVVATER Sehr gut, sehr gut.

HELLINGER Sag ihm: »Ich hab dir gerne alles gegeben.«

ADOPTIVVATER Ich habe dir gerne alles gegeben.

HELLINGER »Ich bewahre dich in meinem Herzen.«

ADOPTIVVATER Ich bewahre dich in meinem Herzen.

HELLINGER »Doch ich lasse dich gehen mit Liebe.«

ADOPTIVVATER Doch ich lasse dich gehen mit Liebe.

HELLINGER »Wohin du gehörst.«

ADOPTIVVATER Wohin du gehörst.

HELLINGER *zum Adoptivsohn* Wie ist das?

AK† ADOPTIVKIND† Sehr schön. Es erleichtert.

HELLINGER *zur Adoptivmutter* Sag ihm das auch: »Ich habe dir gerne alles gegeben.«

ADOPTIVMUTTER Ich habe dir gerne alles gegeben.

HELLINGER »Du darfst jetzt gehen.«

ADOPTIVMUTTER Du darfst jetzt gehen.

HELLINGER »Ich bewahre dich in meinem Herzen.«

ADOPTIVMUTTER Ich bewahre dich in meinem Herzen.

HELLINGER »Doch du darfst dorthin gehen, wohin du gehörst.«

ADOPTIVMUTTER Doch du darfst dorthin gehen, wohin du gehörst.

HELLINGER *zum Adoptivkind* Wie ist das?

AK† ADOPTIVKIND† Es ist auch schön. Es ist etwas schwerer als das vom Vater. Ich spüre den Schmerz von ihr, und das macht es schwer.

HELLINGER *zur Adoptivmutter* Sag ihm: »Es tut mir sehr weh.«

ADOPTIVMUTTER Es tut mir sehr weh.

HELLINGER »Doch ich achte, daß du woanders hingehörst.«

ADOPTIVMUTTER Doch ich achte, daß du woanders hingehörst.

HELLINGER »Und woanders hinwillst.«

ADOPTIVMUTTER Und woanders hinwillst.

HELLINGER *zum Adoptivsohn* Wie ist es jetzt?

AK† ADOPTIVKIND† Gut.

HELLINGER *zu den Adoptiveltern* Okay, das war's dann.

HELLINGER *zur Stellvertreterin der Mutter* Was war bei dir, als die das so gesagt haben?

M MUTTER Es hat nicht viel bewirkt. Es ist ein bißchen leichter geworden, aber es war eigentlich klar. Ich hätte zur Tür raus müssen.

HELLINGER *zur Gruppe* Wenn Eltern ein Kind so weggeben, dann ist mein Bild, daß sie sich des Todes schuldig fühlen, und daß sie gefährdet sind, sich umzubringen. Sie können das überspielen, oft auch, weil andere es an ihrer Stelle übernehmen, Kinder zum Beispiel. Aber das ist mein Bild: Das Weggeben eines Kindes ist ein solcher Angriff auf das Leben, eine solch tiefe Verletzung von Leben und Ordnung. Ein eigenes Kind wegzugeben ohne Not, kann in meinem Bild gar keine andere Wirkung in der Seele haben als diese.

Erna   »Ich bleibe noch ein bißchen«

Video 2 HELLINGER *zu Erna* Was ist deine Situation?

2.32.30 ERNA Ich bin mit sieben Monaten adoptiert worden und habe das von meinen Adoptiveltern nicht gewußt. Ich habe meine leibliche Mutter gefunden und zwei Schwestern. Ich habe auch einen Bruder, der sich umgebracht hat; den habe ich natürlich nicht kennengelernt. Meine Adoptiveltern sind tot. Mein Problem ist: Ich habe das Gefühl, wenn ich so bin, wie ich bin, müßte ich weg, einfach weg. Mein Adoptivvater sagte öfter mal zu mir: Wenn du nicht so oder so bist, dann kommst du ins Heim. Ich fühle mich eigentlich auch bei meiner leiblichen Familie schuldig, daß ich sie jetzt gefunden habe. Meine Mutter ist jetzt nicht mehr ganz so abgeneigt wie vor vier Jahren. Ich hab auch die Tochter meiner einen Schwester kennengelernt und deren Kinder. Trotzdem habe ich ein Gefühl: Was ich auch tue, das ist nicht richtig.

HELLINGER Kennst du den heiligen Franziskus?

ERNA Ja.

HELLINGER Da gibt es so eine Geschichte von ihm. Er war zu Hause, und die wollten ihn festhalten. Dann hat er sich nackig ausgezogen und ist zum Bischof unter dessen Mantel.

ERNA Zu wem?

HELLINGER Er ist zu etwas Größerem gegangen, vom Kleineren zum Größeren.

ERNA Das versteh´ ich nicht.

HELLINGER Ich fange noch mal von vorne an.

ERNA Nein, ich gehe. *Sie steht auf und geht wieder an ihren Platz.*

HELLINGER Nein, nein, komm hierher.

ERNA Ich möchte jetzt nicht mehr.

HELLINGER *nach einer Weile zur Gruppe* Ganz schön gemein, wie sie mich behandelt hat. Und von oben herab. Wie wenn man in die Hand beißt, die sich ausstreckt.

HELLINGER *nach einer Weile* In so einer Situation erzähle ich mir selber eine Geschichte, eine Trostgeschichte für Therapeuten.
zu Erna Da war mal ein gewisser Jesus. Hast du von dem gehört?

Erna nickt.

Der hat einem Mann gesagt: »Steh auf, nimm dein Bett und geh nach Hause.« Und der hat gesagt: »Will ich nicht.« Dann hat der Jesus nachgedacht und hat seinen Jüngern gesagt: »Ich weiß nicht, vielleicht gibt der Gott mehr Ehre als ich.«

Jetzt habe ich dir schon zwei religiöse Geschichten erzählt.

Erna lacht.

Kommst du noch mal her?

Erna steht auf und setzt sich wieder neben Hellinger.

Also, so schlimm bin ich doch nicht, und du auch nicht.
ERNA Nein.
HELLINGER Okay, ich will eine gute Lösung für dich finden. Ja? Vertraust du mir, daß ich das will?
ERNA Ja.
HELLINGER Also, was ist dein eigentliches Anliegen?
ERNA Mein eigentliches Anliegen war, daß ich mich nicht dauernd schuldig fühlen möchte, wenn ich so bin, wie ich bin.
HELLINGER Also, so wie jetzt müßtest du dich schon ein bißchen schuldig fühlen.
ERNA Ich bin ja nicht immer so.
HELLINGER Ach, ich weiß nicht; bei manchen genügt es mir, wenn ich die Spitze des Eisberges sehe.

Erna lacht.

Ich will eine gute Lösung für dich. Was wäre eine gute Lösung für dich? Was bewegt dein Herz?
ERNA Ich weiß es im Augenblick nicht mehr. Ich fühle mich jetzt einfach unsicher.

HELLINGER Weißt du, was ich jetzt mache? Ich stelle deinen toten Bruder auf und dich. Okay, wähle sie aus und stelle sie gesammelt in Beziehung zueinander.

Bild 1

HELLINGER *zur Stellvertreterin von Erna* Wie geht es dir?

Sw SCHWESTER Ich möchte ihn angucken, irgendwie wahrnehmen. Ich müßte mich ein bißchen nach rechts drehen, um ihn richtig wahrzunehmen.

HELLINGER Bewege dich so, wie du möchtest, und geh auch so, wie du möchtest.

Sie geht einen Schritt vorwärts. Inzwischen hat der Bruder seinen Kopf zu ihr gedreht.

HELLINGER *zur Schwester* Ich führe dich. Soll ich?

Br† Bruder, hat sich umgebracht
Sw Schwester (= Erna)

Hellinger führt sie zum Bruder und stellt sie ihm gegenüber

Bild 2

HELLINGER *nach einer Weile zum Bruder* Sag ihr: »Jetzt könnte ich bleiben.«

BR†   BRUDER† Jetzt könnte ich bleiben.

HELLINGER Stimmt der Satz für dich?

BR†   BRUDER† Es ist irgendwas dran. Ich wollte eigentlich schon hingukken, aber dann hatte ich das Gefühl, sie hat Angst, wenn ich hingucke. Ich habe auch eine Verbindung gehabt zu ihr nach da.

Die Stellvertreterin weint.

HELLINGER Sag ihm: »Schade.«

Sw   SCHWESTER Schade. Schade.

HELLINGER *nach einer Weile* Geh zu ihm hin.

Sie geht zu ihm, und beide umarmen sich innig.

Bild 3

HELLINGER *nach einer Weile zum Bruder* Wie geht's dir jetzt?

BR†   BRUDER† Besser.

HELLINGER *zur Schwester* Stelle dich neben ihn.

Bild 4

HELLINGER *zu beiden* Jetzt schaut ihr mal da rüber zu Erna.

zu Erna Ist es nicht ein schönes Bild?

ERNA Schon.

HELLINGER Willst du dich mal da hinstellen?

zu Erna, als sie neben dem Bruder steht Leg den Arm um ihn. Sag ihm: »Ich bleibe noch ein bißchen.«

ERNA Ich bleibe noch ein bißchen.

HELLINGER Wie ist das?

ERNA Okay.

HELLINGER *zum Bruder* Für dich?

BR† BRUDER† Wenn sie es wirklich macht, ist es gut.

HELLINGER *zu Erna* Er traut dir nicht, hörst du das? Sag es ihm so, daß er seinen Frieden hat.

ERNA Ich bleibe noch ein bißchen.

HELLINGER »Im Andenken an dich.«

ERNA Im Andenken an dich.

HELLINGER »Bleibe ich noch ein bißchen.«

ERNA Bleibe ich noch ein bißchen.

HELLINGER »Glücklich.«

ERNA Glücklich.

HELLINGER *zum Bruder* Wie ist es jetzt?

BR† BRUDER† Es wird immer ein bißchen besser.

HELLINGER *zu Erna* Sag ihm: »Ich bewahre dir ein ehrendes Andenken in meinem Herzen.«

ERNA Ich bewahre dir ein ehrendes Andenken in meinem Herzen.

HELLINGER »Und laß dich auch ein bißchen teilnehmen an meinem Glück.«

ERNA Und laß dich auch ein bißchen teilnehmen an meinem Glück.

HELLINGER *zum Bruder* Wie ist es jetzt?

BR† BRUDER† Besser.

HELLINGER Okay, das war's dann.

Zusammenfassung

Die Verstrickung *Erna fühlt sich nicht dazugehörig und will gehen. Das wird auch an ihrem Verhalten sichtbar. Ein Bruder von ihr hat sich umgebracht.*

Die Lösung *Halten kann Erna am ehesten ihr Bruder. Sie sagt ihm: »Ich bleibe noch ein bißchen. Im Andenken an dich bleibe ich noch ein biß-chen – glücklich. Ich bewahre dir ein ehrendes Andenken in meinem Herzen und lasse dich ein bißchen teilnehmen an meinem Glück. «*

Helen   »Jetzt bleibe ich«

Video 2 HELLINGER *zu Helen* Was ist bei dir?

2.45.10 HELEN Ich bin mit zwei Wochen direkt aus dem Krankenhaus ins Kinderheim gekommen und mit 8 Monaten adoptiert worden. Zu meinem zweiten Geburtstag haben meine Adoptiveltern ihr erstes Kind gekriegt. Das ist nach drei Tagen gestorben. Dann haben sie noch zwei Töchter gekriegt. Ich bin verheiratet und habe selbst eine kleine Tochter. Ich habe mich in dieser Adoptivfamilie nie geborgen gefühlt *weint*. Und auch meine jetzige Familie ist eine geschlossene Dreierkonstellation.

HELLINGER Stelle jetzt die Adoptivfamilie auf, ohne das tote Kind. Okay, mach mal.

Bild 1

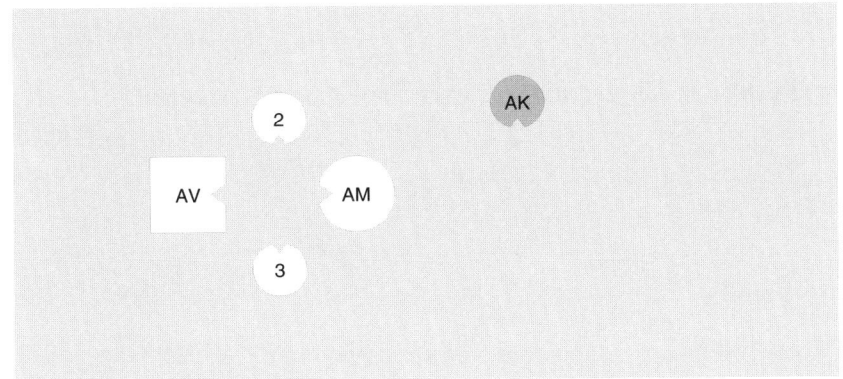

AV   Adoptivvater
AM   Adoptivmutter
2   Zweites leibliches Kind, Tochter
3   Drittes leibliches Kind, Tochter
AK   Adoptivkind, Tochter (= Helen)

HELLINGER *zu Helen* Und jetzt stelle das tote Kind auf, ohne jemand zu verändern.

Bild 2

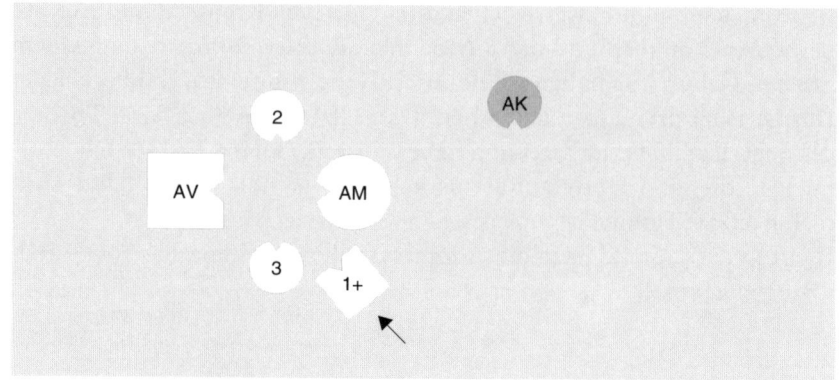

HELLINGER Ich stell ihn auf, wo er hingehört: dazwischen.

Bild 3

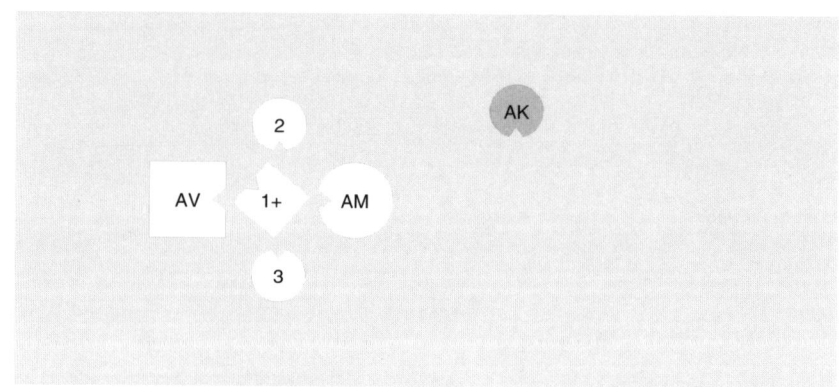

HELLINGER Was ist beim Vater?

AV ADOPTIVVATER Jetzt ist es besser. Ich hätte ihn gerne anders. Vorher war Vorwurf von der Frau zu mir, und ich wollte da rüber (raus).

HELLINGER Bei der Mutter?

AM ADOPTIVMUTTER Es ist viel, viel besser. Es war vorhin kaum zu ertragen. Der ganze Körper hat gezittert, die linke Seite war ganz schwer. Ich mußte meinen Mann immer anschauen und habe furchtbare Angst gespürt.

HELLINGER *zur älteren Tochter* Bei dir?

2 ZWEITES KIND Es ist gut, daß er hier steht. Zuvor habe ich den Vater als bedrohlich erlebt. Ich mußte mir Gedanken machen um die Mutter, und dann sah ich nur die Schwester. Wenn er jetzt hier steht, dann ist es gut.

1† Erstes leibliches Kind, Sohn, nach drei Tagen gestorben

HELLINGER *zur jüngeren Schwester* Bei dir?

3 DRITTES KIND Ich habe sehr stark den Zustand der Mutter gespürt. Ich mußte immer zu ihr gucken. Ich konnte erst wieder richtig atmen, als er hinter mir stand. Das war sehr angenehm. Jetzt geht es mir besser.

HELLINGER *zum toten Bruder* Bei dir?

1† ERSTES KIND† Ich hatte schon am Anfang das Gefühl, ich kann niemand angucken. Es ist weit und schwer zugleich, und ich habe das Gefühl, ich habe irgend etwas getan für diese Familie.

HELLINGER Ja, hast du auch.

Hellinger lehnt den toten Sohn mit dem Rücken an seinen Vater an. Die Mutter stellt er links neben den Mann und die Töchter den Eltern gegenüber.

Bild 4

1† ERSTES KIND† Ich habe gleich von Anfang an mehr Beziehung zum Vater gehabt.

HELLINGER *zur Mutter* Was ist jetzt bei dir?

AM ADOPTIVMUTTER Ich ertrage die Nähe des Mannes nicht. Ich würde am liebsten weglaufen.

Hellinger führt den toten Sohn abseits.

Bild 5

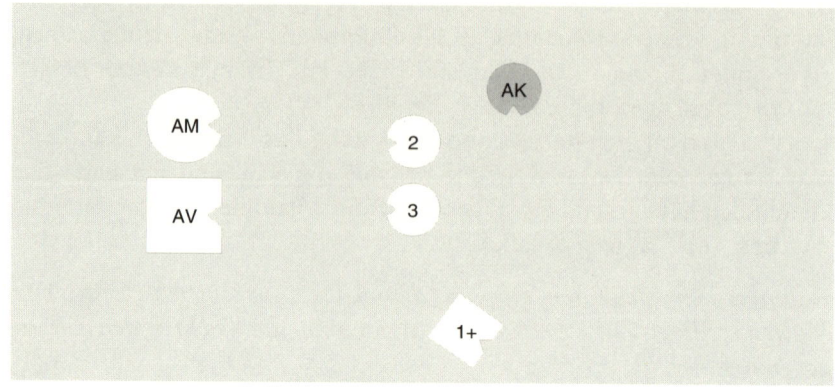

HELLINGER *zur Mutter* Und jetzt?

AM ADOPTIVMUTTER Es wird etwas besser.

HELLINGER *zur Stellvertreterin von Helen* Was ist bei dir die ganze Zeit?

AK ADOPTIVKIND Ich hatte am Anfang zeitweise das Gefühl, nach links von der Familie weggeschoben zu werden, und den Impuls, nach links fortzuwollen. Dann hatte ich das Gefühl, von hinten geschoben zu werden und das Gefühl, ich will dort, nach vorne weg. Und jetzt empfinde ich gar nichts.

HELLINGER Stelle dich mal neben das tote Kind.

Bild 6

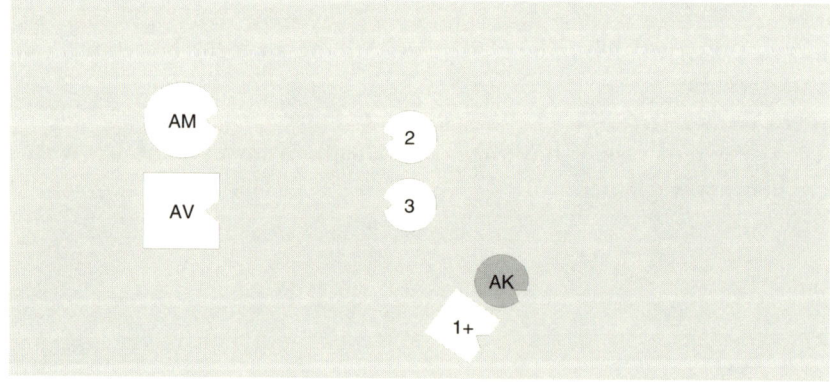

HELLINGER Wie ist das?

AK ADOPTIVKIND Weiß ich nicht.

HELLINGER Besser oder schlechter.

AK ADOPTIVKIND Es ist nicht schlechter, nein.

HELLINGER *zum toten Bruder* Bei dir?

1† ERSTES KIND† Ich will das nicht. Ich merke zwar, daß es auch ein bißchen Wärme gibt, aber ich will das nicht.

HELLINGER Dreht euch gemeinsam um.

Bild 7

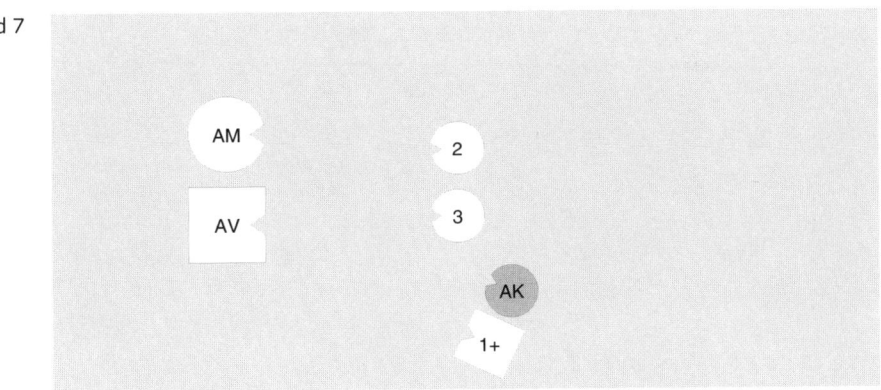

HELLINGER *zum Vater, als er sieht, daß er unruhig ist* Was ist jetzt?

AV ADOPTIVVATER Ich kann schon die ganze Zeit, seit er gegangen ist, hier nicht mehr stehen. Ich muß mich ganz mühsam halten.

Hellinger stellt den Vater weg von der Frau und alle Kinder ihm gegenüber.

Bild 8

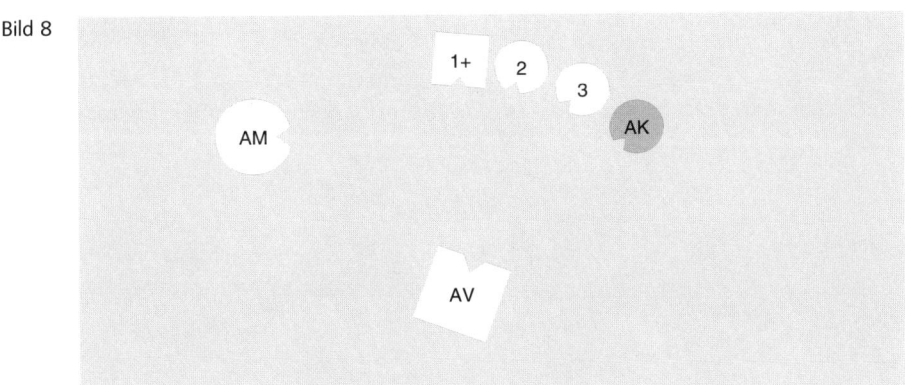

HELLINGER *zur Stellvertreterin von Helen* Wie ist es jetzt?

AK ADOPTIVKIND Das gefällt mir nicht.

Hellinger stellt sie wieder abseits.

Bild 9

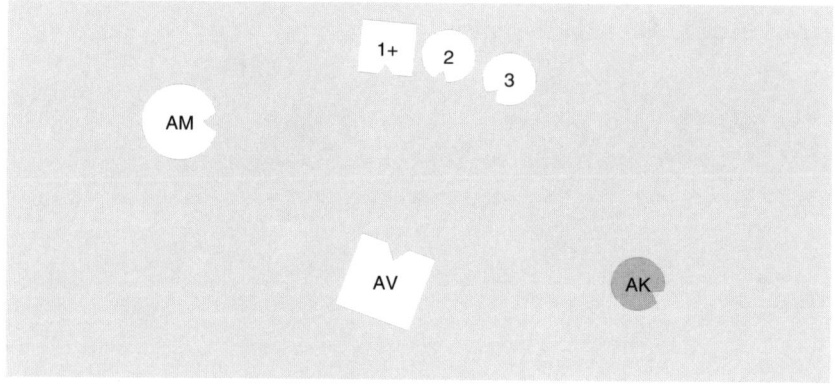

HELLINGER Wie ist das?

AK ADOPTIVKIND Jetzt ist es gut.

HELLINGER Das ist der Platz, den das tote Kind hatte.

AK ADOPTIVKIND Da kann ich nichts mit anfangen.

HELLINGER *zu Helen* Kannst du etwas damit anfangen?

HELEN Lieber weg sein, als drinnen bei der Familie sein. Ich würde mich an der Stelle wohler fühlen als da, wo der Bruder steht.

HELLINGER Du übernimmst seine Rolle, daß er weg muß. Du bist in die Dynamik der Familie verstrickt und übernimmst seine Rolle des Weggehens.

Hellinger stellt nun Helen selbst in das Bild, doch rechts neben das tote Kind.

Bild 10

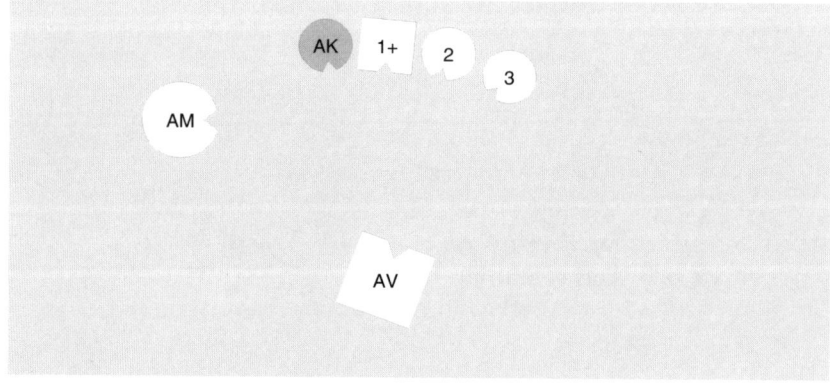

HELLINGER *zu Helen* Wie ist das?

HELEN Nach links gut, aber sonst nicht.

HELLINGER *zum toten Kind* Bei dir?

1† ERSTES KIND† Ich habe Rückenschmerzen und ganz viel Liebe zum Vater. Die Rückenschmerzen habe ich gekriegt, als das Adoptivkind da vorne stand.

Hellinger stellt das tote Kind wieder mit dem Rücken an den Vater angelehnt. Helen stellt er links neben die Schwestern.

Bild 11

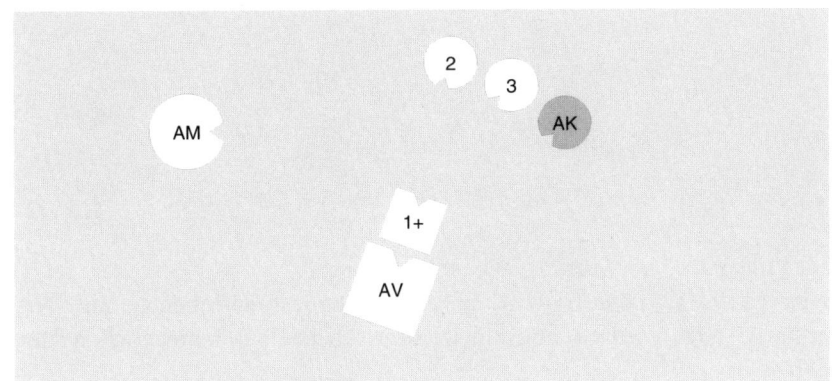

HELLINGER *zu Helen* Wie geht es jetzt?

HELEN Es geht so.

3 DRITTES KIND Ich habe ganz viel Liebe zu ihr, ich wünschte sie mir die ganze Zeit schon hierher.

HELLINGER *zur älteren Schwester* Bei dir?

2 ZWEITES KIND Ich fühle mich komisch als erste hier in der Reihe, als ob da jemand fehlt.

HELLINGER Ja, der Bruder fehlt natürlich.

1† ERSTES KIND† Wenn ich hier stehe, kann ich die Schwestern sehen. Da kann ich auch die Adoptivschwester sehen. Das ist schon gut, aber mir bricht es das Kreuz. Die Mutter nehme ich überhaupt nicht wahr

Hellinger führt die Mutter abseits.

Bild 12

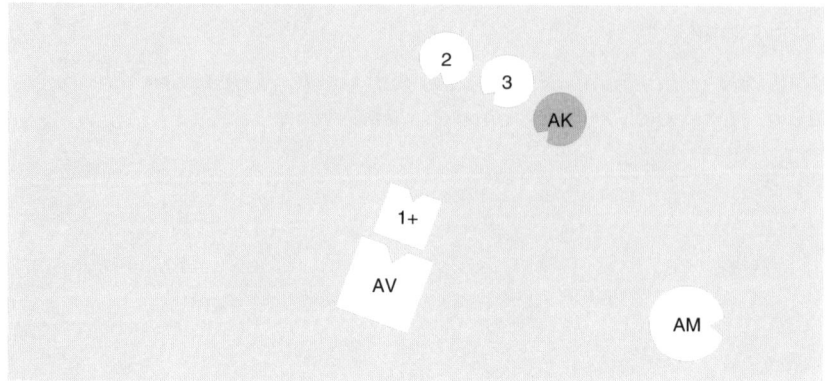

HELLINGER *zur Mutter* Wie ist das?

AM   ADOPTIVMUTTER Es wird besser. Ich habe mich eben gefühlt wie erstarrt. Jetzt wird es langsam leichter. Aber ich möchte noch weiter gehen.

AV   ADOPTIVVATER Plötzlich können die Töchter herschauen.

HELLINGER *zum toten Kind* Und du kannst dich neben die Geschwister stellen.

Bild 13

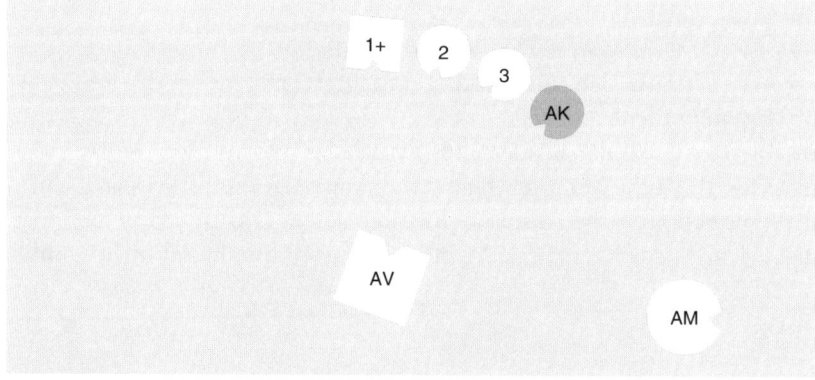

HELLINGER *zu Helen* Bei dir jetzt?

HELEN Es ist besser, seit die Mutter weg ist. Sie kann noch weiter weg.

HELLINGER *zeigt auf die Mutter* Also hier liegt die Dynamik. Die Mutter will weg, aus was für Gründen auch immer. Das geht dich nichts an.

zeigt auf den Adoptivvater Nimm dieses Bild, das ist ein warmes Bild.

zeigt auf die jüngere Schwester Das ist auch ein warmes Bild.

zur jüngeren Schwester Leg mal den Arm um sie.

zu Helen Sag ihnen: »Jetzt bleibe ich.«

HELEN Jetzt bleibe ich.

HELLINGER Sag es dem Adoptivvater auch.

HELEN Jetzt bleibe ich.

HELLINGER Und sag es dem toten Bruder da vorne.

HELEN Jetzt bleibe ich.

HELLINGER Gut so?

Helen nickt.

HELLINGER Okay, das war's dann.

zur Stellvertreterin der Mutter Raus aus der schweren Rolle.

Dank und Abschied

Video 2
3.07.00 HELLINGER Jetzt ist der Kurs vorbei. Zu sagen braucht man eigentlich gar nicht viel, weil sich diese Aufstellungen selbst erklärt haben. In der Dynamik wurde deutlich, was da abläuft.

Ich möchte mich noch mal ganz herzlich bedanken bei dir, Annelie, und allen deinen Helfern. Euer guter Geist war hier spürbar, euer warmes Herz für alles, was hier war.

Und ich möchte Johannes Neuhauser, unserem Regisseur, und dem Filmteam ganz herzlich danken, daß sie durch ihre Arbeit ermöglichen, daß viele das später auch miterleben können, und daß es vielen Adoptierten, so ist mein Bild, nachher besser geht, und auch den Adoptiveltern.

Ich sage euch auf Wiedersehen und wünsche euch alles Gute.

Interview über das Familien-Stellen
Fragen von Marion Rausch

Ich habe Sie heute live erlebt. Die Arbeit hat mich ganz schön erschüttert. »Ordnungen der Liebe« heißt eines Ihrer Bücher. In diesem Kurs für Adoptierte wurde das Thema »Ordnungen schaffen« immer wieder erwähnt. Warum ist es so wichtig, die Ordnung wiederherzustellen?

Diese Ordnungen sind Gesetze des Lebens. Das sind keine Ordnungen, die man sich ausdenkt oder die man fordert, weil man meint, damit würde die Welt besser. Diese Ordnungen kommen beim Familien-Stellen ans Licht.

Wenn man lange damit arbeitet, sieht man, zum Beispiel, daß in einer Paarbeziehung Mann und Frau ebenbürtig und unterschiedlich sind und daß es zur Ordnung gehört, daß sie sowohl die Unterschiede als auch ihre Ebenbürtigkeit anerkennen.

In einer Familie sieht man, daß die Eltern das Leben geben und die Kinder es bekommen. Daher ist die Ordnung, daß die Eltern groß sind und die Kinder klein, und daß die Eltern geben und die Kinder nehmen.

Wenn ein Kind seinen Eltern sagen würde: »So wie Ihr seid, nehme ich euch nicht«, wäre das ein Verstoß gegen die Ordnung. Ein solches Kind verkennt die Wirklichkeit, daß es sein Leben von diesen Eltern hat und daß es keine anderen Eltern haben kann. Dann macht ein solches Kind innerlich zu und fühlt sich leer. Wenn ein Kind aber anerkennt: »Das sind meine Eltern, und sie sind richtig für mich, so, wie sie sind, und ich bin richtig, weil ich diese Eltern habe«, dann öffnet das Kind sein Herz und fühlt sich reich, wie immer seine Eltern sind. Denn Leben hat mit Moral nichts zu tun.

Stichwort Moral – das klingt sehr nach heiliger Familie. Aber auch eine heilige Familie, oder eine unheilige, ist Produkt gesellschaftlicher Entwicklung. Wir alle kennen die gesellschaftliche Bedingtheit von Familienstrukturen. Es gibt in der Welt sehr unterschiedliche Vorstellungen von Bindungen und Ordnungen in Familien.

Ich habe von einer Lebensordnung gesprochen, und die gilt sowohl in der sogenannten »heiligen Familie« wie in den anderen. Aber nach meiner Beobachtung gibt es gerade in sogenannten »heiligen Familien« das Phänomen des Ausschlusses und der schwarzen Schafe, daß sich also einige anmaßen, sie seien besser und hätten ein größeres Recht auf Leben und auf Zugehörigkeit als andere. Das aber ist ein schlimmer Verstoß gegen die Ordnung.

Ich habe heute bei Ihnen etwas gesehen, was Sie »Aufstellungen« nennen, und hatte den Eindruck, daß Sie vor allem darauf achten, was die Stellvertreter in ihren Rollen fühlen.

Nein, das stimmt nicht.

Worum geht es dann?

Wenn die betroffene Person ihre Familie gesammelt stellt, bringt sie etwas ans Licht, was ihr selbst nicht bewußt ist. Aus der Aufstellung lese ich ab, was in dieser Familie vor sich geht: zum Beispiel, ob jemand selbstmordgefährdet ist.

Das geht mir zu schnell, Sie fragen doch nach dem Gefühl?

Die Frage nach dem Gefühl ist sekundär. Wenn jemand aufstellt, macht er das unter dem Einfluß unbewußten Wissens, und so bringt er eine Wirklichkeit ans Licht, die ihm vorher verborgen war. Wenn er zum Beispiel so aufstellt, daß alle in eine Richtung schauen, dann sehe ich aus dem Bild, daß jemand in der Familie ausgeklammert ist, auf den jetzt alle schauen, zum Beispiel auf einen Toten.

Heißt das, wir stellen etwas auf, von dem wir nicht wissen, was wir da aufstellen?

Genau so ist es.

Wer hat das erfunden?

So etwas wird nicht erfunden, so etwas wird entdeckt.

Ist das von Ihnen entdeckt worden?

Das Familien-Stellen gab es schon lange vor mir.

Wann sind Sie zu dieser Entdeckung gekommen?

Ihre Frage personalisiert einen geschichtlichen Vorgang: daß in unserer Zeit auf vielen Ebenen plötzlich bewußt wurde, daß wir in Systeme eingebunden sind, und daß diese Systeme eine eigene Dynamik entwickeln. In diese Bewegung, die weggeht vom einzelnen hin auf die Systeme, bin ich mit eingetreten, getragen von anderen vor mir. Dabei habe auch ich einige Entdeckungen gemacht, die jetzt zum Zuge kommen. Diese haben aber mit mir genauso wenig zu tun wie ein Käfer etwas mit der Person zu tun hat, die ihn entdeckt hat. Oft gibt man einem solchen Käfer den Namen des Entdeckers. Doch dem Käfer ist das egal, wer ihn entdeckt hat. Er ist da für alle wie der blaue Himmel. So ist es auch hier.

Daher kann man die Wirklichkeit, die durch das Familien-Stellen ans Licht kommt, nicht mit mir verbinden. Sie hat sich durch die Art und Weise, wie ich gearbeitet habe, in ihren Umrissen Schritt für Schritt gezeigt. Andere können in die gleiche Bewegung mit einsteigen und das, was dabei ans Licht kommt, nehmen und anwenden, ohne es mit meinem Namen zu verbinden.

Was ich heute erlebt habe, erlebt man sonst in guten Theaterstücken. Da wird auch konzentriert eine Rolle gespielt, und der Zuschauer kommt in eine Situation, in der er sich betroffen fühlt. So betroffen, wie ich heute war, bin ich selten in einem Theaterstück.

Im Theater wird gespielt. Hier wird nichts gespielt. Das, was in einer Familienaufstellung abläuft, kann kein Schauspieler nachahmen, sei er noch so gut. Hier kommen die Stellvertreter in Verbindung mit Kräften der Tiefe, die uns überwältigen und die wir daher weder bewußt herbeirufen noch spielen können. Deswegen ist so etwas auch nicht wiederholbar.

Sie sind ein großer Magier, und ich glaube, das wissen Sie auch. Das weckt im Publikum eine hohe Erwartung. Kann es nicht sein, daß durch diese Erwartung an den Meister auch eine große Lenkbarkeit entsteht?

Mit Leuten, die so etwas von mir erwarten oder die mir diesen Namen geben, arbeite ich grundsätzlich nicht.

Oh, da hätte ich keine Chance!

Hätten Sie nicht!

Und Sie meinen, denen geht das nicht so, mit denen Sie arbeiten?

Wer in Not ist, reagiert anders. Wo es um Leben und Tod geht, schaut man nicht auf einen Magier. Spieler machen das.

Das Wort »Magier« mögen Sie nicht?

Das Wort verfälscht, was abläuft, denn es personalisiert einen Vorgang, an dem alle teilhaben. Wenn die Familie aufgestellt ist, dann steht die wirkliche Familie da. Die Stellvertreter fühlen wie die wirklichen Personen. Wie, weiß ich nicht. Das nun in irgendeiner Weise zu verschieben auf Lenkbarkeit oder auf Erwartung, ist eine Verachtung derer, die ihr Schicksal dort erleben. Und es verkennt den Vorgang.

Was ich dabei mache, ist, daß ich in dieses Kraftfeld eintrete mit Respekt, und dann kommt mir aus dieser Verbindung eine Einsicht und Kraft, die weiterhilft, aber nur, wenn ich demütig bin. Zur Demut

gehört, daß der Therapeut sich nicht für etwas einspannen oder verantwortlich machen läßt, was ihm nicht gehört. Dadurch wahrt er auch
seine Würde. Daher arbeitet er nur mit jemand, der das wirklich will
und braucht, und nur soweit, wie er das darf. Über diese Grenze geht er
nicht hinaus.

Ich bedanke mich für dieses Gespräch.

Hinweise auf das Video

»Haltet mich, daß ich am Leben bleibe«
Lösungen für Adoptierte

Da Videorecorder unterschiedliche Zählwerke haben, können die Zeitangaben etwas abweichen. Anhand der Untertitel werden Sie sich jedoch schnell orientieren und die Zeitdifferenz errechnen können.

Video 1

Video 2

Veröffentlichungen von und über Bert Hellinger

Bücher im Carl-Auer-Systeme Verlag

Zweierlei Glück. Die systemische Psychotherapie Bert Hellingers. Herausgegeben von Gunthard Weber 1993

Überarbeitet. 9. Auflage 1997. 338 Seiten. ISBN 3-89670-005-7

In lebendigem Wechsel von Vorträgen, Fallbeispielen und Geschichten führt Gunthard Weber umfassend in die Denk- und Vorgehensweisen Bert Hellingers ein. Das übersichtlich gegliederte Buch beschäftigt sich ausführlich mit den verschiedenen Aspekten von Beziehungen, mit den »Bedingungen für das Gelingen«, dem »Gewissen als Gleichgewichtssinn in Beziehungen«, den »Beziehungen zwischen Eltern und Kindern« sowie den Paarbeziehungen, den systemischen Verstrickungen und ihren Lösungen und abschließend mit der Praxis systembezogener Psychotherapie.

Ordnungen der Liebe. Ein Kursbuch 1994

4. Auflage 1997. 553 Seiten. ISBN 3-89670-000-6

Dies ist ein Kursbuch in mehrfachem Sinn. Erstens werden ausgewählte therapeutische Kurse wortgetreu wiedergegeben. So kann der Leser am Ringen um Lösungen teilnehmen, als wäre er selbst mit dabei. Zweitens werden Hellingers therapeutische Vorgehensweisen ausführlich dargestellt und erläutert, vor allem seine besondere Art Familien zu stellen. Drittens nimmt Hellinger den Leser auf den Erkenntnisweg mit, der zum Erfassen der hier beschriebenen Ordnungen führt. Abschließend erläutert Hellinger in einem längeren Interview seine Einsichten und Vorgehensweisen. Im Anhang sind die Inhalte ausführlich nach Themen geordnet.

Familien-Stellen mit Kranken. Dokumentation eines Kurses für Kranke, begleitende Psychotherapeuten und Ärzte 1995

2. erweiterte u. überarbeitete Auflage 1997. 339 Seiten. ISBN 3-89670-018-9

Ein praxisnaher Einführungskurs in das Familien-Stellen mit Kranken und in die familiengeschichtlichen Hintergründe von chronischer und lebensbedrohender Krankheit. Im Anhang finden sich Rückmeldungen und Ergänzungen ein Jahr nach dem Kurs.

(In gekürzter Form auch als Video erhältlich.)

Verdichtetes. Sinnsprüche – Kleine Geschichten – Sätze der Kraft 1995

3. Auflage 1997. 109 Seiten. ISBN 3-89670-001-4

Die hier gesammelten Sprüche und kleinen Geschichten sind während der therapeutischen Arbeit entstanden. Sie sind nach Themen geordnet: »Wahrnehmen, was ist«, »Die größere Kraft«, »Gut und Böse«, »Mann und Frau«, »Helfen und

Heilen«, »Leben und Tod«. Ihr ursprünglicher Anlaß scheint manchmal noch durch, doch reichen sie weit darüber hinaus. Gewohntes Denken wird erschüttert, verborgene Ordnungen kommen ans Licht.

In den Sätzen der Kraft verdichtet sich heilendes Sagen und Tun. Sie bringen eine Lösung in Gang, wenn jemand in ein fremdes Schicksal verstrickt ist oder in persönliche Schuld, und machen für Kommendes frei.

Schicksalsbindungen bei Krebs. Ein Kurs für Betroffene, ihre Angehörigen und Therapeuten 1997

202 Seiten. ISBN 3-89670-008-1

Dieses Buch dokumentiert am Beispiel von Krebs, wie Schicksalsbindungen in der Familie schwere Krankheiten mitbedingen und aufrechterhalten. Und es zeigt, wie die Liebe, die krank macht, sich löst in Liebe, die heilt.

(Etwas gekürzt auch als Video erhältlich unter dem Titel: »Bert Hellinger arbeitet mit Krebskranken«.)

Haltet mich, daß ich am Leben bleibe. Lösungen für Adoptierte 1998

240 Seiten. ISBN 3-89670-92-8

Der hier dokumentierte Kurs für erwachsene Adoptierte zeigt, wie die Bindung des Kindes an seine leiblichen Eltern weiterwirkt. Es zeigt aber auch wie diese Bindung auf eine Weise gelöst werden kann, die es dem Adoptivkind ermöglicht, sich seinen neuen Eltern zuzuwenden und von ihnen den Halt und die Liebe zu nehmen, die sie ihm schenken.

(Auch als Video erhältlich.)

Der Abschied. Nachkommen von Tätern und Opfern stellen ihre Familien 1998

ca. 340 Seiten. ISBN 3-89670-092-8

Wie Schuld und Schicksal von Tätern und Opfern des Nationalsozialismus auf deren Nachkommen wirken, dem ist Hellinger seit Jahren in seinen Kursen für Kranke begegnet. Mit den Kranken mußte er sich den Tätern und Opfern in ihren Familien stellen und versuchen, im Einklang mit ihnen das Leid für ihre Nachkommen zu mildern und vielleicht zu beenden. Dieses Buch dokumentiert diese Versuche. Dabei kommen sowohl die Überlebenden und die Nachkommen zu Wort als auch die Schuldigen und die Toten. Wenn sie geachtet sind, ziehen sie sich still zurück, und die Lebenden ziehen frei über die Grenze, die sie von den Toten noch trennt.

In der Seele an die Liebe rühren. Familien-Stellen mit Eltern und Pflegeeltern von behinderten Kindern 1998

ca. 120 Seiten. ISBN 3-89670-093-6

Eltern, die ein behindertes Kind haben, und Pflegeeltern, die ein solches Kind aufnehmen, werden vom Schicksal dieser Kinder auf eine besondere Weise in Dienst genommen. Wie ihre Liebe an diesem Schicksal und dieser Aufgabe wächst, wird uns in diesem Buch bewegend vor Augen geführt.

(Auch als Video erhältlich.)

Wo Schicksal wirkt und Demut heilt. Ein Kurs für Kranke 1998

ca. 320 Seiten. ISBN 3-89670-029-4

Mit diesem Buch beschließt Bert Hellinger seine Dokumentation über das Familien-Stellen mit Kranken und über die familiengeschichtlichen Hintergründe von schwerer Krankheit, von Unfällen und Selbstmord. Darüber hinaus enthält es zahlreiche Beispiele von Kurztherapien.

(Auch als Video erhältlich.)

Touching Love. Bert Hellinger at Work with Family Systems. Documentation of a Three-Day-Course for Psychotherapists and their Clients 1997

186 Seiten. ISBN 3-89670-022-7

Bert Hellinger demonstrates the Hidden Symmetry of Love operating unseen in the lives of persons suffering with serious illness and difficult life circumstances. This book is a full documentation of a workshop for professionals held near London in February, 1996.

(The accompanying video documentation is available in two editions:

Full documentation: 11 1/2 hours, 3 VHS casettes (PAL only)

Representative Selections: 3 hours selection (PAL or NTSC).)

Praxis des Familien-Stellens. Beiträge zu systemischen Lösungen nach Bert Hellinger

Herausgegeben von Gunthard Weber 1997

ca. 540 Seiten. ISBN 3-89670-090-1

Dieser Band gibt den Stand der Entwicklung des Familien-Stellens im deutschsprachigen Raum wieder. Er umfaßt 58 überarbeitete Beiträge der ersten Arbeitstagung »Praxis des Familien-Stellens« vom April 1997 in Wiesloch: Grundlegende Vorträge und Berichte über die Übertragung dieses Ansatzes auf unterschiedliche Settings, Klientengruppen und Anwendungsbereiche (etwa auch auf Organisationen).

Bücher im Kösel Verlag

Finden, was wirkt. Therapeutische Briefe 1993

Erweiterte Neuauflage. 8. Auflage 1997. 191 Seiten. ISBN 3-466-30389-3

Diese Briefe geben knapp und verdichtet – meist unter 20 Zeilen! – Antwort auf Fragen von Menschen in Not und zeigen, oft überraschend und einfach, die heilende Lösung. Sie lesen sich wie kleine Geschichten, denn jeder Brief erzählt verschlüsselt ein Schicksal. Es geht um die Themen: »Mann und Frau«, »Eltern und Kinder«, «Leib und Seele«, dem »tragenden Grund« und »Abschied und Ende«.

Anerkennen, was ist. Gespräche über Verstrickung und Lösung. Zusammen mit Gabriele ten Hövel 1996

6. Auflage 1997. 198 Seiten. ISBN 3-466-30400-8

In dichten Gesprächen mit der Journalistin Gabriele ten Hövel gibt Hellinger Einblick in die Hintergründe seines Denkens und Tuns. Und er zeigt, wie über die Anerkennung der Wirklichkeit auch in schwierigen Fragen die Verständigung gefunden und ein Ausgleich erreicht werden kann. Ein Glossar macht den Inhalt über zahlreiche Stichworte zugänglich.

Die Mitte fühlt sich leicht an. Vorträge und Geschichten 1996

4. erweiterte Auflage 1998. 248 Seiten. ISBN 3-466-30460-1

Hellingers grundlegende Vorträge und Geschichten sind hier gesammelt vorgestellt. Sie kreisen um die gleiche Mitte, eine verborgene Ordnung, nach der Beziehungen gelingen oder scheitern.

(Auch auf CD und Video erhältlich.)

Bücher im Droemer Knaur Verlag

Thomas Schäfer: Was die Seele krank macht und was sie heilt. Die psychotherapeutische Arbeit Bert Hellingers 1998

240 Seiten. ISBN 3-426-76167-X

Dieses Buch wendet sich an eine breitere Öffentlichkeit. Es faßt zusammen, was Hellinger lehrt, und erläutert an vielen Beispielen seine wichtigsten Vorgehensweisen.

Videos, CDs, Audio-Cassetten

Alle Videos sind professionell gestaltet unter der Regie von Johannes Neuhauser und sämtlich erschienen im Carl-Auer-Systeme Verlag

Ordnung und Krankheit. Vortrag und therapeutisches Werkstatt-gespräch 1994 (Video)

130 Minuten. ISBN 931574-74-1

Der Vortrag »Ordnung und Krankheit« beschreibt, was in Familien zu schweren Krankheiten, Unfällen und Selbstmord führt, und was solche Schicksale wendet (ähnlich dem Vortrag »Vom Himmel, der krank macht, und der Erde, die heilt«). Im therapeutischen Werkstattgespräch erläutert Hellinger anhand von dreißig Fragen seine Psychotherapie und erzählt aus der Praxis seiner Arbeit. Die Fragen stellt Johannes Neuhauser.

Familien-Stellen mit Kranken. Ein Kurs für Kranke, begleitende Psychotherapeuten und Ärzte

3 VHS-Cassetten. 1995. 10 Stunden. ISBN 3-927809-55-1

(Das Video zum gleichnamigen Buch.)

Bert Hellinger arbeitet mit Krebskranken. Ein Kurs für Betroffene, ihre Angehörigen und Therapeuten

2 VHS-Cassetten. 7 ½ Stunden. ISBN 3-89670-007-3

(Das Video zum Buch: »*Schickalsbindungen bei Krebs*«.)

Haltet mich, daß ich am Leben bleibe. Lösungen für Adoptierte

2 VHS-Cassetten. 1997. 7 Stunden. ISBN 3-89679-061-8

(Das Video zum gleichnamigen Buch.)

In der Seele an die Liebe rühren. Familien-Stellen mit Adoptiveltern und Eltern von behinderten Kindern 1998

1 VHS-Cassette. 1998. 3 Stunden. ISBN 3-89670-064-2

(Das Video zum gleichnamigen Buch.)

Wo Schicksal wirkt und Demut heilt. Ein Kurs für Kranke

3 VHS-Cassetten. 1998

(Das Video zum gleichnamigen Buch.)

Touching Love. Bert Hellinger at Work with Family Systems
3 VHS-Cassetten. 1997

Selections from Touching Love. Bert Hellinger at Work with Family Systems
1 PAL-Cassette. 1997. 3 Stunden. ISBN 3-89670-053-7

Selections from Touching Love. Bert Hellinger at Work with Family Systems
1 NTSC-Cassette. 1997. 3 Stunden. ISBN 3-89670-052-9

Die Mitte fühlt sich leicht an
(Eine CD- und Video-Edition des gleichnamigen Buches.)
Diese CD- und Video-Reihe enthält Bert Hellingers grundlegende Einsichten aus 25 Jahren therapeutischer Arbeit. Jede der folgenden CDs und Videos widmet sich einem speziellen Thema und ist in sich abgerundet.

CD-Paket 1 (2 CDs) bzw. Video 1
Schuld und Unschuld in Beziehungen (Vortrag)
Geschichten, die zu denken geben
141 Minuten
ISBN 3-931574-48-2 (CD)
ISBN 3-931574-54-7 (Video)

CD-Paket 2 (2 CDs) bzw. Video 2
Die Grenzen des Gewissens (Vortrag)
Geschichten, die wenden
135 Minuten
ISBN 3-931574-49-0 (CD)
ISBN 3-931574-55-5 (Video)

CD-Paket 3 (3 CDs) bzw. Video 3

  Ordnungen der Liebe (Vortrag)

  Teil 1: Zwischen Eltern und Kindern und innerhalb der Sippe.

  *Teil 2: Zwischen Mann und Frau und in Bezug
     zum tragenden Ganzen.*

  Geschichten vom Glück

   206 Minuten

   ISBN 3-931574-50-4 (CD)

   ISBN 3-931574-56-3 (Video)

CD-Paket 4 (2 CDs) bzw. Video 4

  Leib und Seele, Leben und Tod (Vortrag)

  Psychotherapie und Religion (Vortrag)

   120 Minuten

   ISBN 3-89670-066-9 (CD)

   ISBN 3-89670-097-7 (Video)

Vom Himmel, der krank macht, und der Erde, die heilt (Vortrag)
Leiden ist leichter als lösen (Vortrag)

   2 Audio-Cassetten. 1995/1993. Je 60 Minuten. ISBN 3-89670-0447-2

Der Vortrag »*Vom Himmel, der krank macht, und der Erde, die heilt*« beschreibt
die grundlegenden Dynamiken, die in Familien zu schweren Krankheiten führen,
oder zu Unfällen und Selbstmord, und zeigt, was solche Schicksale manchmal
noch wendet (ähnlich dem Vortrag »Ordnung und Krankheit«). Auch im Buch
»Ordnungen der Liebe«.

»*Leiden ist leichter als lösen*« ist ein Radiointerview mit Gabriele ten Hövel. Der
Text findet sich auch im Buch »*Anerkennen, was ist*«.